교양으로 읽는

고사성어 365

교양으로 읽는 **고사성어 365**

초판 1쇄 펴낸날 2022년 12월 15일

엮은이 박성재
펴낸이 박일용
펴낸곳 늘푸른소나무
등록일자 2018년 02월 21일 **등록번호** 제25100-2018-000017호
주소 서울시 노원구 동일로 208길 20
전화 02-3143-6763 **팩스** 02-3143-3762
E-mail asokapa@naver.com

ISBN 979-11-977501-1-3 (03910)

교양으로 읽는

고사성어 365

박성재 엮음

늘푸른소나무

서 문

고사성어는 한자 문화권인 중국과 우리나라의 옛 이야기에서 유래하여 만들어진 말로 그 표현이 비유적이고 상징적이다. 어부지리漁父之利나 온고지신溫故知新처럼 4글자가 많아서 흔히 사자성어라고도 하는데, 완벽完璧이나 계관桂冠 처럼 2자나 등용문登龍門, 천리안千里眼 같은 3자, 고려공사삼일高麗公事三日처럼 더 긴 것도 있다. 그 출처는 사기史記나 전국책戰國策 같은 중국 고전과 역사서, 시가詩歌 등이고 함흥차사咸興差使처럼 우리 옛 고사에서 유래한 것도 있다.

고사성어는 장구한 세월의 역사·신화·전설·문학 작품 등을 통해 완성된 만큼 독서와 일반 상식을 접할 때 크게 도움이 된다. 짧고 간결한 설명으로도 그 뜻을 정확하게 이해할 수 있고 복잡한 생각을 간결하게 표현할 때도 필요하다. 따라서 고사성어에 능통하면 한자 습득이 필요한 청소년들의 독서와 글쓰기, 말하기가 훨씬 수월해지고 성인들의 일반상식 이해와 소통에도 많은 도움이 되는 것이다.

《교양으로 읽는 고사성어 365》는 각골난망刻骨難忘에서 흉유성죽胸有成竹까지 알아두면 좋을 고사성어 365편을 가나다순으로 엮었다. 특히 수많은 고사성어 중에서도 짧게나마 이야기 구조를 갖춘 꼭지들을 엄선하여 술술 읽히도록 구성한 것이 특징이다. 누구나 "옛 것을 익히고 새로운 것을 알면 스승이 될 수 있다溫故而知新, 可以爲師矣."고 했다. 선인들의 인생 지혜가 응축된 고사성어야말로 우리 삶의 성찰과 도약의 계기를 제시해 주는 훌륭한 온고지신의 도구라 할 것이다. 인간의 흥망성쇠와 처세, 사상, 올바른 삶으로 안내하는 고사성어는 가히 동양고전의 결정체라 할 만하다.

차 례

ㄱ

ㄴ

ㄷ

ㅁ

ㅂ

ㅅ

ㅇ

ㅈ

ㅊ

ㅌ

ㅍ

ㅎ

001 가빈사양처 家貧思良妻

집안이 가난하면 어진 아내가 그립다

家 집 **가** | 貧 가난할 **빈** | 思 생각할 **사** | 良 어질 **량** | 妻 아내 **처**

출전《사기史記》〈위세가魏世家〉

중국 전국시대戰國時代 위魏나라 문후文侯가 재상 임명을 앞두고 이극李克에게 물었다.

"선생께서는 일전에, 집안이 가난하면 어진 아내를 그리워하게 되고, 나라가 혼란하면 훌륭한 재상을 원한다家貧思良妻, 國亂思良相고 말했소. 제 아우인 성자成子와 적황翟璜 가운데 누가 더 낫습니까?"

이에 이극은 문후에게 다음 다섯 가지 사항을 충고했다.

"평소에는 그의 가까운 사람을 살피시고, 부귀할 때는 그와 교류하는 사람을 살피시고, 관직에 있을 때는 그가 천거한 사람을 살피시고, 곤궁할 때는 그가 하지 않는 일을 살피시고, 힘들 때는 그가 취하지 않는 것을 살피십시오."

그의 충고를 듣고 나서 문후가 선택한 사람은 성자였다. 그는 왕의 친동생이면서도 평소 근검절약을 실천하면서 백성을 위해 베풀었다. 그야말로 나라 살림을 도맡아 꾸려나갈 어진 인재였던 것이다.

가빈사양처家貧思良妻나 국난사양상國亂思良相은 집안이 가난할수록 어진 아내가 필요하듯이 힘든 시기일수록 유능하고 어진 인재가 요구된다는 말이다.

002 가인박명 佳人薄命

미인은 운명이 기구하고 요절하기 쉽다

佳 아름다울 **가** | 人 사람 **인** | 薄 메마를 **박** | 命 목숨 **명**

출전《소식蘇軾》

송나라 때 유명한 시인 소식蘇軾:소동파은 진사, 학사, 예부상서 등의 요직을 지냈지만 정치적으로는 순탄하지 못했다. 그래서 경제적으로도 매우 곤란했는데 이런 현실은 그에게 심도 깊은 작품을 쓰게 하는 요인으로 작용했다.

가인박명佳人薄命은 그의 시 〈박명가인시薄命佳人詩〉의 한 구절인 '자고가인다박명自古佳人多薄命'에서 유래했다. 이 시는 그가 양주의 관리로 있을 때, 서른을 갓 넘긴 한 비구승의 파란만장한 삶을 유추하여 지은 것이다.

우윳빛 두 볼에 엉긴 머리는 옻칠을 한 듯 검고
눈빛이 발에 비추어 구슬처럼 반짝인다.
하얗고 하얀 비단으로 선녀의 옷을 지어 입고
타고난 바탕을 더럽힐까 입술연지는 바르지 않았네.
오나라 사투리의 예쁜 목소리는 앳되기만 한데
한없는 근심은 전혀 알 수가 없네.
예로부터 아름다운 여인의 운명은 기박함이 많으니自古佳人多命薄
문을 닫은 채 봄이 지나가면 버들 꽃도 떨어지고 말리.

가인명박佳人命薄이 가인박명佳人薄命으로 바뀌었고, 지금은 미인박명美人薄命이라는 말이 더 많이 쓰인다.

003 가정맹어호 苛政猛於虎

가혹한 정치는 호랑이보다 사납다

苛 매울 가 | 政 정사 정 | 猛 사나울 맹 | 於 어조사 어 | 虎 범 호

출전《예기禮記》〈단궁하편檀弓下篇〉

노魯나라의 폭압정치에 환멸을 느낀 공자가 제자들과 함께 제나라로 향했다. 태산 기슭을 지날 때, 한 부인이 무덤 앞에서 구슬피 울고 있었다. 공자는 자로를 시켜 그 까닭을 묻게 했다.

"오래전 시아버님께서 호환虎患을 당하셨고, 제 남편 또한 호랑이에게 변을 당하고 말았습니다. 그런데 이번에는 제 아들마저 호랑이한테 목숨을 잃었으니 제 팔자가 어찌 서럽지 않겠어요."

그 말을 들은 공자가 말했다.

"그렇다면 차라리 여기를 떠나 다른 곳으로 옮겨 가 사는 건 어떻겠소?"

여인이 대답했다.

"그래도 여기가 낫습니다. 다른 곳에 가면 무거운 세금 때문에 그나마도 살 수가 없습니다."

노魯나라 계손자系孫子의 폭정에 시달리던 백성들은 차라리 호랑이에게 물려죽는 쪽이 낫다고 생각할 지경이었던 것이다.

공자가 제자들에게 말했다.

"새겨 두거라. 가혹한 정치는 호랑이보다도 무서운 것이다苛政猛於虎也."

잔혹한 통치, 과도한 세금과 노역은 예나 지금이나 백성들에게는 호랑이보다 무섭게 여겨진다.

004 각자위정 各自爲政

저마다 자기주장에 따라 일을 처리함

各 각각 **각** | 自 스스로 **자** | 爲 할 **위** | 政 정사 **정**

출전《좌씨전左氏傳》〈평전評傳〉

춘추시대春秋時代 송宋과 진晉은 사이가 좋았고 초楚와는 사이가 벌어졌다. 이에 초나라 장왕莊王은 본때를 보이려고 동맹인 정鄭으로 하여금 송나라를 치게 했다.
송나라 대장 화원華元은 정나라와의 결전을 앞두고 병사들의 사기를 돋우기 위해 특별히 양고기를 지급했다. 군사들 모두 즐거워하며 특식을 즐겼는데 유독 화원의 마차를 모는 양짐羊斟만은 양고기를 먹지 않았다. 누군가가 까닭을 묻자 화원은 이렇게 대답했다.
"마차몰이꾼한테까지 양고기를 줄 필요는 없소. 마차부는 전쟁과 아무런 상관이 없으니 말이오."
이튿날 두 나라 간의 접전이 시작되었고 화원은 양짐이 모는 마차 위에서 군을 지휘했다. 송과 정의 군사가 정면으로 맞붙자 쉽게 승패가 나지 않았다. 그때 화원이 양짐에게 명령했다.
"마차를 적의 기세가 허술한 오른쪽으로 돌려라."
하지만 양짐은 그 명령을 무시한 채 마차를 적군이 밀집해 있는 왼쪽으로 몰았다. 당황한 화원이 방향을 틀라고 소리치자 양짐은 이렇게 말했다.
"어제 군사들에게 양고기를 먹인 것은 장군의 판단에 의한 것이지만, 오늘 이 일은 나의 생각대로 한 것입니다疇昔之羊子爲政, 今日之事我爲政."
그리고는 곧바로 정나라 군 쪽으로 마차를 몰아가서 화원은 결국 적병에게 사로잡혔고, 이 사실을 안 송나라군은 곧 전의戰意를 잃고 말았다. 그래서 이 전투는 정나라의 승리로 결론났다.

송군의 패배는 양짐이 화원의 지휘를 따르지 않고 각자위정各自爲政했기 때문이다. 각자위정은 이렇듯 구성원 각자가 자기주장에 따라 제멋대로 행동하는 것을 말하며, 군사행동뿐 아니라 국가나 사회 경영에 있어 전체적인 조화나 개개의 협력 없이는 소기의 성과를 거둘 수 없음을 뜻한다.

005 각주구검 刻舟求劍

뱃전에 칼 빠뜨린 곳을 표시하다

刻 새길 **각** | 舟 배 **주** | 求 구할 **구** | 劍 칼 **검**

출전《여씨춘추呂氏春秋》〈찰금편察今篇〉

초楚나라의 한 사내가 배를 타고 장강을 건너다가 실수로 갖고 있던 칼을 강물에 빠뜨렸다. 당황한 그는 얼른 다른 칼을 꺼내서 그 뱃전에다 '칼을 빠뜨린 곳'을 표시를 해두었다遽刻其舟. 그리고 배가 강을 건너자마자 뱃전에 표시해 둔 물로 뛰어들어 칼을 찾아보았지만 찾을 수가 없었다. 그가 탄 배는 칼을 빠뜨린 곳을 지나 계속 이동해왔으므로 뱃전의 표시를 보고 칼을 찾는다는 것은 애당초 불가능한 일이었다. 각주구검刻舟求劍이란 뱃전에 새겨놓은 표시를 보고 물에 빠뜨린 칼을 찾으려 한다는 말로, 아둔하여 융통성이 없고 세상 형편에 어두운 것을 비판한 것이다. 많이 배운 사람이 법 조항이나 법규에 얽매여 현실을 고려하지 못할 때, 반대로 시류時流에 지나치게 민감하여 약삭빠르게 앞서가는 경우를 말한다.

006 간뇌도지 肝腦塗地

간장과 뇌수를 땅에 쏟도록 충성을 다함

肝 간 **간** | 腦 뇌 **뇌** | 塗 진흙 **도** | 地 땅 **지**

출전《사기史記》〈유경숙손통열전劉敬叔孫通列傳〉

항우項羽와의 전쟁에서 승리한 한 고조漢高祖 유방劉邦은 도읍을 새로 정하는 문제를 두고 고민했다. 신하들이 말했다.

"주周나라는 낙양洛陽을 수도로 삼아 몇 백 년 간 왕조를 유지했고, 진秦은 함양咸陽을 선택했다가 2대를 넘기지 못했습니다. 마땅히 낙양을 도읍으로 삼아야 합니다."

그러나 한고조는 망설이며 쉽게 결정을 내리지 못했다.

그 후 유방이 낙양을 순행할 때, 누경婁敬이라는 사람이 알현을 청하며 말했다.

"폐하께서 낙양을 수도로 삼는다 들었습니다만, 주왕실과 융성함을 견주려는 것입니까?"

"그렇소만."

누경이 말했다.

"주왕실은 그 선조 때부터 수십 년간 덕행을 쌓았기에 기꺼이 백성들이 따랐고 숱한 살육을 거치지 않고도 천하를 얻을 수 있었습니다. 그런데 폐하께서는 어떻습니까? 풍현豊縣 패읍沛邑에서 일어나 삼천 기병을 이끌고 무수한 전쟁을 치러서 촉한蜀漢 땅을 석권하시고 삼진三秦을 평정하시고 항우와 함께 형양滎陽에서 교전하시고, 성고成皐의 요충지를 장악하기 위해 70차례의 큰 전투와 40차례의 작은 전투를 치르셨습니다. 천하의 무고한 백성들의 간장肝腸과 뇌수腦髓로 땅을 적시고, 아비와 자식의 뼈가 함께 들판에 나뒹굴게 한 것이 이루 헤아리기 힘들 지경입니다. 사방의 통곡소리가 끊이지 않고 부상자들이 채 일어나지도 못하고 있는데 주왕실의 융성함과 비교하려 하시다니, 결코 그럴 수는 없는 일입니다."

누경의 말에 유방은 낙양을 포기하고 관중關中 일대를 도읍으로 삼았고, 간언한 누경에게는 벼슬과 함께 자기 성씨인 유劉씨를 하사했다.

《삼국지三國志》에도 조자룡趙子龍이 사지에서 아두阿頭를 구해오자 유비劉備가 그 아들을 땅바닥에 집어던지며 탄식하는 장면이 나온다.

"이 놈 때문에 명장을 잃을 뻔 했구나!"

주군의 행동에 감복한 조자룡은 즉시 몸을 낮추고 머리를 조아렸다.

"이 몸, 간과 뇌를 다 쏟아내도 주공의 은공을 갚을 수 없겠나이다."

간뇌도지肝腦塗地는 죽음을 통한 희생이나 대의를 위해 목숨을 아끼지 않는 충직한 모습을 일컫는다. 비슷한 말로 분골쇄신粉骨碎身, 분불고신奮不顧身, 이신허국以身許國이 있다.

007 간담상조 肝膽相照

서로가 마음을 툭 털어놓고 친하게 사귐

肝 간 **간** | 膽 쓸개 **담** | 相 서로 **상** | 照 비출 **조**

출전《고사경림故事瓊林》

간담肝膽은 간과 담낭으로, 마음속 깊숙한 곳을 가리킨다.《고사경림故事瓊林》에 '간담을 상조相照하니 이런 것을 복심지우腹心之友라 한다. 의기意氣가 서로 불평不平을 하니 이것을 구두지교口頭之交라 한다.'는 문장이 나온다.

당대唐代의 문장가 한유韓愈와 유종원柳宗元은 한유韓柳라 불릴 정도로 절친한 사이였다. 헌종憲宗 때 유종원이 유주 자사로 좌천되었다가 죽자 한유가 그의 묘지명을 썼다. 그는 자신의 불우한 처지는 제쳐두고 오히려 연로한 노모를 두고 변경으로 부임한 친구 유몽득劉夢得을 동정한 벗의 참된 우정을 찬양하면서 경박한 사귐을 원망하는 글을 남겼다.

"사람은 곤경에 처했을 때 비로소 절의節義가 드러난다. 평소 평온하게 살아갈 때는 서로 그리워하고 기뻐하며 때로는 술자리를 마련하여 청하곤 한다. 또 흰소리를 치기도 하고 농담을 던지면서 서로 양보하고 손을 맞잡기도 한다. 어디 그뿐이랴. '서로 간과 쓸개를 꺼내 보이며肝膽相照 서로 배신하지 말자고 맹세한다. 그러나 일단 털끝만큼이라도 이해관계가 생기면 두 눈을 부릅뜨고 언제 그랬다는 듯이 안면을 싹 바꾼다. 그래서 함정에 빠져도 손을 뻗어 구해주기는커녕 오히려 더 깊은 수렁에 빠뜨리고 돌까지 던지는 인간이 곳곳에 널려 있는 것이다."

간담상조肝膽相照는 서로 마음을 툭 터놓고 친하게 사귄다는 말이다.

008 간담초월 肝膽楚越

가까이 있어도 멀리 있는 것처럼 보인다

肝 간 간 | 膽 쓸개 담 | 楚 나라 이름 초 | 越 나라 이름 월

출전《장자莊子》〈덕충부德充符〉

간담肝膽은 간과 쓸개처럼 관계가 매우 밀접함을 말하며, 초월楚越은 초나라와 월나라로 서로 멀리 떨어져 있어 소원한 관계를 일컫는다.

《장자莊子》〈덕충부德充符〉에 실린 공자의 말 가운데 '서로 뜻이 다른 입장에서 보면 간과 쓸개도 초나라와 월나라와 같고肝膽楚越也, 같은 마음으로 보면 만물이 모두 하나다'라는 구절이 있다.

또 남조南朝 양梁나라의 유협劉勰이 쓴《문심조룡文心雕龍》〈비흥比興〉편에도 '비록 멀리 떨어져 있다 해도 합치고 보면 간과 쓸개처럼 가까운 사이다'라는 구절이 있다.

서로 밀접한 관계일지라도 관점에 따라서는 초와 월처럼 멀 수가 있고, 적대시하거나 서로 다른 것도 가까워지거나 같은 생각을 할 수가 있다는 말이다. 입장과 견해가 다르면 가까운 관계도 멀게 만 느껴지고, 또 형편에 따라서는 적대적인 것들도 서로 가까워질 수 있는 것이다.

009 갈택이어 竭澤而漁

연못의 물을 말려 물고기를 잡다

竭 다할 **갈** | 澤 못 **택** | 而 말 이을 **이** | 漁 고기 잡을 **어**

출전《여씨춘추呂氏春秋》〈의상義賞〉편

춘추시기, 진 문공晉文公은 성복에서 초楚나라 군대와 맞섰다. 당시에는 초에 비해 진의 병력이 열세였다. 이에 참모 호언狐偃이 속임수를 써보자고 제안했고, 옹계雍季는 호언의 계책에 대해 이렇게 말했다.

"연못의 물을 말려서 물고기를 잡고, 숲을 태워서 들짐승을 사냥한다면 못 잡을 것이 어디 있겠습니까? 하지만 이듬해에는 잡을 물고기도 들짐승도 없게 될 것입니다. 적을 속이는 계책도 마찬가지입니다. 비록 어쩌다 한번은 성공할지 몰라도 다음번에는 통하지 않게 될 것입니다. 이것은 앞날을 내다보는 계책이 못됩니다."

갈택이어竭澤而漁란 연못의 물을 말려 물고기를 잡는다는 말로, 당장의 이익에 눈이 멀어 장래의 더 큰 이익을 해치는 것을 비판한 말이다.

010 감탄고토 甘呑苦吐

달면 삼키고 쓰면 뱉는다

甘 달 **감** | 呑 삼킬 **탄** | 苦 쓸 **고** | 吐 토할 **토**

출전《이담속찬耳談續纂》

감탄고토甘呑苦吐는 달면 삼키고 쓰면 뱉는다는 말로, 우리 속담을 한역漢譯한 것이다. 다산 정약용의《이담속찬耳談續纂》에 '이전에는 달게 먹던 것도 지금은 쓰다고 뱉는다.'는 표현이 나온다.

여기에 어울리는 우화 한 토막.

여기 한 그루 나무가 있다. 이 나무의 친구는 바람과 새와 달이 있는데 바람은 제 마음 내킬 때마다 나무를 찾아온다. 나뭇가지를 살짝 스치기도 하고 때로는 세차게 흔들어대는 변덕스런 친구다. 새도 제 마음 내킬 때 찾아와 나뭇가지에 둥지를 틀다가 어느 날 훌쩍 날아가 버리는 미덥지 못한 친구다. 반면에 달은 때를 어기지 않고 찾아와 긴 밤을 함께 보내는 의리 있는 친구다. 그러나 나무는 늘 변함없이 달·바람·새를 모두 친구로 대한다. 사람은 모름지기 이 나무처럼 벗과의 사귐에 있어 붕우유신朋友有信처럼 변함없는 믿음이 밑바탕을 이루어야 한다.

011 개관사정 蓋棺事定

사람의 일은 그 운이 다하기 전에는 알 수 없음

蓋 덮을 **개** | 棺 널 **관** | 事 일 **사** | 定 정할 **정**

출전《군불견君不見》

당나라 시인 두보杜甫가 사천성四川省 귀주夔州의 한 산골에서 가난하게 살고 있을 때, 마침 그곳에 친구의 아들인 소혜蘇徯가 유배를 와 실의에 찬 나날을 보내고 있었다. 이를 안타깝게 여긴 두보는 그에게 〈군불견 간소계君不見 簡蘇係〉라는 시를 써 보냈는데 그중 이런 구절이 있다.

그대는 보지 못했는가, 길 가에 버려진 못을
그대는 보지 못했는가, 부러져 넘어진 오동나무를
백년 되어 죽은 나무가 거문고로 만들어지며,
조그만 물웅덩이 속에도 큰 용이 숨어 있을 수 있네.
장부丈夫는 관 뚜껑을 덮고 나서야 비로소 결정되는 법이네蓋棺事始定
다행히도 그대는 아직 늙지 않았거늘 어찌 원망하리오…….

이 시를 편지로 받은 소계는 얼마 후 유배에서 풀려나 세객說客이 되었다.
개관사시란 죽어서 관 뚜껑을 덮은 후라야 비로소 그 사람에 대한 평가가 결정된다는 말로, 살아생전 최선을 다해야 한다는 말이다. 사람의 일이란 관 뚜껑을 덮기 전에는 알 수가 없다. 오늘 충신이 내일은 역적이 되고 지금 유리걸식하던 사람이 하루아침에 벼락부자가 될 수도 있는 법, 한 사람의 운명은 눈을 감고 나서야 판가름 나는 것이다.

012 개문읍도 開門揖盜

문을 열고 도둑을 불러들임

開 열 개 | 門 문 문 | 揖 읍할 읍 | 盜 도적 도

출전《삼국지三國志》〈손권전四七孫權傳〉편

후한後漢 말 오吳나라 무장武將 손책孫策의 세력이 강해지자 당거 태수太守 허공許貢이 헌제獻帝에게 손책을 제거해야 한다는 상서를 올렸다. 하지만 이 상서는 도중에 손책의 손에 들어가게 되고, 화가 난 손책은 허공을 죽여 버렸다. 이때 허공의 집에 머물던 세 명의 식객食客은 간신히 목숨을 보전하여 탈출했다.

그 후 이들은 허공의 원수를 갚으려고 사냥터에 있던 손책을 덮쳤다. 급습을 받은 손책은 부상을 입고 간신히 도망쳤는데 그 후 부상이 악화되어 동생 손권에게 후사를 맡기고 죽었다. 손권이 형의 죽음을 슬퍼하여 비탄에 빠져 있자 가신家臣 장소張劭가 충고했다.

"지금 간사한 무리가 우리를 포위하고 이리 같은 놈들이 도처에 숨어 있는데, 이런 위급한 시국에 죽음만 슬퍼하고 대사大事를 돌보지 않으니, 이는 문을 열고 도둑을 맞아들이는 것과 같습니다是猶開門揖盜. 정신 차리십시오!"

이 충고를 받아들여 손권은 즉시 상복을 벗어던지고 군 순시에 나섰고, 부친 손견孫堅의 원수인 황조黃祖를 무찌르고 적벽赤壁에서 유비군과 연합하여 조조曹操군을 격파하며 강동에서 그의 지위를 굳혔다.

개문읍도開門揖盜는 긴박한 주위 사정을 깨닫지 못하고 감상이나 비탄에 빠져 스스로 화禍를 자초함을 비유한 말로, 개문납도開門納盜·개문납적開門納賊이라고도 한다.

013 개원절류 開源節流

재원을 늘리고 지출을 줄인다

開 열 **개** | 源 근원 **원** | 節 절약할 **절** | 流 흐를 **류**

출전《순자荀子》〈부국富國〉편

《순자》를 지은 순황荀況은 나라 경제를 물에 비유하여 생산과 수입을 원천源으로, 비용과 지출은 흐름流으로 파악했다. 그래서 부국의 요체를 원천을 늘리고開源 흐름을 줄이는節流 것으로 보았다.

그는 나라가 부강하려면 조정이 백성을 사랑해야 하며, 백성들로 하여금 안심하고 생업에 종사할 수 있게 해야 한다고 강조했다. 그래서 백성들이 생산에 매진하고 그 축적된 것이 증가함에 따라 국고가 충실해지고 나라가 부강해진다고 주장하며, 반대로 조정에서 생산은 돌보지 않고 무거운 세금만 부과하고 자원을 아끼지 않으면 백성과 나라가 궁핍해질 것이라고 했다. 그는 이 대목에서 특히 군주의 의무를 강조했다.

"온 백성이 천시天時의 화기和氣를 얻고, 사업도 순서에 맞게 진행한다면 이는 재화의 원천이 된다. 세금을 거둬 국고로 수납한 것은 아무리 많아도 다 써 버릴 수 있는 것이므로 이는 재화의 흐름이다. 따라서 현명한 군주는 신중하게 그 화기를 길러 흐름을 절제하되, 재화의 원천을 개발함에 힘써야 한다故明主必謹養其和, 節其流, 開其源."

여기서 유래한 개원절류開源節流는 재원을 늘리고 지출을 줄인다는 뜻으로, 국가 재정에 관한 일뿐만 아니라 부를 이루기 위해 지켜야 할 철칙을 비유하는 말로 사용된다.

014 거기부정 擧棋不定

바둑돌을 들고 놓을 자리를 정하지 못함

擧 들 **거** | 棋 바둑 **기** | 不 아닐 **불** | 定 정할 **정**

출전《춘추좌씨전春秋左氏傳》〈양공襄公 25년조〉

춘추시대 말, 위衛 대부大夫 손임보孫林父와 영식寧殖이 헌공獻公을 축출하고 그 동생 상공殤公을 군주로 삼았다. 그러자 쫓겨나 복권을 노리던 헌공은 몰래 영식의 아들 영희寧喜에게 자신을 도와주면 복귀 후 나라 정무를 맡기겠노라 약속했고, 영희는 기꺼이 협조하겠노라 응답했다. 그러자 이때 소문을 들은 대숙문자大叔文子가 영희의 태도를 비판하며 말했다.

"모름지기 군자는 몸을 움직임에 있어 그 종말을 생각해야하고, 행해도 좋은가를 거듭 고민해야 한다. 군주 보기를 바둑 돌 두는 일보다도 하찮게 여기니 어찌 화를 면하겠는가! 바둑돌을 들고도 둘 곳을 정하지 못하면 상대방을 누르지 못하거늘擧棋不定不勝其, 하물며 군주를 모시는 일에 주관이 없어서야 쓰겠는가."

그의 예측대로 12년 후 영희는 군주로 복귀한 헌공의 손에 죽임을 당했다.

거기부정擧棋不定이란 바둑돌을 한 점 한 점 둬 가는데 일정한 방침이 없다, 즉 어떤 일을 추진함에 있어 아무 방향성이 없고 뚜렷한 주관이 없거나 수시로 계획이 바뀜을 비판하는 말이다.

015 거세개탁 擧世皆濁

세상이 온통 혼탁한 가운데서 홀로 깨어있기가 쉽지 않음

擧 온통 거 | 世 세상 세 | 皆 다 개 | 濁 흐릴 탁

출전《사기史記》〈굴원열전屈原列傳〉

초楚나라 충신 굴원이 그를 시기하는 간신들의 모함을 받아 벼슬에서 쫓겨난다. 어느 날 굴원이 강을 거닐며 시를 읊고 있는데, 그를 알아본 어부가 벼슬에서 쫓겨난 이유를 묻자 굴원은 이렇게 말했다.

"온 세상이 다 흐린데도 나 혼자만은 맑았고, 뭇사람이 모두 취했거늘 나 홀로 깨어있어 쫓겨났다擧世皆濁我獨淸, 衆人皆醉我獨醒, 是以見放."

이 말의 출전은《사기(史記)》〈굴원열전(屈原列傳)〉에 실려 있는 굴원(屈原)의〈어부사(漁父辭)〉다.

온 세상이 온통 흐리다, 즉 지위의 높고 낮음을 막론하고 모든 사람이 다 옳지 않다는 뜻이다. 또 온 세상이 혼탁한 가운데서는 홀로 멀쩡하게 깨어있기가 쉽지 않고, 설령 깨어있다 해도 세상과 타협하기가 힘들다는 말이다. 모두가 절개를 꺾는 상황 속에서도 홀로 굳세게 절개를 지키고 있음을 뜻하는 독야청청獨也靑靑과 비슷한 말이다.

016 거안제미 擧案齊眉

밥상을 눈높이까지 들어 올려 바침

擧 들 **거** | **案** 소반 **안** | **齊** 가지런할 **제** | **眉** 눈썹 **미**

출전《후한서後漢書》〈양홍전梁鴻傳〉

후한 때 학자 양홍梁鴻은 집안이 가난했지만 절개가 꿋꿋하여 모두의 존경을 받았다. 그는 학문에 매진하느라 혼기를 놓치고 있었는데, 하루는 마을의 못생긴 처녀 맹광孟光이 말했다.

"나는 양홍처럼 훌륭한 사내가 아니면 혼인을 하지 않겠어."

이에 양홍은 그 마음을 기특히 여겨 그녀에게 청혼했고 둘은 곧 혼례를 치렀다.

그런데 혼인한 지 며칠이 지나도록 양홍은 신부와 잠자리를 하지 않았다. 의아해하는 신부에게 그가 말했다.

"내가 원한 부인은 비단옷에 화장을 짙게 한 여자가 아니라 누더기 옷을 부끄러워하지 않고 깊은 산속에서라도 살 수 있는 여자였소."

신부가 대답했다.

"이제라도 당신의 마음을 알았으니 제가 서방님의 뜻에 따르겠어요."

그 후부터 아내는 화장도 하지 않았고 수수한 시골 아낙 차림으로 생활하다가 남편의 뜻을 좇아 함께 산 속으로 들어가 밭을 일구고 베를 짜면서 살았다.

양홍은 농사일을 하면서 틈틈이 친구들에게 시를 써 보냈는데, 그 중 몇 편에 황실을 비방하는 내용이 있었고 이것이 빌미가 되어 체포령이 떨어졌다. 이에 위기와 환멸을 느낀 양홍은 곧 오吳나라로 들어가 고백통皐伯通이라는 명문가의 방앗간 일을 해주면서 생활을 꾸려나갔다.

〈양홍전〉의 문장 중에, '양홍이 일을 마치고 돌아오면 아내가 밥상을 차려 양홍 앞에서 감히 눈을 똑바로 뜨지 못한 채 밥상을 눈썹 위까지 들어 올려 바쳤다每歸妻爲具食 不敢於鴻前仰視 擧案齊眉'는 대목이 있다. 거안제미擧案齊眉는 밥상을 눈높이까지 들어 올려 바친다는 말로, 남편을 깍듯이 공경함으로써 내외가 서로 신뢰를 쌓고 가정을 화목하게 한다는 말이다.

그 후 고백통은 이들 부부의 사람됨을 높이 사 물심양면으로 후원하여 양홍으로 하여금 수십 권의 책을 쓰게 했다고 한다.

017 거조실당 擧措失當

큰일을 저질러서 도리를 잃다

擧 들 **거** | 措 둘 **조** | 失 잃을 **실** | 當 당할 **당**

출전《사기史記》〈진시황본기秦始皇本紀〉

기원전 221년, 진나라가 6국을 멸하고 천하를 통일했다. 진시황은 곧 전국을 36개 군郡으로 나누고 도량형度量衡을 통일했다. 그리고 이듬해 자신의 공덕을 선양하기 위해 천하주유에 나섰다.

진시황은 219년 태산泰山에 올라 하늘에 제사지내고, 다시 남쪽 낭야산琅邪山에 올랐다. 그리고 이곳에 낭야대를 쌓고, 비석을 세워 자신의 공덕功德과 진왕조의 덕정德政을 담은 비문碑文을 남겼다.

'진시황이 백성들을 가엾이 여겨 조석으로 게으름을 피우지 않고, 의혹을 제거하고 법령을 제정하니 백성들 모두 법으로 금한 일을 피할 줄 알게 되었다. 지방장관의 직무가 나뉘어서 모든 정무의 시행이 용이해지고, 모든 조치가 타당하여 바르지 않은 것이 없었다擧錯必當, 莫不如畵.'

거조실당擧措失當은 큰일을 저질러서 도리를 잃는다는 뜻으로, 조치가 부당함을 뜻한다.

018 건곤일척 乾坤一擲

운명을 하늘에 맡기고 한판 승부를 벌이다

乾 하늘 **건** | 坤 땅 **곤** | 一 한 **일** | 擲 던질 **척**

출전〈과홍구過鴻溝〉

건곤乾坤은《주역周易》에 나오는 건괘乾卦와 곤괘坤卦를 가리키는 말로 천하와 천지를 뜻하고, 건곤일척은 천하를 내걸고 승패를 겨룬다는 말이다.

당唐나라 최고의 문장가 한유韓愈는 초楚나라 항우項羽와 한漢나라 유방劉邦이 천하를 두고 일전을 벌인 홍구鴻溝를 지날 때〈과홍구過鴻溝〉라는 시를 지었는데, 그 마지막 부분에 다음과 같은 구절이 있다.

용은 지치고 호랑이도 피곤하여 강과 들을 나누어 가지니
이로 인해 억만창생의 목숨이 살아남게 되었네.
누가 임금에게 권하여 말머리를 돌리게 했는가.
참으로 한번 겨룸에 천하를 걸었구나眞成一擲賭乾坤.

양 진영이 천하를 두고 격전을 벌였지만 좀처럼 승부가 나지 않았다. 결국 홍구를 기준으로 서쪽은 유방이, 동쪽은 항우가 차지하면서 싸움이 일단락되는 듯했다. 그런데 철군을 앞두고 장량張良과 진평陳平이 마지막 결전을 벌이자고 촉구했다. 유방이 다시 말머리를 돌렸고, 항우가 크게 패하면서 유방이 천하를 차지할 수 있었다.

여기서 유래한 건곤일척乾坤一擲은 승패와 흥망을 걸고 최후로 결행하는 단판승부, 또는 어떤 일에 운명을 걸고 나서는 대범한 용기를 가리킨다. 비슷한 말로 일결자웅一決雌雄, 일결승부一決勝負가 있다.

019 걸견폐요 桀犬吠堯

걸왕의 개가 요임금을 보고 덤빈다

桀 뛰어날 **걸** | 犬 개 **견** | 吠 짖을 **폐** | 堯 요임금 **요**

출전《사기史記》〈노중련추양魯仲連鄒陽열전〉

추양鄒陽은 뛰어난 문장력과 언변으로 처음 오왕吳王을 모셨으나 그가 반란을 꾀하자 따르지 않고 간언하는 글을 올렸다. 그러나 오왕이 이를 외면하자 양梁나라로 건너가 효왕孝王에게 귀순했다.

얼마 후 효왕의 심복들이 추양의 재능을 시기하여 중상모략 했다. 화가 난 효왕은 그를 가두고 처형하려고 했다. 이에 추양은 왕에게 글을 올려 역대로 모략당한 많은 이들이 충절지사였음을 밝히면서 사실을 명백히 밝혀줄 것을 간청했다. 그의 글 말미에 이런 문장이 있다.

"어진 선비에게 벼슬과 봉록을 베풀면 포악한 걸왕의 개라도 성왕聖王인 요임금에게 대들어 짖게 할 수 있습니다桀之狗可使吠堯."

이 글에 설득당한 효왕은 곧 그를 풀어주었다.

걸견폐요桀犬吠堯는 하夏나라 폭군 걸왕이 부리는 개가 그의 명을 받고 요임금과 같은 성왕聖王에게도 짖고 덤벼드는 것처럼 자신이 섬기는 사람에게는 선악시비善惡是非를 따지지 않고 무조건 충성을 바침을 비유한 말이다.

020 견아상착 犬牙相錯

개의 어금니처럼 서로 맞물려 있음

犬 개 **견** | 牙 어금니 **아** | 相 서로 **상** | 錯 섞일 **착**

출전《한서漢書》〈중산정왕전中山靖王傳〉

한 고조漢高祖 유방劉邦은 나라를 세운 후 각 지역에 다른 성씨의 제후들을 제거하고 같은 성을 가진 사람들을 제후로 봉했다. 그러자 경제景帝 때는 세력이 강해진 같은 성씨의 제후들이 조정에 대항하며 제위를 다투었다. 무제武帝가 즉위하자 제후들의 반란을 염려한 조정 대신들이 황제에게 그들의 세력을 약화시킬 것을 제의했고 제후들이 반발했다. 그중 특히 중산정왕은 무제 앞에 엎드려 울면서 억울함을 호소했다.

"제후들은 한 황실의 가까운 혈족으로써 선대 황제가 영지를 나눠주어 개의 이처럼 서로 얽혀 있으며, 서로 도와 황실을 반석처럼 튼튼히 지탱하고 있습니다諸侯王自以骨肉至親 先帝所以廣封連城 犬牙相錯者 爲盤石宗也."

무제는 그런 제후들을 위로하면서도 은밀히 중앙집권정책을 강화해나갔다.

견아상착犬牙相錯은 '개의 어금니가 서로 맞물려 있다'는 뜻으로, 땅의 경계가 일직선을 이루지 못하고 개의 이처럼 들쑥날쑥 서로 어긋나게 물려 있는 것으로 지리적 경계나 사물의 형편이 뒤얽혀 복잡한 상태를 일컫는다. 견아상제犬牙相制·견아교착犬牙交錯·견아상림犬牙相臨이라고도 한다.

021 견지망월 見指忘月

달을 가리키는데 손가락만 쳐다본다

見 볼 견 | 指 가리킬 지 | 忘 잊을 망 | 月 달 월

출전《능엄경楞嚴經》

한 불자가 선종禪宗의 창시자 달마선사達磨禪師를 찾아와 가르침을 청했다.

달마가 말했다.

"나는 글을 알지 못한다."

그 말을 들은 불자는 크게 실망했다.

"진리는 하늘에 있는 달과 같고, 문자는 그 달을 가리키는 손가락과 같다. 손가락으로 달을 가리키지만, 손가락이 없다고 달을 보지 못하는 것은 아니다. 달을 보라고 손가락을 들었더니 달은 보지 않고 손가락만 쳐다보는구나見指忘月."

견지망월은 손을 들어 달을 가리키는데 손가락만 쳐다본다는 말로, 본질을 외면하고 지엽적인 것에 집착한다는 뜻이다.

022 견토지쟁 犬兎之爭

개와 토끼의 다툼처럼 부질없는 싸움

犬 개 견 | 兎 토끼 토 | 之 의 지 | 爭 다툴 쟁

출전《전국책戰國策》〈제책편齊策篇〉

전국시대 제齊나라에 중용重用된 순우곤淳于髡은 해학과 변론에 능한 세객說客이었다. 그는 제왕이 위魏를 치려고 할 때 이렇게 진언했다.

"한자로韓子盧라는 발 빠른 명견名犬과 동곽준東郭逡이라는 재빠른 토끼가 있었습니다. 개가 토끼를 뒤쫓았습니다. 둘은 쫓고 쫓기며 수십 리 산기슭을 세 바퀴나 돌고 가파른 산꼭대기를 다섯 번이나 오르락내리락하다가 모두 힘이 다해 쓰러져 죽고 말았습니다. 이때 우연히 그 둘을 발견한 농부가 힘 하나 들이지 않고 생각지도 못한 횡재를 했지요. 지금 제와 위는 오랫동안 대치하느라 백성들과 병사들 모두 지칠 대로 지쳐 사기가 말이 아닙니다. 서쪽의 진秦과 남쪽의 초楚가 이를 기화로 전부지공田父之功을 노리지 않을까 염려됩니다."

이 말을 들은 왕은 곧 위를 공격하려던 계획을 멈추고 부국강병富國强兵에 힘썼다.

견토지쟁犬兎之爭은 제 삼자가 양자의 다툼에 힘들이지 않고 이득을 취하는 것을 비유한 말로 어부지리漁夫之利·방휼지쟁蚌鷸之爭과 같은 말이다.

023 결초보은 結草報恩

죽어서도 은혜를 잊지 않고 갚음

結 맺을 **결** | 草 풀 **초** | 報 갚을 **보** | 恩 은혜 **은**

출처《춘추좌씨전春秋左氏傳》

춘추시대 진晉나라 진문공晉文公의 부하 중에 위무자魏武子라는 장군이 있었다. 그는 전장에 나갈 때면 위과魏顆와 위기魏錡 두 아들을 불러 놓고, 자신이 죽거든 자기가 아끼던 조희祖姬라는 첩을 좋은 곳에 재가시키라는 유언을 하고 떠났다.

그런데 막상 집에 돌아와 병들어 죽는 순간에는 애첩 조희를 자신과 함께 순장殉葬해 달라고 유언했다. 그러나 위과는 아버지의 유언을 따를 수 없었고, 아우 위기가 유언을 고집하자 이렇게 말했다.

"아버지께서는 멀쩡하실 때 부인을 다른 곳에 시집보내라고 유언하셨다. 임종 때 말씀은 정신이 혼미해서 하신 말씀이다. 자식이라면 부모의 정신이 맑을 때 한 말을 따르고 망령될 때 한 말은 거를 줄 알아야 한다."

그러고는 아버지를 장사지내고 나서 조희를 좋은 집에 개가시켜 주었다.

훗날 위과가 전쟁에 나가 진秦나라의 두회杜回와 일전을 벌일 때의 일이다. 첫 번째 싸움에서 크게 패한 위과는 한밤에 비몽사몽간에 귓전에 맴도는 "청초파青草坡"라고 속삭이는 소리를 들었다. 위과가 이를 이상히 여겨 수하들에게 물으니 청초파가 실제로 그 근처 지명이라는 것이었다. 위과는 곧 그리로 진지를 옮겨 이튿날 싸움에 임했다.

멀리서 적장 두회가 여전히 선두에서 용맹을 떨치는데, 위과가 보니 웬 노인이 풀을 잡아매어 두회가 탄 말의 발을 자꾸만 걸렸다. 말이 자꾸만 무릎을 꿇자 두회는 말에서 내려 싸웠다. 그러나 역시 발이 계속해서 풀에 걸려 넘어지는 바람에 결국 위과군에게 포로로 붙잡히고 말았다.

그날 밤 꿈에 그 노인이 나타나 위과에게 낮의 일을 설명했다.

"나는 조희의 친정아비 되는 사람이오. 장군이 선친의 명을 좇아 내 딸을 좋은 곳에 개가시켜준 은혜를 갚으려고 미약하게나마 장군을 도와드린 것이오. 장군의 하해와 같은 음덕은 후대 자손이 왕위에까지 오르게 할 것이오."

이 고사에서 결초보은結草報恩이 유래했고, 효자는 부모 정신이 맑을 때 한 명을 따르고 망령될 때 한 말은 따르지 않는다孝子 終治命 不從亂命는 말도 여기서 유래했다.

024 경국지색 傾國之色

나라를 위태롭게 할 만큼 아름다운 여인

傾 기울어질 **경** | 國 나라 **국** | 之 갈 **지** | 色 빛 **색**

출전《한서漢書》〈이부인열전李夫人列傳〉

한 무제漢武帝 때 궁중음악을 관장한 이연년李延年은 노래는 물론 작곡과 춤 실력도 뛰어나 무제의 총애를 받았다.
하루는 그가 무제 앞에서 춤을 추며 〈가인가佳人歌〉를 불렀다.

> 북쪽에 아름다운 여인이 홀로 세상에서 떨어져 서 있네.
> 그녀의 눈길 한 번에 성이 기울고, 눈길 두 번에 나라가 가운다네一顧傾人城兮, 再顧傾人國兮.
> 성을 기울게 하고 나라를 위태롭게 함을 어찌 모르리오만, 아름다운 여인은 두 번 다시 얻기 힘들다네.

사실 이 노래는 이연년이 절세미인인 자기 누이동생을 자랑사람아 부른 것이다. 때마침 연인도 없이 쓸쓸한 처지였던 무제는 노래를 듣고 당장 그녀를 불러들이게 했다. 무제는 곧 그녀의 아름다운 자태와 춤 솜씨에 매혹되었는데, 바로 무제의 만년 총애를 독차지한 이부인李夫人이다. 그녀는 나중에 병들어 누웠을 때, 무제가 문병을 찾아가도 자신의 초췌한 몰골을 보이기 싫어서 끝내 들이지 않았다고 한다.

025 경상도협 傾箱倒篋

광주리를 다 쏟아 내놓다

傾 기울 **경** | 箱 상자 **상** | 倒 넘어질 **도** | 篋 상자 **협**

출전《세설신어世說新語》〈현원賢媛편〉

진晋나라 태위太尉 차감郗鑒은 자기 딸을 매우 애지중지했다. 그 딸이 커서 시집보낼 때가 되자 사도司徒 왕도王道의 아들과 조카들이 저마다 모두 사위 되기를 청했다.
얼마 후 왕씨 집안의 젊은이들을 모두 만나보고 돌아온 중매인이 차감에게 말했다.
"그 집안 자제들 모두가 훌륭합니다만, 한 자제는 배를 드러낸 채 침상에서 자고 있었습니다."
훗날 그때 침상에서 자고 있던 젊은이가 차감의 사위가 되었는데, 왕도의 조카인 그가 후세에까지 널리 명성을 떨치게 되는 왕희지王羲之다.
왕희지는 처남들과는 사이가 좋지 않았지만, 사안과 사만과는 마음이 잘 맞았다.
그래서 한번은 친정에 다니러 온 왕희지의 부인이 그 동생들에게 이렇게 충고했다.
"왕씨 집안사람들은 사안과 사만한테는 광주리를 다 쏟아傾箱倒篋 음식을 내어주면서도, 너희가 오면 평상시처럼 대하니 앞으로는 번거로이 왕씨 댁에 들락거리지 말거라."
이 고사에서 유래한 경상도협傾箱倒篋은 가진 것을 다 내어줄 줄 정도로 반긴다는 말이다.

026 경전하사 鯨戰蝦死

고래 싸움에 새우 등 터진다

鯨 고래 **경** | 戰 싸울 **전** | 蝦 새우 **하** | 死 죽을 **사**

출전《순오지旬五志》

조선시대 문인 홍만종洪萬鍾이 지은《순오지旬五志》에 경전하사鯨戰蝦死에 대해 '고래 싸움에 새우가 죽는다는 말은 큰 놈들 싸움 통에 작은 놈들이 화를 입는다는 말이다鯨戰蝦死, 言小者介於兩大而受禍'라고 기록돼 있다.

비슷한 고사성어로 간어제초間於齊楚가 있는데, 전국시대 때 약소국인 등藤나라가 강대국인 제齊와 초楚 사이에서 괴로움을 당한 데서 유래한 말이다.

맹자孟子가 등나라에 갔을 때 등 문공文公이 물었다.

"제와 초 사이에서 우리 등은 어찌 처신해야 합니까?"

맹자가 대답했다.

"비굴하게 강국들의 눈치나 살피기보다는 백성들과 힘을 합쳐 나라를 부강하게 해야 하고, 그러지 못할 바에는 권좌를 버리십시오."

경전하사鯨戰蝦死는 '고래 싸움에 새우 등 터진다'는 속담의 한역으로, 힘 센 자들의 싸움에 휘말려 약한 자가 해를 입는 경우를 말한다. 경투하사鯨鬪鰕死라고도 하고, 조개와 황새가 서로 싸우느라고 도망치지 못할 때 어부가 둘을 한꺼번에 잡는 어부지리漁父之利가 반대말이다.

027

계구우후 鷄口牛後

소꼬리보다 닭의 부리가 낫다

鷄 닭 계 | 口 입 구 | 牛 소 우 | 後 뒤 후

출전《사기史記》〈소진열전蘇秦列傳〉

전국시대 모사謀士인 소진蘇秦과 장의張儀는 모두 귀곡자의 제자였다. 둘 다 천하의 재사가 되기 위해 귀곡문하에서 수학했고, 자신들의 재주를 사줄 주군을 만나기 위해 천하를 떠돌았는데 주장은 서로 상극이었다.

장의는 열국이 다투지 말고 강대국인 진을 섬기며 평화를 유지해야 한다고 주장했고, 소진은 열국이 합종책合從策을 펼쳐 진에 대항해야 한다고 논리를 편 것이다.

소진이 입신立身의 야망을 품고 진秦 혜왕, 조趙의 재상인 봉양군 등을 만나 보았지만 환영받지 못했다. 그는 포기하지 않고 한韓의 선혜왕을 찾아갔다.

"한韓나라는 토지가 비옥하고 성곽이 단단합니다. 군사도 용맹하고 병장기도 훌륭합니다. 더군다나 대왕께서 현명하다는 사실은 천하가 다 알거늘 어찌 진을 섬겨 모두의 웃음거리가 되려 하십니까? 진의 요구를 들어주면 내년에는 필시 더 많은 것을 요구해올 것입니다. 그때 가서 거절해봐야 이미 늦지요. 속담에 이르기를 '닭의 부리가 될지언정 소의 꼬리는 되지 말라鷄口牛後'고 했습니다. 대왕께서 진을 섬기는 것은 스스로 소꼬리를 자청하는 부끄러운 일입니다."

그 말을 들은 한왕은 곧 소진의 권유를 받아들였고, 그 후 나머지 다섯 나라도 모두 소진에게 설복당해 그는 바야흐로 6국의 재상으로 등극하는 영화를 누렸다.

계구우후는 소꼬리보다는 닭의 부리가 낫다는 말로, 큰 집단의 말석보다는 작은 집단의 우두머리가 낫다는 뜻이다. 용두사미龍頭蛇尾와 반대말이다.

028 계란유골 鷄卵有骨

계란에도 뼈가 있다, 일이 공교롭게 틀어짐

鷄 닭 **계** | 卵 알 **란** | 有 있을 **유** | 骨 뼈 **골**

출전《송남잡지松南雜識》

조선 세종 때 영의정을 지낸 황희黃喜는 성품이 어질고 검소해서 관복도 한 벌로 빨아 입고 장마철에는 집에 비가 샐 정도였다. 이에 세종은 그의 생활을 안타깝게 여겨 도울 방법을 궁리하다가 이렇게 말했다.

"내일 새벽 일찍 남대문이 열 때부터 닫힐 때까지 문 안으로 들어오는 물건은 다 사서 황 정승에게 주겠노라."

그런데 그 날은 예상치도 못하게 새벽부터 몰아친 폭우가 온종일 그치지 않아 남대문을 드나드는 장사치가 한 명도 없었다. 그러다가 다 어두워져 문을 닫으려고 할 때 웬 시골 영감이 달걀 한 꾸러미를 들고 들어오는 것이었다. 왕은 약속대로 이 달걀이나마 사서 황희에게 주었다. 그런데 황희가 받아 들고 집에 돌아와 삶아 먹으려고 하니 달걀이 모두 곯아서 한 알도 먹을 수가 없었다.

곯았다는 것은 상했다는 말인데, 이것을 한문으로 옮길 때 마땅한 표현이 없어 '유골有骨', 즉 '골이 있다'로 적었다. 즉 계란유골鷄卵有骨은 '계란이 곯았다'는 말로, 운수 나쁜 사람이 모처럼 좋은 기회를 만나도 역시 일이 잘 되지 않음을 뜻한다.

비슷한 속담으로는 '재수 없는 포수는 곰을 잡아도 웅담이 없다', '도둑을 맞으려면 개도 안 짖는다', '밀가루를 팔면 바람이 불고, 소금을 팔면 비가 온다' 등이 있다.

029

계륵 鷄肋

닭의 갈비뼈, 크게 쓸모는 없으나 버리기는 아까움

鷄 닭 계 | 肋 갈비 륵

출전《후한서後漢書》〈양수전楊脩傳〉

조조曹操가 유비劉備와 한중漢中 땅을 두고 다툴 때의 일이다. 한중은 토지가 비옥하고 물산이 풍부한 요충지로 누가 이곳을 차지하느냐에 따라 서로에게 위협이 되는 지역이었다. 그런데 먼저 한중을 차지한 것은 유비였고, 조조군은 유비군의 강력한 방어에 막혀 전진하기도 수비하기도 곤란한 처지에 놓였다.

어느 날 조조의 저녁식사로 닭국이 들어왔다. 이를 본 조조는 문득 먹자니 먹잘 것이 없고 그냥 버리자니 아까운 닭의 갈비가 꼭 지금의 상황 같다고 여겨졌다. 때마침 부하가 야간 암호를 받으러 들어왔고, 조조는 '계륵鷄肋'이라는 암구호를 내렸다. 이에 부하들은 암구호를 받아들고도 영문을 몰라 했지만 주부主簿인 양수楊修만은 조조의 말뜻을 눈치 채고 서둘러짐을 꾸리기 시작했다.

"닭의 갈비는 먹잘 것이 없다, 그렇다고 버리기도 아깝다. 공은 돌아가기로 결정한 것이다夫鷄肋, 食之則無所得, 棄之則如可惜, 公歸計決矣."

양수는 한중 땅이 계륵과 마찬가지로 버리기는 아깝지만 그렇다고 무리해서 지킬 정도로 대단한 곳도 아니라고 판단한 조조의 의중을 꿰뚫은 것이다. 그의 말대로 과연 조조는 이튿날 아침 철군 명령을 내렸다.

계륵은 특별히 쓸모가 있는 것은 아니지만 그냥 버리기는 아까운 사물이나 상황을 일컫는다.

030 계명구도 鷄鳴狗盜

닭 울음소리를 잘 내는 사람과 좀도둑

鷄 닭 **계** | 鳴 울 **명** | 狗 개 **구** | 盜 도둑 **도**

출전《사기史記》〈맹상군전孟嘗君傳〉

제齊나라 왕족으로 설薛 땅의 영주인 맹상군孟嘗君 전문田文은 사람 사귀기를 좋아해서 손님 대접이 후했다. 그래서 무엇이든 재주가 있는 사람은 귀천을 따지지 않고 식객으로 받아주었다. 심지어 개 도둑 출신의 좀도둑과 닭 울음소리를 흉내 내는 사람까지도 받아주자 다른 식객들이 눈살을 찌푸릴 정도였다. 그래도 맹상군이 아랑곳하지 않자 어느덧 그의 대저택에는 식객이 3천이나 들끓었다.

이 무렵 강대국인 진秦나라 소왕昭王이 맹상군을 초청했는데, 말이 초청이지 소환이나 마찬가지였다. 맹상군은 고민 끝에 식객 십여 명을 수하로 거느리고 진으로 갔다.

맹상군은 소왕에게 많은 예물을 진상했는데, 그중 가장 값진 물건은 여우의 겨드랑이 털가죽을 여러 장 덧대 만든 호백구狐白裘라는 갖옷이었다. 소왕은 그것을 보물창고에 귀히 보관하라 지시했다. 그리고는 맹상군을 자신의 영빈관에 머물게 했는데 이는 사실상 연금이나 다름없었다. 눈치 빠른 맹상군은 시시각각 위험이 닥쳐오고 있음을 직감했다. 그래서 어떻게든 진을 벗어나보려고 연줄을 댄 끝에 소왕의 애첩에게 뇌물을 주기로 했다.

그런데 이 애첩이 여우 가죽으로 만든 귀한 호백구를 요구하는 것이 아닌가. 이미 소왕한테 선물한 호백구를 당장 어디서 또 구한단 말인가? 맹상군은 기가 막혔다. 그런데 이때 수하로 따라온 좀도둑이 나서더니, 자신이 왕의 보물창고에 잠입하여 그것을 훔쳐내겠노라 자신했다.

수하는 그 날 밤 개가죽을 뒤집어 쓴 채 궐의 보물창고로 접근했는데, 하는 짓이 워낙 개랑 똑같고 주변이 컴컴했기 때문에 창고지기는 자신이 기르는 개인 줄 알고 조금도 의심하지 않았다. 그래서 좀도둑은 창고지기가 조는 틈을 노려 안으로 들어가서 호백구를 훔쳐내는 데 성공했다.

호백구을 뇌물로 받아 든 애첩은 뛸 듯이 기뻐하며 곧 소왕에게 달려가 간청했다.

"듣자하니 맹상군을 곧 죽일 거라고 하던데, 그런 사람을 죽이면 세상이 전하를 어떻게 보고 어느 어진 인재가 진을 찾아오겠어요? 또 그를 지금처럼 가둬봐야 이런 저런 참소만 이어질 테니 하루 빨리 돌려보내는 게 상책 아니겠어요?"

소왕이 들으니 옳다고 여겨져서 이튿날 날이 밝자마자 맹상군을 풀어주었다. 가까스로 위기를 벗어난 맹상군은 소왕이 변심하거나 호백구 절취사건이 발각될 새라 부지런히 마차를 몰았다. 그래서 한밤중에 함곡관函谷關에 다다랐지만 더 이상 나아갈 수 없었다. 관문이 첫 닭이 울어야 만 열렸기 때문이다. 맹상군 일행은 조바심을 내며 어서 빨리 관문이 열리기만을 기다렸다. 뒤로는 진나라 군사가 쫓아오고 앞이 막혀 있는 그때, 식객 한 사람이 문득 닭 울음소리를 냈다. 그러자 일대 동네의 닭들이 호응이라도 하듯 일제히 울어댔고, 이 소리에 놀란 경비병들은 벌써 날이 샜나 하고 관문을 열었다. 그래서 맹상군 일행은 무사히 진나라를 벗어날 수 있었다.

맹상군은 탈출에 결정적인 수훈을 한 두 식객에게 크게 상을 내리고 여러 사람들 앞에서 이렇게 추켜세웠다.

"내 목숨을 구한 것은 순전히 이들의 '계명鷄鳴과 구도狗盜' 덕분이었소."

계명구도鷄鳴狗盜는 닭 울음소리를 잘 내는 사람과 좀도둑이란 말로, 즉 하찮은 재주도 쓸데가 있음을 뜻한다.

031 계찰계검 季札繫劍

계찰이 검을 걸어 놓다

季 끝 계 | 札 표 찰 | 繫 맬 계 | 劍 칼 검

출전《사기史記》〈오태백세가편吳太伯世家篇〉

오왕吳王 수몽壽夢에게 아들이 넷 있었는데 그 중 막내가 계찰季札이었다. 아들 중에서 계찰이 가장 똑똑하고 재주가 있어 수몽이 왕위를 주려고 했지만, 계찰은 장자가 대를 이어야 한다면서 거절하고 산골짜기로 들어가 밭을 일구며 살았다.

계찰의 여러 형들도 막내의 높은 인격과 절개를 인정하면서, 돌아가면서 집권한 왕위가 계찰에까지 이르게 하려고 했다. 하지만 계찰은 자신의 즉위차례가 돼도 받지 않았다. 왕은 어쩔 수 없이 그를 연릉延陵으로 봉후封侯했고, 계찰은 그 후 연릉의 계자季子로 불렸다.

계찰이 처음 사신으로 떠났을 때, 북쪽 서徐나라에 들러 그곳 군주를 알현했다. 서왕은 평소 계찰의 보검을 욕심냈지만 중원의 여러 나라를 순행해야 했던 계찰은 내어줄 수 없었다.

시간이 흘러 각국을 순회하고 돌아오는 길에 다시 서에 도착했지만 그때는 이미 서왕이 죽고 없었다. 이에 계찰은 자신의 보검을 풀어서 서왕 무덤가의 나무에 걸어두고 떠났다於是乃解其寶劍 繫之徐君塚樹而去. 그러자 한 수행원이 물어보았다.

"서왕은 이미 죽었거늘 누구에게 주는 것입니까?"

계찰이 대답했다.

"내가 마음속으로 이미 주기로 결정했거늘 그가 죽었다고 해서 어찌 내 뜻을 바꾸겠는가?"

계찰계검季札繫劍은 '계찰이 검을 걸어 두다'는 말로, 신의信義를 중히 여김을 비유한 말이다.

032 계포일낙 季布一諾

계포의 승낙 한 마디가 황금 백 냥보다 낫다

季 끝 **계** | 布 베풀 **포** | 一 한 **일** | 諾 허락할 **낙**

출전《사기史記》〈계포전季布傳〉

초楚나라 사람 계포季布는 젊을 때부터 의협심義俠心이 강해서 한번 한 약속은 반드시 지켰다. 이런 계포가 항우의 장수로 출전해 몇 차례 유방을 괴롭혔는데, 항우가 패하고 유방이 천하를 통일하자 그의 목에 천금의 현상금이 걸렸다. 하지만 계포를 아는 사람들 누구도 그를 신고하기는커녕 오히려 천거하기까지 했다. 덕분에 그는 사면과 동시에 낭중郎中이라는 벼슬을 받았고 나중에는 중랑장中郎將까지 올랐다. 권모술수가 판치는 정치판에서 늘 의로운 일에 힘썼으므로 그만큼 신임과 존경이 두터웠던 것이다.

그러던 어느 날 흉노匈奴의 선우單于가 여태후呂太后를 업신여기는 서신을 보내왔다. 화가 난 여태후는 곧 흉노 징벌을 위한 회의를 소집했다.

먼저 상장上將 번쾌樊噲가 큰소리 쳤다.

"제게 10만 병력을 내어주십시오. 당장 달려가 오랑캐들을 깨끗이 쓸어버리겠습니다."

"그게 좋겠습니다."

당시는 여씨呂氏 가문의 위세가 막강할 때였다. 신하들은 여씨 집안의 여식을 부인으로 맞아 여태후의 총애를 듬뿍 받고 있던 번쾌에게 잘 보이려고 이구동성으로 맞장구를 쳤다. 그런데 이때 감히 "번쾌의 목을 자르십시오."하고 나선 사람이 있었으니 바로 계포였다.

"한 고조漢高祖께서도 40만 대군을 이끌고 정벌에 나섰다가 평성平城에서 포위당하신 일이 있지 않습니까? 그런데 10만으로 흉노를 응징하겠다고 큰소리치는 것은 망발妄發에 불과합니다. 또 진秦이 망한 것도 오랑캐와 시비를 벌일 때 진승陳誠 등이 반란을 일으켰기 때문입니다. 그 상처가 채 아물지도 않았거늘 번쾌는 단지 태후께 아첨하기 위해 난을 일으키려는 것입니다."

계포의 확신에 찬 주장에 신하들 모두 얼굴이 새파랗게 질렸다. 다들 계포의 수명도 이제 다 됐구나 생각했다. 그러나 여태후는 더 이상 가타부타 하지 않고 회의를 파했고 그 후 다시는 흉노 징벌을 입에 담지 않았다. 계포의 신의를 믿고 그 사건을 덮어둔 것이다.

한편, 초나라 사람 조구曹丘는 권세욕이 강한 인물로, 경제景帝의 외숙인 두장군竇長君의 식객食客으로 있었다. 계포가 이 사실을 알고 두장군에게 편지를 보내 말했다.

"조구는 교언영색巧言令色한 인물이니 가까이 하지 않는 것이 좋겠소."

그런데 때마침 조구가 두장군에게 계포에게 보낼 소개장을 써달라고 부탁했다. 두장군이 계포의 편지를 보여주며 말했다.

"계포는 자네를 싫어하니 가지 말게나."

하지만 조구는 막무가내로 소개장을 써달라고 부탁했고, 얼마 후 그것을 받아들고 계포를 찾아가 말했다.

"초나라 사람들은 '황금 백 냥도 계포의 승낙 한마디만도 못하다得黃金百斤 不如得季布一諾'고 말하는데, 그 까닭이 무엇인지요?"

계포 면전에서 제대로 칭찬하는 말이었다.

그 후 계포일낙季布一諾이라는 말이 생겨났고 줄여서 계낙, 또는 금낙金諾이라고도 하여 '틀림없이 알았다'는 뜻으로 쓰인다.

033 고려공사삼일 高麗公事三日

고려의 정책은 사흘에 한 번씩 바뀐다

高 높을 **고** | **麗** 고울 **려** | **公** 공변될 **공** | **事** 일 **사** | **三** 석 **삼** | **日** 해 **일**

출전《조선왕조실록》〈세종 18년 병진丙辰 윤 6월 23일조〉

조선 세종임금이 평안도 도절제사都節制使에게 외구침입에 대비한 봉수대 설치를 명하면서 말했다.

"처음에는 누구나 근면하다가도 나중에는 태만해지는 것이 인지상정이며, 우리 동인東人의 고질이다. 속담에 이르기를, '고려공사삼일高麗公事三日'이라고 하는데, 정녕 헛말은 아닌 것이다."

세종임금은 앞서 여러 차례 외구의 침략을 당하면서도 적장의 머리 하나 베지 못한 것을 한탄하면서, 이것이 모두 방비에 소홀했기 때문임을 지적했다. 따라서 이번 봉수대 축조공사도 착수만 하고 어영부영 하다간 또다시 예상치 못한 피해가 뒤따를 수 있음을 경계하면서 만전을 기할 것을 당부했다.

고려공사삼일은 어떤 일을 시작하고도 꾸준히 지속하지 못하는 상황, 확실한 마무리를 짓지 못하고 중도에 흐지부지되는 현상을 비판한 것이다. 비슷한 말로 작심삼일作心三日, 조개모변朝改暮變, 조령모개朝令暮改, 조령석개朝令夕改가 있다.

034 고복격양 鼓腹擊壤

배를 두드리며 양치기놀이를 한다

鼓 북 고 | 腹 배 복 | 擊 칠 격 | 壤 흙 양

출전《십팔사략十八史略》

고대 중국의 요堯임금과 순舜임금 시대는 두루 태평성대로 백성들이 살기가 매우 좋았다. 《십팔사략十八史略》에는 요堯임금이 즉위한 지 50년이 지난 어느 날 민심의 동태를 살피려고 평복차림으로 시찰에 나섰다는 기록이 있다. 백성들이 자신을 천자天子로 떠받드는지, 세상이 잘 통치되고 있는지를 직접 둘러보고자 한 것이다.

요임금은 먼저 거리에서 아이들이 천자를 찬양하는 노랫소리를 들었다. 그리고 얼마 후에는 한 노인이 잔뜩 포만감에 겨워 배를 두드리면서 격양놀이를 하는鼓腹擊壤 장면을 목격했다. 그는 흥에 겨워 노래하고 있었다.

"해가 뜨면 들에 나가 밭을 갈고, 해지면 집에 돌아와 쉬네. 우물을 파서 물을 마시고 농사를 지어 먹고 사는데, 천자의 권세가 나에게 무슨 상관인가."

나라 정치가 잘 돌아가고 백성들이 배불리 먹고 여유를 즐기는 모습을 직접 확인한 요임금은 흡족한 마음으로 궁궐로 돌아왔다.

고복鼓腹은 부른 배를 두드린다는 뜻이고, 양壤은 나무로 만든 신발모양의 놀이 도구로 격양擊壤은 30-40걸음 떨어진 곳에서 서로 이것을 맞추는 놀이다. 즉 고복격양은 부른 배를 두드리며 양치기 놀이를 하는 것으로써 곧 태평성대를 일컫는다.

035

고양주도 高陽酒徒

고양의 술꾼 역이기

高 높을 고 | 陽 볕 양 | 酒 술 주 | 徒 무리 도

출전《사기史記》〈역생육가酈生陸賈열전〉

진秦나라 말, 패현沛縣에서 군을 일으킨 유방劉邦이 진류陳留 교외에 주둔했다. 당시 진류현 고양이라는 시골에는 역이기酈易其라는 학자가 있었는데, 가난한 살림에도 마땅한 생업을 찾지 못했다.

역이기는 유방의 소식을 듣고 어떻게든 그의 휘하에 들어가고 싶었다. 그러나 유방은 샌님들을 싫어해서 유생들이 찾아오면 관冠을 벗겨서 거기에 오줌을 싸고 욕을 퍼붓는다는 말이 나돌았다. 이에 역이기는 고민 끝에 한 가지 묘안을 짜서 유방을 만나러 갔다.

유생이 찾아왔다는 말에 유방은 화부터 내면서 말했다.

"유생 따윈 만날 시간이 없으니 그냥 돌아가라 해라."

그러자 이 말을 전해들은 역이기는 오히려 큰소리를 쳤다.

"나는 고양의 술꾼이지 유생이 아니오吾高陽酒徒. 非儒人也."

그의 이런 오만한 반응에 유방이 발을 씻다 말고 맨발로 나가 역이기를 맞았고, 그 후 역이기는 그의 참모가 되어 여러 전투의 승리에 기여했다.

고양주도高陽酒徒란 고양의 술꾼 역이기, 재주가 있고 호방하여 일상의 예절이나 상황에 얽매이지 않는 사람을 일컫는다.

036 곡돌사신 曲突徙薪

굴뚝을 구불구불하게 하고 땔나무를 옮긴다

曲 굽을 곡 | 突 굴뚝 돌 | 徙 옮길 사 | 薪 땔나무 신

출전《한서漢書》〈곽광전편霍光傳篇〉

한 선제漢宣帝 때, 황후의 부친 곽씨 일가가 모반을 꾀했다. 선제는 친히 출정하여 곽씨 일가를 멸하고 그들을 진압하는 데 공이 큰 사람들에게 상을 내렸다. 하지만 그들을 미리 제거해야 한다고 간언했던 서복徐福에게는 아무런 상도 주지 않았다. 이에 대해 한 신하가 다음의 이야기를 들려주며 왕의 불공정을 충고했다.

한 나그네가 어느 집 굴뚝을 쳐다보니 굴뚝이 반듯하게 뚫려 있고 곁에 땔나무가 잔뜩 쌓여 있었다. 나그네가 그 집 주인을 찾아 말했다.
"굴뚝의 구멍을 구불구불하게 만들고, 땔감은 모두 다른 데로 옮기시오."
하지만 집주인은 그 말을 귀담아 듣지 않았다.
"남의 집 일에 왈가왈부 말고 그냥 가던 길이나 가쇼."
그런데 며칠 후 그 집에 불이 났다. 동네 사람들이 뛰어와 집주인을 구해냈고 다행히 불길도 집을 다 태우지는 않고 꺼졌다. 집주인은 자신의 목숨을 구해준 것에 대한 감사로 이웃들을 초청해 술과 음식을 잔뜩 대접했다. 그때 한 사람이 주인에게 말했다.
"자네가 그 나그네의 말을 들었더라면 불도 안 났을 거고 이렇게 술과 고기를 대접할 필요도 없었을 게 아닌가."
그러면서 이렇게 덧붙였다.
"굴뚝을 구불구불하게 하고 땔감을 옮기라고 한 나그네한테는 보답이 없고 머리카락 그슬리고 이마를 데며 불을 끈 사람이 상객이 되었구나曲突徙薪無恩澤 焦頭爛額爲上客耶!"

곡돌사신曲突徙薪은 화근을 미연에 방지한다는 본래 뜻 외에, 예방책을 일러준 사람은 포상이 없고 나중에 불을 끈 사람한테만 상을 준다는 말로도 쓰인다.

037 곡학아세 曲學阿世

학문을 왜곡하여 권세나 세속에 빌붙음

曲 굽힐 **곡** | 學 배울 **학** | 阿 아첨할 **아** | 世 세상 **세**

출전《사기史記》〈유림열전儒林列傳〉

한나라 경제景帝 때,《시경詩經》에 정통한 원고생轅固生이라는 선비가 있었다. 학식과 강직한 성품을 겸비한 그는 왕자의 스승까지 역임했지만 와병을 칭하며 벼슬에서 물러났다.

무제武帝가 즉위해서 원고생의 나이 90이 넘었음에도 다시 조정의 부름을 받았는데, 아첨하기 좋아하는 관원들은 그가 너무 늙었다고 비난했다. 이때 60 나이의 공손홍公孫弘도 함께 벼슬을 제수 받았는데, 그 역시 늙은 원고생을 마뜩잖은 눈초리로 바라보았다. 그러나 원고생은 전혀 개의치 않고 이렇게 말했다.

"공손홍, 지금 학문은 어지럽고 잘못된 길로 가고 있네. 자네는 아직 젊으니까 올바르게 학문을 닦아서 세상을 밝혀주시게나. 부디 학문을 굽혀 세상에 아부하는 일이 없도록 말일세務正學以言, 無曲學以阿世."

공손홍은 그런 원고생의 훌륭한 인격과 학식에 감탄하며 제자 되기를 자청했다.

이 고사에서 유래한 곡학아세曲學阿世는 학문을 왜곡하고 권세나 세속에 아첨하며 빌붙는 행위를 비판한 것이다.

038 골육지친 骨肉之親

뼈와 살을 함께 나눈 사이

骨 뼈 골 | 肉 고기 육 | 之 갈 지 | 親 친할 친

출전《여씨춘추呂氏春秋》〈정통精通편〉

주周나라 신희申喜라는 사람은 모친과 때 아닌 생이별을 했다.

어느 날 문밖을 지나가는 한 여자 걸인이 부르는 노랫소리를 듣고 있자니 마음이 너무 서글펐다. 그래서 하인을 시켜 그녀를 안으로 들이라고하고, 음식을 대접하면서 어떻게 해서 걸인이 되었는지를 물어보았다. 그런데 한동안 이런 저런 이야기를 나누다보니, 그 걸인이 바로 자신의 친어머니가 아닌가!

부모와 자식은 본래 한 몸뚱이에서 갈라지고 동기同氣였다가 분리된 것이다. 풀의 꽃과 열매, 나무의 뿌리와 심芯처럼 둘은 설사 있는 곳이 다르더라도 서로 통하고, 힘든 일이 있으면 서로 돕고 근심이 있으면 서로 공감하며, 살아 있을 때는 기뻐하고 죽으면 함께 슬퍼하는 것, 이것이 골육간의 사랑인 것이다此之謂骨肉之親.

골육지친骨肉之親은 서로 떼래야 뗄 수 없는 친족親族, 혈육관계인 부모나 형제 또는 가까운 혈족血族을 일컫는다.

039

공곡공음 空谷跫音

인적 뜸한 골짜기에 들려오는 발자국 소리

空 빌 공 | 谷 골 곡 | 跫 발자국소리 공 | 音 소리 음

출전《장자莊子》〈서무귀편徐無鬼篇〉

서무귀徐無鬼는 벼슬을 하지 않고 은둔해 살았는데, 이웃인 위魏나라 중신 여상女商과의 인연으로 어느 날 무후武侯를 만났다. 두 사람은 한창 이야기꽃을 피웠고, 만남이 끝날 무렵에는 무후의 웃음소리가 밖에까지 들려왔다.

여상이 자리를 물러나오는 서무귀에게 물어보았다.

"나는 지금껏 무후께 시서예악詩書禮樂과 병법에 대해 수없이 많은 이야기를 해드렸건만 지금껏 오늘처럼 즐거워하시는 모습은 보지 못했소. 대체 무슨 말을 했기에 저렇게 좋아하시는 건가?"

서무귀가 대답했다.

"개와 말의 감정에 대해 담소를 나눴을 뿐입니다만, 인가에서 멀리 떨어진 빈 골짜기에서 저벅저벅 사람의 발자국 소리를 들으면 얼마나 기쁘겠소逃空谷者 聞人之足音跫然 而喜矣? 하물며 형제나 친척이 옆에서 떠들고 왁자지껄 웃는 소리를 들으면 더욱 좋아할 것입니다. 무후께서는 오랫동안 진인眞人의 말을 들어보지 못했기에 제 이야기를 듣고 즐거워하신 겁니다."

공곡공음空谷跫音이 여기서 유래했고, '참다운 사람'을 뜻하는 진인은 몸을 자연에 의탁하고 무위無爲를 일삼으며, 세속의 이해득실을 벗어나 도道에 통달한 사람을 일컫는다. 일상의 번잡함을 벗어나 자연에 융화되면 마음의 평화를 누릴 수 있음을 말하는 것이다. 또 쓸쓸히 지내고 있을 때 문득 들려오는 반가운 소식, 외로울 때 벗을 얻는 기쁨, 매우 진기珍奇하고 반가운 일 등을 비유하여 쓰기도 한다.

040 공명지조 共命之鳥

목숨을 공유하는 새

共 한가지 **공** | 命 목숨 **명** | 之 갈 **지** | 鳥 새 **조**

출전《아미타경阿彌陀經》·《잡보잡경雜寶藏經》

불교경전에 등장하는 공명조共命鳥는 머리가 두 개인 상상 속의 새다. 한 몸에 머리가 둘인 새로, 어느 한쪽이 없어지면 자기만 살 것이라고 생각하지만 결국 공멸하고 만다.

한 머리가 몸을 위해 항상 좋은 열매를 챙겨 먹는 데 반해, 다른 한 머리는 시기한 나머지 독이 든 열매를 따먹었고, 결국 두 머리는 함께 죽고 말았다. 경쟁자인 상대방이 사라지면 자기만 살 것이라고 생각하지만 결국 공멸하게 됨을 뜻한다.

041

공성계 空城計

빈 성으로 적을 유인하여 혼란에 빠뜨림

空 빌 공 | 城 성 성 | 計 꾀 계

출전《삼국지三國志》〈촉서蜀書〉〈제갈량전諸葛亮傳〉

제갈량이 양평관에 부대를 주둔하고, 위연魏延과 왕평王平에게 조조군을 공략하게 했다. 군대를 모두 내보냈기 때문에 성에는 병들고 약한 일부 병사만 남아 있었다. 이때 조조군의 대도독 사마의司馬懿가 15만 대군을 이끌고 양평으로 오고 있다는 소식이 전해졌다. 성에 남은 군사들은 놀라지 않을 수 없었다.

그러나 제갈량은 조금도 당황하지 않았다. 그는 군사들로 하여금 성문을 활짝 열고, 입구와 길을 청소하여 마치 사마의를 영접하는 것처럼 꾸몄다. 그리고 자신은 성 밖에서도 잘 보이는 누대樓臺에 올라앉아 조용히 거문고를 연주했다.

얼마 후 성 앞에 도착한 사마의는 이 상황을 보고 의심이 들었다. 그는 제갈량이 성 안에 복병을 두고 자신을 유인하려는 속임수라 판단하고 곧 군사를 돌려 퇴각해버렸다.

공성계空城計는 손자병법 36계計 가운데 제32계로, 빈 성으로 적을 유인해 혼란에 빠뜨리는 계책이다. 실력이 없으면서도 허세를 부리는 허장성세虛張聲勢와 상통한다. 제갈량이 거문고를 뜯어 사마의를 물리친 탄금주적彈琴走敵도 여기서 유래했다.

042 공휴일궤 功虧一簣

태산이 한 삼태기로 허물어지다

功 공 **공** | 虧 이지러질 **휴** | 一 한 **일** | 簣 삼태기 **궤**

출전《서경書經》〈여오편旅獒篇〉

주周나라가 상商을 물리치자 서쪽에 살던 여족旅族이 주 무왕武王에게 오獒라는 큰 개를 공물로 바쳐왔다. 이에 무왕의 동생 소공召公은 여오旅獒라는 글을 써서 오랑캐가 바친 개 같은 공물은 받지 말 것을 충고했다.

"개나 말은 그 풍토에 맞지 않으면 기르지 말아야 합니다. 새벽부터 밤까지 조금도 게으름을 피우지 마십시오. 자질구레한 행동을 삼가지 않으면 큰 덕에 누가 될 것이요, 아홉 길 높이의 산을 쌓음에 한 삼태기의 흙이 모자라면 일을 이루지 못할 것입니다爲山九, 功虧一. 진정 이렇게 하시면 백성이 편안하고 임금께서는 대대로 복락을 누리실 것입니다."

소공은 무왕이 주나라를 창건하고 나서 혹시 안일한 나머지 통치를 게을리 할까 염려한 것이다.

공휴일궤功虧一簣는 공이 한 삼태기로 무너진다는 말로, 성공을 눈앞에 두고도 실패함을 뜻한다. 조금만 더 노력하면 충분히 목적을 성취할 수 있음에도 약간의 노력이 부족하여 지금껏 애쓴 것이 모두 허사가 됨을 경계한 것이다.

043 과즉물탄개 過則勿憚改

허물이 있으면 고치기를 망설이지 마라

過 허물 **과** | 則 곧 **즉** | 勿 말 **물** | 憚 꺼릴 **탄** | 改 고칠 **개**

출전《논어論語》〈학이편學而篇〉

공자는 일찍이 군자의 수양에 대해 이렇게 말했다.

"군자는 중후하지 않으면 위엄이 없어 학문을 해도 견고하지 못하다. 충忠과 신信을 근본으로 삼고, 자기보다 못한 자를 벗으로 사귀지 말며, 허물이 있으면 고치기를 망설이지 말아야 한다過則勿憚改."

공자는 허물을 고치기를 꺼리지 말아야 함을 군자의 필수덕목으로 삼았고, 그 제자 자공子貢도 "군자는 잘못을 범했을 때 모든 사람이 이를 알 수 있도록 고쳐야 한다."고 했다. 공자는 자신이 가장 신뢰하는 제자 안회顔回를 '과불이過不貳'라고 높이 평가했다.

위衛나라 재상 거백옥蘧伯玉은 성품이 어질고 100세의 장수로 유명한 인물이다. 그는 공자와 친교가 있었는데, 어느 날 이 거백옥에게서 사자使者가 찾아와서 공자가 자리를 권하며 거대인의 안부를 물었다.

사자가 말했다.

"주인께서는 잘못을 줄이려고 애쓰고 계십니다만, 아직도 잘못을 줄이지 못하고 있습니다."

여기서 잘못이란《논어論語》〈위령공편衛靈公篇〉에 나오는, 과이불개 시위과의過而不改 是謂過矣 ; 잘못을 고치지 않는 것, 이것을 바로 잘못이라 한다가 바로 그 잘못이다.

공자는 사람이 잘못을 하지 않을 수는 없다고 생각하고 잘못을 고치지 않는 것이 더 큰 허물이라고 했다. 그래서 허물을 고치는 데 망설이지 말라고 한 것이다. 잘못이 있음에도 고치기를 주저하면 똑같은 잘못을 반복할 수 있고, 잘못은 또 다른 잘못을 낳을 수 있으므로 즉시 고치려고 노력해야 한다는 것이다.

공자가 살던 시대는 난세로 모든 도덕률道德律에 일정한 기준이랄 것이 없었다. 공자는 이처럼 통일되지 못한 가치관이 유행하는 데 위기감을 느끼고, 설사 일시적으로는 그릇된 가치관에 찌든 삶을 살더라도 잘못을 깨닫고 그것을 고치기만 한다면 괜찮다고 말했다.

044 관포지교 管鮑之交

관중과 포숙의 변치 않는 우정

管 대롱 **관** | 鮑 절인고기 **포** | 之 갈 **지** | 交 사귈 **교**

출전《사기史記》〈관안열전管晏列傳〉

춘추시대 제齊나라에 관중管仲과 포숙아鮑叔兒가 있었는데, 함께 장사를 할 때도 서로 뜻이 잘 맞고 너그러운 둘도 없는 친구였다. 그런데 똑같이 관리가 되면서부터 서로 다른 길을 걷기 시작했다. 관중은 제나라 군주인 양공襄公의 공자公子 규糾의 참모가 되고, 포숙아는 규의 이복동생 소백小白을 모셨다.

그 무렵 양공의 사촌동생 공손무지公孫無知가 양공을 시해하고 왕위를 찬탈하는 사건이 일어났다. 목숨이 위태로워진 규는 관중의 도움을 받아 함께 이웃 노魯나라로 달아났고, 소백은 포숙아와 함께 거莒로 달아났다. 그러다가 이듬해 공손무지가 죽자 상황은 또 달라졌다. 규와 소백 가운데 누가 왕이 되느냐를 두고 관중과 포숙아는 본의 아니게 정적이 된 것이다.

관중이 손을 써서 소백을 죽이려고 했지만 늦고 말았다. 소백이 포숙아와 함께 먼저 귀국하여 빈 권좌를 차지하니 그가 바로 환공桓公이다. 결국 소백에게 붙잡힌 규는 자결하고, 관중은 처형을 눈앞에 두고 있었다. 이때 포숙아가 소백에게 엎드려 간청했다.

"전하, 일국의 군주로서 만족하신다면 신의 보필만으로도 충분합니다. 그러나, 천하의 주인이 되고자하신다면 부디 관중을 발탁해 쓰셔야 합니다."

제 환공은 어리석고 용렬한 인물이 아니었다. 관중의 능력을 잘 알고 있던 그는 포숙아의 건의대로 그를 풀어주고 대부大夫 벼슬을 주어 정사를 맡겼다. 그러자 과연 관중은 환공과 포숙아의 기대를 저버리지 않았다. 그리고 환공은 마침내 여러 제후들을 굴복시키고 춘추시대의 패권을 쥐게 되었다. 포숙아는 관중의 성공을 자기 일처럼 기뻐했고, 두 사람의 우정은 변함없었다. 그 후 관중은 사람들에게 포수아를 두고 이렇게 말했다.

"일찍이 가난할 때 포숙과 함께 장사를 할 때 나는 내 몫을 더 챙겼다. 그런데도 포숙아는 나를 탓하지 않았다. 우리 집이 가난한 것을 알고 있었기 때문이다. 또 내가 사업에 실패했을 때도 포숙아는 내 어리석음을 탓하지 않았다. 그는 세상 흐름에 따라 이로울 수도 안 그럴 수도 있음을 알았기 때문이다. 내가 벼슬길에서 세 번이나 쫓겨났을 때도 포숙아는 나를 무능하다 여기지 않았다. 내가 시대를 잘 못 만난 것을 알았기 때문이다. 내가 전장에서 세 번이나 패해 도망쳤을 때도 포숙아는 나를 겁쟁이라 비웃지 않았다. 나에게 늙으신 어머니가 계신 것을 알았기 때문이다. 나를 낳아 준 것은 부모지만, 진정 날 알아준 사람은 포숙아다."

045 괄목상대 刮目相對

상대방의 학식이나 재주가 몰라볼 정도로 좋아짐

刮 비빌 **괄** ı 目 눈 **목** ı 相 서로 **상** ı 對 대할 **대**

출전《삼국지三國志》〈오지吳志〉〈여몽전呂蒙傳〉

오왕吳王 손권孫權은 부하 장수 여몽呂蒙이 무술만 연마하고 학식이 없는 것을 염려했다.

"그대의 무예는 의심할 여지가 없소만, 모름지기 나라의 큰일을 맡으려면 글을 읽어 학식을 쌓아야 하지 않겠소?"

왕의 당부에 따라 여몽은 그날부터 열심히 학문을 닦았다.

한편 평소 여몽을 별 볼일 없는 사람으로 경시했던 노숙魯肅은 그가 전과는 달리 인상이 온화해지고 학식이 풍부해짐을 실감하며 깜짝 놀랐다.

이에 대해 여몽은 다음과 같이 말했다.

"선비라면 사흘 떨어져 있다 만났을 땐 눈을 비비고 다시 봐야 할 정도로 달라져 있어야 하는 법입니다士別三日, 卽當刮目相對."

그 후 여몽은 노숙이 죽고 나서 손권을 보좌하여 국력을 키우는데 힘썼고, 촉蜀의 관우關羽를 사로잡는 등 큰 공을 세워서 오나라 백성들로부터 명장으로 추앙받았다.

괄목상대刮目相對는 한동안 못 보던 사이에 학문이나 인품, 실력이 눈에 띄게 좋아짐을 이르는 말로, 괄목상관刮目相觀, 괄목상간刮目相看이라고도 한다. 이전과 다른 사람으로 느껴질 정도로 성장하고 발전해서 새롭게 거듭난 사람을 가리킬 때 사용된다. 똑같이 이 고사에서 유래한 오하아몽吳下阿蒙은 예전의 여몽처럼 무예만 있고 학식이 없는 사람을 일컫는다.

046 광풍제월 光風霽月

비 갠 뒤의 바람과 달처럼 시원하고 깨끗한 인품

光 빛 **광** | 風 바람 **풍** | 霽 갤 **제** | 月 달 **월**

출전《송서宋書》〈주돈이전편周敦頤傳篇〉

《송서宋書》에 북송北宋 문인 황정견黃庭堅이 주돈이를 추앙하며 올린 글이 나온다. "정견이 일컫기를, 그 인품이 심히 고명하며 마음결이 시원하고 깨끗함이 마치 맑은 날의 바람과 비갠 날의 달과 같다庭堅稱 其人品甚高 胸懷灑落 如光風霽月."

북송의 유학자 주돈이는 선비다운 풍모를 지녔고, 정사政事를 돌봄에 진력을 다한 인물로 평가된다. 송학宋學의 개조開祖로써, 태극太極을 우주의 본체로 파악하고《태극도설太極圖說》과《통서通書》를 저술하여 인생관과 우주관의 원리를 수립했으며, 성리학이 한 단계 도약하는 발판을 마련했다.

광풍제월光風霽月은 훌륭한 인품을 표현할 때 쓰는 말이지만, 세상이 잘 다스려지는 상태를 말하기도 한다. 제월광풍霽月光風이라고도 하고, 줄여서 광제光霽라고도 한다.

047

괘관 掛冠

관직을 사임하다

掛 걸 괘 | 冠 갓 관

출전《후한서後漢書》〈봉맹전逢萌傳〉

전한前漢 12대 애제哀帝가 죽자 왕망王莽은 평제平帝를 왕으로 추대했다. 왕망은 그러면서도 평제의 어머니 위희衛姬가 수도에 들어오는 것은 허락하지 않았다. 이에 그 장남 왕우王宇가 부당한 처사라고 불평했는데, 왕망은 그 아들도 독살해버렸다.

이 소식을 전해들은 봉맹逢萌이 말했다.

"삼강三綱의 윤리가 끊어졌으니 우리한테도 머잖아 재앙이 닥칠 것이다."

그리고는 그 자리에서 의관을 벗어解衣冠 도성의 성문에 내걸었다挂. 그리고 집으로 돌아가 식솔들을 이끌고 바다 너머 요동遼東으로 건너갔다.

괘관掛冠은 관冠을 벗어 걸어둔다는 뜻으로, 스스로 관직을 사임하는 것을 말한다.

048 교언영색 巧言令色

말을 교묘하게 하고 얼굴빛을 꾸미다

巧 공교로울 **교** | 言 말씀 **언** | 令 하여금 **영** | 色 빛 **색**

출전《서경書經》〈주서周書〉〈경명冏命편〉

《서경書經》에 주周나라 목왕穆王이 백경伯冏을 태복太僕에 임명하며 충고한 말이 나온다.

"아랫사람을 신중히 고르되 교묘한 말을 하는 자, 좋은 듯 꾸민 얼굴을 하는 자, 남의 눈치를 살피는 자, 아첨을 일삼는 자는 쓰지 말고 오직 올바른 사람만 골라 쓰도록 하라無以巧言令色便側媚, 其惟吉士."

공자도《논어論語》〈학이편學而篇〉에서 "교묘한 말과 아첨하는 낯빛을 한 사람은 어진 사람이 적다巧言令色, 鮮矣仁"고 했다. 교언巧言과 영색令色은 〈공야장편公冶長篇〉·〈양화편陽貨篇〉에도 여러 번 나올 정도로 공자는 듣기 좋은 말과 행동으로 상대방을 현혹하고 속이는 것을 경계했다. 그리고 〈자로편子路篇〉에서는 "강직하고 의연하며 소박하고 어눌한 자야말로 인에 가깝다剛毅木訥, 近仁"면서 양심에 따라 진실되게 행동하는 사람이 어질다고 설명했다.

교언영색巧言令色은 남의 환심을 사기 위해 말을 번지르르하게 하고 표정을 그럴싸하게 지어 아첨하는 것을 말한다. 같은 의미로 감언이설甘言利說과 표리부동表裏不同, 면종복배面從腹背, 양두구육羊頭狗肉이 있고 반대말은 강의목눌剛毅木訥, 눌언민행訥言敏行이 있다.

049 교왕과정 矯枉過正

구부러진 것을 바로잡으려다 상황을 악화시키다

矯 바로잡을 **교** | 枉 굽을 **왕** | 過 지날 **과** | 正 바를 **정**

출전《후한서後漢書》〈중장통仲長統전〉

동한東漢 영제靈帝 때의 유명한 문인 중장통仲長統은 〈이란편理亂篇〉에서 당시의 정치적 혼란에 대해 이렇게 분석했다.

"제왕帝王 가운데 어떤 사람은 아둔하여 나라 안에 자신을 반대하는 사람이 없다고 오판하고 스스로 자만하게 된다. 그래서 모든 업적을 자신의 공으로 세우고 아무도 자신을 뒤엎지 못하리라 믿는다. 이 결과 나라가 분란에 휩싸이고 이 틈을 노려 이민족들이 침략해오고 결국 나라가 무너지고 왕조가 무너지는 것이다. 정치가 원만하고 순조로우면 사람들은 부정한 기풍과 혼란을 바로잡으려고 하나, 굽은 것을 바로 잡으면서 마땅한 정도를 지나치게 되기도 한다復入于矯枉過正之檢. 그래서 모종의 효과를 거두려다 오히려 실패하고 예상한 목표를 이루지 못하는 경우도 있다."

교왕과정矯枉過正은 교왕과직矯枉過直이라고도 하며, 결점을 고치려다가 그 장점마저 잃어버리고 오히려 상황을 악화시키는 것을 말하며, 잘못을 바로잡을 때 그 정도가 지나침을 비판하는 말이다.

050 구밀복검 口蜜腹劍

입에 꿀을 바르고 뱃속에는 칼을 품다

口 입 **구** | 蜜 꿀 **밀** | 腹 배 **복** | 劍 칼 **검**

출전《십팔사략十八史略》

당 현종唐玄宗 집권 초기는 측천무후則天武后 이래의 정치 난맥을 바로잡고 나라를 안정시켰다는 평가를 받는다. 그러나 시간이 흐르면서 정치에 염증을 느끼고 양귀비楊貴妃를 총애하여 주색에 빠져 허우적거리기 시작했다.

이 무렵 간신 이임보李林甫는 환관에게 뇌물을 바치고 왕비에 들러붙어 재상까지 올랐다. 그는 황제의 비위를 맞추면서 신하의 간언이나 백성들의 하소연이 황제의 귀에 들어가지 못하게 했다. 그는 비리를 탄핵하는 어사에게 이렇게 말했다.

"폐하께서는 명군이시오. 그러니 우리 신하들이 무슨 말을 아뢸 필요가 있겠소. 저 궁 앞에 서 있는 말을 보시오. 어사도 저렇게 잠자코 있으시오. 안 그러면 가만두지 않겠소."

그는 이렇게 측근들의 입을 봉해버렸고, 그래서 설령 직언을 생각한 선비라도 황제에게 쉽게 접근할 수가 없었다. 그래서 어떤 사람은 이임보를 가리켜 이렇게 말했다.

"이임보는 현명한 사람을 미워하고 능력 있는 사람을 질투해서 자신보다 나은 사람을 배척하고 억누르는 음험한 자다. 그래서 사람들은 그를 일컬어 '입에는 꿀을 바르고 뱃속에는 칼을 품고 있다'고 한다口有蜜腹有劍."

이임보가 밤에 서제에 들어앉아 장고를 하면 그 다음날 어김없이 누군가가 주살誅殺되고, 수시로 옥사를 일으켰으므로 황태자를 비롯해 많은 이들이 그를 두려워했다. 그가 재상으로 있던 19년 동안 현종은 전혀 이 사실을 알지 못했고, 심지어는 안

녹산安祿山도 이임보의 술수를 경계하며 감히 반란을 일으키지 못했다.

이임보가 죽고 양국충楊國忠이 재상에 올랐다. 양국충이 현종에게 이임보의 죄상을 하나하나 밝히며 고하자 겨우 정신을 차린 현종은 그의 생전 관직을 모두 박탈하고 부관참시의 극형에 처했다. 그리고 3년 후 안녹산이 반란을 일으켰다.

구밀복검口蜜腹劍은 입에는 꿀을 바르고 뱃속에는 칼을 품고 있다는 말로, 겉으로는 꿀처럼 친한 척하지만 속으로는 음해할 생각을 하거나 돌아서서 헐뜯는 행위를 일컫는다.

051

구사일생 九死一生

아홉 번 죽을 고비를 넘기다

九 아홉 구 | 死 죽을 사 | 一 한 일 | 生 날 생

출전《사기史記》〈굴원열전屈原列傳〉

전국시대 초나라의 정치인이자 시인인 굴원은 학식이 깊고 문장이 뛰어나 삼려대부 벼슬에까지 올랐으나 간신들의 모함을 받아 관직에서 쫓겨났다. 굴원은 그 후 좌절과 방황 속에서 불행한 삶을 영위하다가 멱라수汨羅水에 몸을 던져 돌을 끌어안고 자결했다.

굴원은 〈이소離騷〉라는 시를 통해 자신의 불운한 삶과 우국충정의 마음을 표현했는데, 여기에 '雖九死 猶未其悔'라는 말이 있다. 즉 '아홉 번 죽을지라도 후회할 일은 하지 않으리라라'는 뜻이다.

> '긴 한숨 내쉬고 눈물을 닦으며, 일생에 난관이 많음을 슬퍼하노라.
> 내 고결하게 살면서 매사를 경계한다 했건만, 아침에 바른말을 하고 저녁에 쫓겨났네.
> 그래도 내 스스로 선하다고 믿기에,
> 비록 아홉 번 죽더라도 후회할 일은 하지 않으리라.

여기서 유래한 구사일생九死一生은 원래 '구사무일생九死無一生', 즉 '아홉 번 죽는 동안 한 번도 살아남지 못함'을 뜻하지만, 오늘날 죽을 뻔했다가 겨우 살아남음을 뜻하는 말로 바뀌었다. 비슷한 말로 '기사회생起死回生'이 있다.

052

구우일모 九牛一毛

아홉 마리 소 가운데서 뽑은 터럭 하나

九 아홉 구 | 牛 소 우 | 一 한 일 | 毛 터럭 모

출전《사기史記》〈사마천전司馬遷傳〉

한나라 무제武帝 때 명장 이릉李陵이 5천의 군사를 이끌고 흉노 정벌에 나섰다. 흉노가 3만 군사로 응전했지만 이릉군은 용감하게 싸워 수천 명을 죽였다. 이에 흉노족 왕 선우가 군사를 더 모아 10만 대병으로 이릉을 공격했으나 도무지 이길 방법이 없었다. 선우는 어쩔 수 없이 공격을 멈추고 군사를 뒤로 물렸다. 그런데 바로 이때 부대를 이탈해서 흉노로 전향한 이릉의 부하 입에서 뜻밖의 군사기밀이 새어나왔다. 이릉군의 화살도 다 떨어지고 군량도 바닥났으며 지원병도 없을 테니 공격하면 이길 수 있다는 것이었다. 그 말을 믿은 선우는 다시 말 머리를 돌려 이릉군을 겹겹이 포위하고 공격을 퍼부었다.

얼마 후 이릉군은 화살과 식량이 다 떨어지고 사상자도 반이 넘었다. 퇴로가 막히고 구원병도 오지 않자 이릉은 어쩔 수 없이 항복하고 말았다. 포로로 사로잡힌 이릉은 장수답게 목숨을 끊으려 했지만 복수를 다짐하며 치욕을 견디기로 했다. 이에 흉노 왕 선우는 그의 용맹함을 높이 사 자기 딸까지 내어주며 극진히 대접했다.

얼마 후 이 사실을 안 한 무제는 크게 분노하며 이릉의 노모와 처자를 모두 죽이려고 했다. 이릉의 친구들과 신하들은 모두 그런 황제를 두려워하며 입을 꾹 다물었는데, 사관인 사마천은 홀로 그를 옹호하고 나섰다.

"이릉 장군은 불과 군사 5천으로 그 몇 배나 되는 흉노와 맞섰습니다. 화살과 식량이 떨어지고 구원도 없는데다 배신자까지 있어서 패한 것입니다. 그가 투항한 것도 어쩔 수 없는 선택일 것입니다. 곧 기회를 엿보다가 충성을 바칠 테니 헤아려주십

시오."

그러나, 화가 난 무제는 이릉을 감싸는 사마천도 똑같은 반역자라 여겼다.

"저놈을 당장 옥에 가두어라!"

이 일로 황제의 분노를 사 옥에 갇힌 사마천은 곧 궁형宮刑에 처해졌다. 그는 자신의 억울한 심정을 임소경이라는 친구에게 편지로 써 보냈는데 다음과 같은 구절이 있다.

"궁형을 당하고 나서 내 스스로 목숨을 끊어 세상을 하직하려 했네. 하지만 나 하나 죽는 일쯤은 소 아홉 마리에서 빠진 털 하나와 같으니九牛一毛 누가 거들떠나 보겠나? 지금 이 치욕을 견디고 살아 있는 것은 나에게 꼭 해야 할 일이 있기 때문일세. 부친의 유언인 역사서 《사기史記》를 완성하기 위함일세."

구우일모는 이 일화에서 유래했다. 사마천은 아홉 마리 소에서 뽑은 터럭 하나처럼 자기 목숨이 보잘것없다는 뜻으로 쓴 것이다. 요즘은 수없이 많은 것 중에 하나, 즉 별것도 아닌 하찮은 것을 빗대는 말로 쓰인다.

053 국사무쌍 國士無雙

나라에 둘도 없는 뛰어난 인물

國 나라 **국** | 士 선비 **사** | 無 없을 **무** | 雙 쌍 **쌍**

출전《사기史記》〈회음후열전淮陰侯列傳〉

자신을 알아주지 않는 항우項羽 휘하를 벗어난 한신韓信은 유방劉邦의 진영으로 들어가 하후영夏侯嬰의 눈에 들어 치속도위治粟都尉가 되었고, 이때 승상 소하蕭何를 만났다. 소하는 유방에게 여러 번 한신을 추천했지만 유방은 들은 체도 하지 않았다. 얼마 후 유방군이 항우군에게 밀려 퇴각하자 실망한 장수와 병사들이 속속 부대를 이탈했고 한신도 그 뒤를 따랐다. 그러자 이 말을 전해들은 소하는 미처 유방에게 아뢸 틈도 없이 한신을 뒤쫓아 갔다.

소하까지 달아났다는 말에 유방은 몹시 실망하고 있는데, 이틀 후에 소하가 한신을 데리고 돌아오자 반가운 마음 한편으로 괘씸히 여겨 도망친 까닭을 캐물었다.

"달아난 것이 아니라 달아난 사람을 붙잡으러 갔다 왔습니다."

소하의 말에 유방은 의아했다.

"아니, 다른 장수들이 도망쳐도 말리지 않다가 하필 한신을 데려왔는가?"

소하가 말했다.

"장수는 얼마든지 보충할 수 있지만, 한신은 국사國使로서 둘도 없는 사람입니다."

이렇게 소하의 천거를 받은 한신은 대장군이 되었고, 결국 항우를 무찌르고 천하통일의 공을 세우는 일등공신이 되었다.

국사무쌍國士無雙은 나라에 둘도 없는 뛰어난 인물이란 뜻이다.

054 군계일학 群鷄一鶴

닭의 무리 속에 낀 한 마리 학

群 무리 **군** | 鷄 닭 **계** | 一 한 **일** | 鶴 학 **학**

출전《진서晉書》〈혜소전嵇紹傳〉

위진시대魏晉時代에는 혼란스러운 세상을 피해 산속으로 들어가 문학과 노장老莊사상, 음악 등 청담淸談을 담론하며 숨어 사는 선비가 적지 않았다. 그 대표적인 인물이 죽림칠현竹林七賢으로 불리는 완적阮籍·완함阮咸·혜강嵇康·산도山濤·왕융王戎·유령劉伶·향수向秀다.

이들 중에 혜강은 특히 문학적 재능이 탁월했는데, 위魏의 중산대부中散大夫로 있다가 모함을 받아 처형되었다. 당시 그에게는 열 살 난 아들 혜소嵇紹가 있었다. 혜소가 장성하자 부친의 친구 산도가 그를 무제武帝에게 추천하며 말했다.

"《서경書經》〈강고편康誥篇〉에 의하면, 아버지와 자식 간의 죄는 서로 연좌하지 않는다고 했습니다. 혜소는 비록 혜강의 아들이지만 춘추시대 진晉나라 대부 극결郤缺에 뒤지지 않을 만큼 총명합니다. 그를 비서랑秘書郎으로 임명하십시오."

무제가 흔쾌히 대답했다.

"경이 천거薦擧하는 인물이라면 승丞이라도 능히 감당할 것이오."

그리고는 혜소를 비서랑보다 한 등급 위인 비서승에 임명해주었다.

혜소가 낙양으로 가던 날, 그의 모습을 지켜보던 사람이 이튿날 왕융에게 말했다.

"어제 구름같이 많은 사람들 틈에 끼어서 궁궐로 들어가는 혜소를 보았습니다. 그 모습이 의젓하고 늠름해서 마치 닭의 무리 속에 있는 한 마리의 학 같았습니다昂昂然如 野鶴之在 鷄群一鶴."

그러자 왕융이 말했다.

"혜소의 아버지는 그보다 더 뛰어났다네. 자네는 그의 부친을 본 적이 없었으니 말일세."

왕융의 이 말에서 알 수 있듯이, 혜소는 부친만은 못해도 상당히 뛰어난 인물이었다.

여기서 군계일학群鷄一鶴이란 말이 나왔고, 계군일학鷄群一鶴·계군고학鷄群孤鶴·학립계군鶴立鷄群도 같이 통용된다. 또 뛰어난 존재를 일컫는 다른 말로 백미白眉, 태산북두泰山北斗, 낭중지추囊中之錐, 철중쟁쟁鐵中錚錚, 간세지재間世之材가 있다.

혜소는 훗날 시중侍中 벼슬에 올라 혜제惠帝를 보필하게 되었다. 팔왕의 난이 일자 혜제가 이를 진압하려고 군병을 일으켰으나 곧 불리해져서 피란을 가게 되었다. 혜소가 부름을 받아 도착했을 때는 혜제군이 수세에 몰려 있었다. 해소는 백관 시위가 모두 달아나버린 곳에서 홀로 의관을 정제하고 창칼이 부딪치는 마차 앞을 맨몸으로 사수하다가 화살을 맞고 쓰러져 혜제의 어의御依를 선혈로 물들였다.

나중에 시위가 의복을 빨려하자 혜제가 말했다.

"해소가 흘린 충의의 피다. 씻어 없애지 말거라."

055 군맹평상 群盲評象

장님 코끼리 만지기

群 무리 **군** | **盲** 소경 **맹** | **評** 품평 **평** | **象** 코끼리 **상**

출전《북송열반경北宋涅槃經》〈사자후보살품獅子吼菩薩品〉편

왕이 어느 날 대신들을 불러놓고 말했다.

"지난번 이웃 나라에서 선물한 코끼리를 끌어다가 맹인들에게 보이거라."

시종이 커다란 코끼리 한 마리를 끌어왔고, 맹인들은 각자 손을 더듬어 만져보았다.

왕이 맹인들에게 물어보았다.

"너희가 코끼리란 놈을 만져보니 무엇과 비슷한가?"

먼저 상아를 만져본 사람은 "코끼리의 모양이 무와 비슷하다"고 했다. 두 번째로 귀를 만져 본 사람은 "키와 같다"고 했고, 다리를 만져본 사람은 "절구처럼 생겼다"고 했으며, 코끼리 등을 만져본 사람은 "침상과 같다"했고, 배를 만져본 사람은 "독과 같다"했으며, 꼬리를 만져 본 사람은 "새끼줄과 같다"고 했다.

이렇듯 맹인들은 코끼리의 전신에 대해 정확히 말하고 있지는 못하지만, 각자가 말하고 있는 것을 종합하면 코끼리를 말하고 있지 않는 것도 아니다. 즉 비록 말하고 있는 것이 코끼리전체의 모습은 아니지만 달리 코끼리가 이것을 떠나 있는 것도 아니다.

여기서 말하는 코끼리는 부처님이고, 맹인들은 어리석은 중생衆生을 비유한 것이다. 중생들은 자신들이 만져본 부위로 코끼리의 전체 모습을 본 것처럼 말하고 있다. 부처님을 부분적으로 이해한 부분, 즉 각각 부처님이 따로 계시다는 것을 말하는 것이다.

군맹평상群盲評象은 범인凡人은 모든 사물을 자기 주관대로 판단하거나 그 일부밖에 파악하지 못하는 것을 말한다. 군맹모상群盲摸象, 군맹무상群盲撫象과 같은 말로 사물의 작은 일부분으로 전체를 잘못 판단하는 오류에 대한 경고로 사용된다.

056

권토중래 捲土重來

한번 패했다가 다시 힘을 길러 쳐들어옴

捲 말 권 | 土 흙 토 | 重 거듭 중 | 來 올 래

출전 〈제오강정題烏江亭〉

초한楚漢이 천하를 두고 다투던 막바지, 항우는 해하垓下에서 한군의 포위망을 뚫고 천신만고 끝에 오강烏江까지 퇴각했다. 오강의 정장亭長이 항우에게 배 한 척을 내어주며 어서 빨리 강을 건너라고 했다. 그러나 항우는 쓴웃음을 지으며 거절했다. 항우는 20여 명의 병사들과 함께 최후의 사투를 벌였으나 대세를 뒤집을 수는 없었다. 그는 끝내 스스로의 목숨을 끊음으로써 31년의 생애를 마감했다.
그가 죽은 지 천년 세월이 지난 어느 날, 오강을 찾은 두목이 항우의 죽음을 안타까워하며 시 한 수를 지었다.

'승패란 병가에서 기약할 수 없는 것, 부끄러움을 안고 참을 줄 아는 것이 사내라네. 강동의 자제 중에는 재능 있고 뛰어난 이들이 많은데, 흙먼지 일으키며 다시 돌아올 것은 알지 못했구나捲土重來未可知."

이 시는 당唐나라 말엽의 대표 시인 두목杜牧의 칠언절구 《제오강정題烏江亭》으로, 항우가 패전의 좌절을 딛고 훗날을 도모했다면 또 한 번 패권을 쟁취할 기회가 있지 않았을까 하는 아쉬움을 토로한 것이다.
권토중래捲土重來는 한번 실패했지만 힘을 축적하여 다시 그 일에 도전함을 일컫는 고사성어다.

057

귀마방우 歸馬放牛

말을 돌려보내고 소를 풀어놓다

歸 돌아갈 **귀** | **馬** 말 **마** | **放** 놓을 **방** | **牛** 소 **우**

출전《상서尙書》〈무성편武成篇〉

귀마방우歸馬放牛는 말을 돌려보내고 소를 풀어놓는다는 뜻으로 다시는 전쟁을 벌이지 않는다, 즉 전쟁을 끝내고 평화의 시대가 도래함을 일컫는다.

주周나라 무왕武王이 목야전투牧野戰鬪에서 은 주왕殷紂王의 대군을 격파하고 멸망시켰다. 그 후 무왕이 전쟁에 사용한 말과 소를 놓아주었다는 고사에서 유래했다.

'군대를 줄이고 문화를 꽃피우며, 말은 화산 남쪽으로 돌려보내고 소는 도림의 들판에 풀어놓아준다偃武修文 歸馬于華山之陽 放牛于桃林之野.'

전쟁에 쓰인 말과 소를 들판에 풀어 수레와 쟁기를 끌게 하는 것으로써 종전 후의 평화로운 세상을 묘사한 것이다.

058 극기복례 克己復禮

자기를 극복하여 예로 돌아감

克 이길 극 | 己 몸 기 | 復 돌아올 복 | 禮 예도 예

출전《논어論語》〈안연顔淵〉편

제자 안연顔淵이 인仁에 대해 묻자 공자가 말했다.

"나를 이기고 예로 돌아감이 인이 된다克己復禮爲仁. 하루라도 나를 이기고 예로 돌아가면 천하가 인으로 돌아간다一日克己復禮 天下歸仁焉. 인을 행함은 자기를 말미암은 것이니 다른 사람에게 말미암겠는가爲仁由己 而由人乎哉.'

그리고 안연이 그 조목條目을 여쭙자 다음과 같이 말했다.

"예가 아닌 것은 보지 말고, 예가 아닌 것은 듣지 말고, 예가 아닌 것은 말하지 말고, 예가 아니면 행동하지 말라非禮勿視 非禮勿聽 非禮勿言 非禮勿動."

공자가 수제자 안연에게 들려준 극기복례克己復禮는 인의 정의에 부합하는 최고 경지라 할 수 있으며,《논어論語》에서도 특히 핵심이 되는 예의 결정판이다. 충동적이고 감성적인 자아를 의지로 극복하여 예법을 갖춘 교육적 인간상인 군자의 이상으로 돌아감을 강조한 것이다.

극克이란 이긴다는 것이고, 기己는 몸에 있는 사욕을 말하며, 복復은 돌이킨다는 뜻이고, 예禮는 천리天理의 도덕적 법칙이다. 사람의 충동은 예와 의로써 조정해야 하는데, 자기의 욕망을 예의로써 나날이 극복하는 길이 사람됨의 길仁이 되고, 나아가 이를 사회적으로 확충시키면 곧 도덕사회가 된다고 본다. 도학의 근본 목적은 바로 인을 구하는 데 있기 때문에, 이 인의 참뜻을 알면 천지만물의 하나 됨을 알게 되고, 하늘과 사람의 교섭에서 하나로 통관하는 진실을 밝힐 수 있다고 본 것이다.

059 근묵자흑 近墨者黑

먹을 가까이 하면 검어진다

近 가까울 **근** | 墨 먹 **묵** | 者 놈 **자** | 黑 검을 **흑**

출전《태자소부잠太子少傅箴》

'무릇 쇠와 나무는 일정한 형상이 없어 겉틀에 따라 모나게도 되고 둥글게도 된다. 또 틀을 잡아주는 도지개가 있어 도지개에 따라 습관과 성질이 길러진다. 그래서 주사朱砂를 가까이 하면 붉게 되고, 먹을 가까이 하면 검게 된다故近朱者赤 近墨者黑. 소리가 조화로우면 울림이 맑고, 형태가 곧으면 그 그림자 역시 곧다.'

중국 서진西晉 때 부현傅玄이 쓴《태자소부잠太子少傅箴》에 나오는 말로, 여기서 유래한 근묵자흑近墨者黑은 먹을 가까이 하다 보면 자신도 모르게 검어진다는 뜻으로 사람도 주위 환경에 따라 변할 수 있음을 비유한 말이다. 좋은 스승을 만나면 스승의 행실을 보고 배움으로써 자연스레 스승을 닮게 되고, 나쁜 무리와 어울리다보면 보고 듣는 것이 늘 그릇된 것이어서 자신도 모르게 잘못된 방향으로 나아가게 됨을 충고한 고사성어다.

이처럼 주변 환경의 중요성을 강조한 성어로는 귤화위지橘化爲枳·남귤북지南橘北枳, 맹모삼천지교孟母三遷之敎, 마중지봉麻中之蓬·봉생마중蓬生麻中, 일부중휴一傅衆咻이 있다.

060 근열원래 近悅遠來

가까운 사람을 기쁘게 하고 멀리 있는 사람이 찾아오게 한다

近 가까울 **근** | 悅 기쁠 **열** | 遠 멀 **원** | 來 올 **래**

출전《논어論語》〈자로편子路篇〉

춘추시대 노魯나라 사람 공자는 열국列國을 두루 주유周遊했다. 위衛, 조曹, 송宋, 정鄭, 채蔡 등의 나라를 돌다가 초楚나라 땅 섭읍葉邑에 당도했다. 이때 초楚의 심제량沈諸梁이라는 대부大夫는 봉지封地인 섭읍을 따 스스로를 섭공葉公이라 칭했다. 섭공이 공자에게 정政에 대해 물었고, 공자는 구체적인 방법을 일러주는 대신 이렇게 말했다.

"가까이 있는 사람을 기쁘게 하고 멀리 있는 사람이 찾아오게 해야 합니다近者悅 遠者來."

근열원래近悅遠來는 위정자가 정치를 잘하면 가까이 있는 백성들이 즐거워하고, 멀리 떨어져 있던 백성들도 소문을 듣고 몰려든다는 뜻이다. 성덕聖德은 멀리까지 영향을 끼친다는 말이다.

061 금낭묘계 錦囊妙計

비단주머니 속 계책

錦 비단 **금** | 囊 주머니 **낭** | 妙 묘할 **묘** | 計 계략 **계**

출전《삼국지三國志》

《삼국지연의三國志》에 제갈량諸葛亮의 금낭묘계錦囊妙計에 대한 이야기가 나온다. 동오東吳의 사위가 되어 부인을 맞으러 가는 유비劉備는 오나라에서 해를 입지 않을까 두려웠고, 이에 제갈량은 조자룡趙子龍을 호위장수로 함께 보내며 주군을 안심시켰다. 제갈량이 조운을 따로 불러 은밀히 말했다.

"장군이 오나라로 가는 주공의 신변을 보호하되, 이 세 개의 비단주머니를 가지고 가시오. 주머니 속에는 세 가지 묘책이 들어 있으니 순서에 따라 펼쳐보고 그대로 행하면 될 것이오."

그리고는 비단주머니 세 개를 조자룡에게 주며 몸 속 깊이 감추게 했다.

그 후 명을 받은 조자룡이 난관에 봉착할 때마다 금낭 하나씩을 열어 보고 거기 적힌 계책에 따라 행하니 당면한 문제들이 모두 쉽게 해결되었다. 그래서 오나라에서의 유비 호위 임무를 완벽하게 마치고 형주荊州로 돌아올 수 있었다.

나중에 제갈량이 죽고 위연魏延이 모반을 일으켰을 때 제갈량이 주관하던 일을 대신 맡아보던 양의楊儀가 말했다.

"승상께서 임종하시면서 내게 금낭 하나를 남기시면서 말씀하셨소. '만약 위연이 모반을 일으키면 맞서기에 앞서 주머니를 열어보면 제지할 계책이 있을 것이다'고 말이오."

그래서 제갈량이 남긴 금낭묘계에 따라 일이 진행되었다. 양의가 위연을 향해 "누가 감히 나를 죽이겠느냐!"라며 큰소리로 외치라고 했고, 몰래 제갈량의 밀계密啓를 받은 마대馬岱가 위연의 등 뒤에서 "내가 감히 너를 죽이노라!"하고 번쩍 치켜든 칼로 단칼에 위연을 베어버렸다.

062 금미지취 金迷紙醉

몹시 사치스런 생활

金 쇠 **금** | 迷 미혹할 **미** | 紙 종이 **지** | 醉 취할 **취**

출전《청이록淸異錄》

송宋나라 때 도곡陶谷이 편찬한 청이록淸異錄에는 당나라 말 명의名醫 맹부孟斧의 고사가 실려 있다.

맹부는 독창毒瘡 치료에 뛰어나서 수시로 황궁에 들어가 소종昭宗 황제의 병을 돌보았다. 차츰 황제를 진료하는 시간과 횟수가 많아지자, 그는 황궁 안의 장식이나 기물의 배치 등에 대해서도 잘 알게 되었다.

훗날 맹부는 사천四川지방으로 옮겨 살게 되었다. 그는 자신의 거처를 황궁을 모방하여 장식했는데, 방안의 기물들을 모두 금종이로 감쌌다. 그래서 창문을 통해 햇빛이 비칠 때면 방안이 온통 황금빛으로 번쩍여서 눈을 뜰 수 없을 지경이었다.

하루는 한 친구가 그를 방문했다가 돌아가면서 이렇게 말했다.

"방에서 잠시 쉬는 사이에 금종이에 정신이 미혹되고 취해버렸네此室暫憩, 令人金迷紙醉."

금미지취金迷紙醉는 몹시 사치스런 생활을 비유한 말이다.

063 금석위개 金石爲開

쇠와 바위를 꿰뚫다

金 쇠 금 | 石 돌 석 | 爲 할 위 | 開 열 개

출전《신서新序》〈잡사편雜事篇〉

주周나라 때, 초楚 지방에 웅거자熊渠子라는 궁수弓手가 있었다.

어느 날 그는 혼자 밤길을 가다가 길가의 바위를 보고 호랑이가 엎드려 있는 것으로 생각했다. 그래서 즉시 활을 겨누고 시위를 잡아당겼다. 화살은 바위를 꿰뚫었고 깃털까지 안으로 깊숙이 박혔다. 그는 명중을 확신했다. 그런데 한참을 기다려도 아무런 기척이 없었다. 호랑이라면 죽기 전에 한바탕 몸부림을 칠 텐데 전혀 요동이 없었다. 웅거자가 이상히 여겨 가까이 다가가보니 그것은 호랑이가 아니라 거대한 바위였다.

'웅거자는 그의 정성을 보였으므로 단단한 바위를 열 수 있었다熊渠子見其誠心 而金石爲之開.'

금석위개金石爲開은 집중한 강한 의지력으로 활을 쏘면 단단한 바위도 꿰뚫는다는 말로, 이 놀라운 일은 웅자거의 강한 힘과 집중된 정신에서 비롯된 강한 신념 때문에 가능했던 것이다. 의지가 굳세면 어떤 어려움도 극복할 수 있다는 말로, 비슷한 표현으로 사석위호射石爲虎, 중석몰시中石沒矢가 있다.

064 기기기익 己飢己溺

다른 사람의 고통을 자신의 고통처럼 생각함

己 자기 **기** | **飢** 굶주릴 **기** | **溺** 물에 빠질 **익**

출전《맹자孟子》〈이루하離婁下〉

옛날 큰 홍수로 백성들의 삶이 피폐해지자 요堯임금이 곤鯀에게 치수治水의 임무를 맡겼다. 그러나 곤은 별다른 성과를 내지 못했고, 뒤이어 즉위한 순舜임금은 그 아들인 우禹에게 이 일을 맡겼다. 우는 그로부터 13년 후에 치수에 성공했다.

또 직稷이라는 사람은 어려서부터 농사일을 좋아해서 항상 곡식의 종자들을 모아두었다가 땅에 심었다. 나중에는 농사에 필요한 간단한 농기구를 만들고 백성들에게 농사 지식을 전수해주기도 했다.

맹자의 말에 우와 직과 안회의 도道가 다르지 않음을 말한 대목이 있다.

"우와 직과 안회는 같은 길을 걸었다. 우는 천하에 물에 빠진 사람이 있으면 자신의 잘못으로 물에 빠진 것처럼 생각했고, 직은 천하에 굶주린 사람이 있으면 자신이 정치를 잘못했기 때문에 굶주린 것처럼 생각했다禹稷顔回同道 禹思天下有溺者 由己溺之也 稷思天下有飢者 由己飢之也. 그래서 자기 집 대문 앞을 지나더라도 집 안으로 들어서지 못하고 급하게 행동했던 것이다. 우와 직과 안회는 그 처지를 바꾸더라도 똑같이 행동했을 것이다."

기기기익己飢己溺은 이처럼 다른 사람의 고통을 자신의 고통처럼 여기며, 그 고통을 덜어주기 위해 집안일도 잊은 채 최선을 다함을 뜻한다. 인기기기人飢己飢·인익기익人溺己溺이라고도 한다.

065

기사회생 起死回生

죽은 사람을 다시 살려냄

起 기동할 **기** | 死 죽을 **사** | 回 돌아올 **회** | 生 살 **생**

출전《국어國語》〈오어吳語〉편·《사기史記》〈편작창공扁鵲倉公열전〉

춘추시대 노魯나라 애공哀公 원년, 오왕吳王 부차夫差는 3년 전 부왕 합려闔閭가 죽임을 당한 복수를 감행하여 월왕越王 구천勾踐과의 싸움에서 승리했다.

패배한 월나라 대부大夫 종種이 오吳에 화약和約을 청하자고 했고, 구천이 받아들여 제계영諸稽郢을 오에 사신으로 보냈다. 이에 부차는 철천지원수인 월에 은혜를 베풀어 용서하면서 말했다.

"이것은 죽은 사람을 일으켜 백골에 살을 붙임이로다起死人而肉白骨也. 내 어찌 하늘의 재앙을 잊고, 군왕의 은혜를 잊겠는가?"

자신이 월에게 죽은 사람을 되살려 백골에 살을 붙인 것 같은 크나큰 은혜를 베푼다는 말이다.

《사기史記》〈편작창공扁鵲倉公열전〉에는 춘추시대 명의名醫인 진월인秦越人의 이야기가 실려 있다. 뛰어난 의술로 천하에 명성을 떨친 그를 사람들은 전설속의 신의神醫인 편작扁鵲이라 칭했다.

그가 의술을 펼치며 천하를 떠돌다가 괵虢나라를 지날 때, 때마침 그곳 태자가 병에 걸려 죽었다는 소문이 자자했다. 편작이 궁궐로 찾아가 방중술을 좋아하는 중서자中庶子를 만나 물어보았다.

"온 나라가 제사를 지낸다고 소란합니다만, 태자께서 언제 운명하셨습니까?"

중서자가 대답했다.

"오늘 새벽 첫 닭이 울 때입니다."

그가 또 물었다.

“입관入棺은 하셨는지요?”

"아직 안 했습니다. 돌아가신 지 반나절도 안 되었습니다.”

편작은 곧 입궐하여 태자의 상태부터 살펴보았다. 태자는 정말 숨이 끊어진 것이 아니라 잠시 혼절한 것뿐이었다. 그는 즉시 침을 시술했고, 얼마 후 태자가 깨어나자 처방문을 써주었다. 그러자 죽었다는 태자가 한 달도 안 돼서 자리를 털고 일어났다.

이 소식이 전해지자 사람들은 편작이 죽은 사람도 살려냈다며 칭송했다. 그러나 그는 이렇게 말했다.

“제가 죽은 사람을 살려낼 수는 없습니다. 단지 그로 하여금 일어나게 할 수 있을 뿐입니다越人非能生死人也. 越人能使之起耳.”

기사회생起死回生은 죽을 목숨을 다시 살려낸다는 말로, 위기에 처한 상황을 구원하여 사태를 호전시키다, 큰 은혜를 베푸는 것을 말한다.

066 기우 杞憂

쓸데없는 걱정이나 근심

杞 나라 이름 기 | 憂 근심 우

출전《열자》〈천서〉편

옛날, 기杞나라의 어떤 사람은 늘 어처구니없는 불안감에 시달렸다. 그는 수시로 하늘을 올려다보면서 이렇게 한숨을 내쉬었다.

"흠, 머리 위 저 하늘이 갑자기 무너져 내리면 어떡하지?"

그는 또 멀쩡한 땅바닥을 굽어보며 이렇게 근심했다.

"발밑에 있는 이 땅이 갑자기 푹 꺼져버리면 어쩌지?"

사내의 근심이 날이 갈수록 심해져서 잠도 못 자고 밥도 못 먹을 지경이었다.

그래서 하루는 이를 보다 못한 이웃 사람이 찾아와서 말해주었다.

"여보게. 하늘은 공기가 두텁게 쌓여서 공기 없는 곳이 없다네. 우리가 온종일 하늘의 공기 속에서 움직이며 숨을 쉬는데 어찌 하늘이 무너질까 걱정하나?"

"공기가 쌓인 하늘에서 해와 달과 별이 떨어지지 않겠나?"

"한심한 소리. 해와 달과 별도 두터운 공기 속에서 반짝이는 것이라 떨어져도 누굴 다치게 하지는 않을 걸세."

"그럼 땅이 푹 꺼지면 어떡하나?"

"천만에! 땅은 흙이 두텁게 쌓여 이루어진 것이라 사방이 흙으로 꽉 차 있지. 그래서 우리가 마음껏 걷고 뛰고 밟을 수 있는 걸세. 온종일 멀쩡히 땅 위에서 움직이고 머물거늘 어찌 땅이 꺼질까 걱정하는가?"

사내는 그제야 근심이 풀린 듯 크게 기뻐했다.

기우杞憂는 기나라 사람의 터무니없는 근심거리처럼 쓸데없는 걱정을 말한다.

067 기호지세 騎虎之勢

이미 호랑이 등에 올라타서 멈출 수가 없음

騎 말탈 기 | 虎 범 호 | 之 갈 지 | 勢 권세 세

출전《수서隋書》〈독고황후전獨孤皇后傳〉

수서에 수나라 건국에 관한 대목이 있다.

남북조南北朝 시대 북주北周의 자사刺史 양견楊堅은 대사마 독고신獨孤信의 딸을 부인으로 맞았다. 독고신의 또 다른 딸은 주나라 명제明帝와 결혼하여 황후가 되었고, 양견은 자신의 맏딸을 명제 아들 선제宣帝에게 시집보내 황후로 만들었다.

서기 580년, 선제가 죽고 여덟 살짜리 정제靜帝가 즉위하자 양견이 실권을 장악했다. 이에 그의 아내 독고 씨는 남편이 이미 조정을 손에 넣었다고 판단하고 제위를 찬탈할 것을 종용하며 이렇게 말했다.

"당신은 이미 호랑이 등에 올라 탄 것과 같으니, 도중에 내릴 수는 없습니다. 최선을 다하세요大事已然 騎虎之勢 不得下 勉之."

581년 3월 양견이 정제를 밀어내고 즉위에 성공하니 이 사람이 바로 수 문제隋文帝다.

기호지세騎虎之勢란 호랑이를 타고 달리다 도중에 멈추면 잡아먹히므로 멈출 수가 없는 거친 형세를 일컫는다. 기호난하騎虎難下라고도 한다.

068 낙양지가 洛陽紙價

낙양의 종이 값을 끌어올리다

洛 수도이름 **낙** | 陽 볕 **양** | 紙 종이 **지** | 價 값 **가**

출전《晉書진서》〈좌사전左思傳〉

진晉나라 임치臨淄 사람 좌사左思는 어릴 때부터 글과 음악을 배웠지만 도무지 실력이 늘지 않았다. 그런데 어느 날 그의 부친이 친구에게, "내가 어릴 때는 저렇지 않았는데……." 하는 말을 들은 뒤부터는 공부에 매진하기 시작했다.

그는 문장을 짓는 데는 소질이 있었지만 얼굴이 못생긴데다 말더듬이였다. 그래서 사람 만나기를 꺼려하여 늘 집 안에 틀어박혀 창작에만 몰두했다.

그는 먼저 임치의 모습을 산문으로 묘사한 〈제도부齊都賦〉를 지었고, 촉蜀의 수도인 성도成都와 오吳의 수도 건업建業, 위魏의 수도 업鄴을 노래한 〈삼도부三都賦〉를 지었다. 처음에는 반응이 신통치 않았지만 얼마 후 황보밀皇甫謐이 크게 칭찬한 후 대단한 문장가로 유명해졌다.

재상인 장화張華는 좌사의 글을 두고 이렇게 평했다.

"가히 반고班固, 장형張衡과 맞먹는 작품이다. 읽고 나서 크게 여운이 남고 여러 날이 지나도록 감영이 새롭다."

반고와 장형에 견줄만 하다는 말은 반고의 이도부二都賦, 장형의 이경부二京賦와 맞먹는다는 성찬이요 최고의 찬사였다. 낙양지가洛陽紙價는 사람들이 앞 다퉈 좌사의 책을 서로 베껴 쓰는 바람에 낙양洛陽의 종이 값이 뛰어올랐다는 말이다.

069 난신적자 亂臣賊子

나라를 어지럽히는 신하와 어버이를 해치는 자식

亂 어지럽힐 **란** | 臣 신하 **신** | 賊 해칠 **적** | 子 아들 **자**

출전《맹자孟子》〈등문공하藤文公下〉

난신적자亂臣賊子는《맹자孟子》〈등문공하藤文公下〉〈부자호변장夫子好辯章〉에 나온 말로, 세상을 살아가는 데 전혀 도움이 되지 않는 천하에 몹쓸 사람이나 역적의 무리를 일컫는다.

공도자公都子라는 제자가 맹자에게 물었다.

"사람들이 스승님을 일컬어 논쟁을 벌이기 좋아한다고 하는데, 무슨 이유인지요?"

"내가 논쟁하기를 좋아하는 것이 아니라, 천하의 도가 땅에 떨어졌기 때문에 어쩔 수 없이 하는 것일 뿐이다."

그리고 자신의 소임은 선대인 우禹임금과 주공周公, 공자孔子 이 삼인의 성인聖人을 계승하는 것임을 밝히면서 이렇게 덧붙였다.

"옛날에 우임금이 홍수를 막으니 천하가 태평해졌고, 주공이 오랑캐를 다스리고 맹수를 몰아내니 백성들이 편안해졌으며, 공자께서《춘추春秋》를 완성하니 나라를 어지럽히는 신하와 어버이를 해치는 자식들이 두려워하게 되었다昔者禹抑洪水而天下平 周公兼夷狄驅猛獸而百姓寧 孔子成春秋而亂臣賊子懼."

공자가 살았던 춘추시대는 인간의 도의가 땅에 떨어지고 어지러운 세상에 숱한 사설邪說이 들끓어 신하가 임금을 죽이고 자식이 어버이를 해치는 경우가 빈번한 시기였다. 맹자는 이 시기에 공자가 천자天子의 일을 다룬《춘추》를 완성함으로써 세상의 질서를 바로잡는 도덕적 기준이 서게 되었다고 말한 것이다.

070 난형난제 難兄難弟

형과 아우의 실력을 가리기 힘듦

難 어려울 **난** | **兄** 맏 **형** | **難** 어려울 **난** | **弟** 아우 **제**

출전《세설신어世說新語》〈덕행德行〉편

후한後漢 말, 영천潁川 허許 땅에 진식陳寔이라는 유명한 선비가 있었다. 그는 어려서부터 학문을 좋아하고 매사에 공명정대했다. 또 매사에 검소하여 집안에 하인도 두지 않았다.

그에게는 아들 둘이 있었는데 큰 아들은 기紀이고 자字는 원방元方이었으며, 작은 아들은 담湛이고 자字는 계방季方이었다. 이들 또한 집안의 명성을 드높인 인물들이었다. 원방은 장문長文이라는 아들을 두었고, 계방에게는 충忠이라는 아들이 있었다.

하루는 장문이 진충과 놀다가 아버지들의 공적과 덕행을 논했는데, 서로 자기 아버지가 낫다고 하여 결론을 내리지 못했다. 그래서 쪼르르 할아버지께 달려가 물으니 할아버지 진식은 이렇게 대답했다.

"원방은 형이 되기 어렵고, 계방은 동생이 되기 어렵구나元方難爲兄, 季方難爲弟."

할아버지의 대답에 두 손자는 모두 만족하여 물러났다.

난형난제難兄難弟란 형이 낫다고 하기도 어렵고 아우가 낫다고 하기도 어렵다는 뜻으로, 서로 실력이 엇비슷하여 우열을 가리기 힘들다는 말이다.

071 남가일몽 南柯一夢

인생의 부귀영화가 부질없음

南 남녘 **남** | 柯 가지 **가** | 一 한 **일** | 夢 꿈 **몽**

출전《남가기南柯記》

당唐 덕종德宗 때 광릉廣陵에 순우분淳于棼이라는 사람이 있었다. 그의 집 근처에 커다란 느티나무가 있었는데, 하루는 외출했다 술에 잔뜩 취해서 돌아오다가 그 나무 밑에 드러누워 잠이 들었다. 그런데 별안간 보랏빛 관복 차림의 두 사내가 나타나서 말했다.

"저희는 괴안국槐安國 임금의 명으로 대인을 모시러 왔습니다. 같이 가시지요."

순우분은 얼떨결에 그 사내들을 따라 느티나무 밑의 큰 구멍 속으로 들어갔다.

한참을 따라가니 커다란 성문이 나타났고, 문루에 대괴안국大槐安國이라는 금빛 현판이 보였다. 왕이 성문 앞까지 나와서 순우분을 맞아주었고, 성대한 환영잔치와 함께 그를 자신의 사위로 삼아주었다. 일개 시골 범부가 졸지에 부마가 되어 부귀영화를 한 몸에 거머쥔 것이다.

그러던 어느 날 왕이 말했다.

"궁에서 허송세월 하는 것보다 한번 외직外職에 나가 보는 건 어떤가? 마침 남가군南柯郡 태수 자리가 비었거든."

남가군은 도성에서도 먼 곳으로 괴안국에서 가장 땅이 넓고 백성 수도 많은 곳인데, 그동안의 태수들이 통치를 잘못하는 바람이 탈이 많았다. 순우분은 두말없이 승낙했다.

남가 태수가 된 순우분은 법 집행을 공명정대하게 하고 백성들의 세금을 깎아주는 등 최대한 선정을 베풀었다. 그 결과 곧 민심이 안정되고 백성들은 송덕비까지 세워 은혜에 보답했다. 그의 치적은 곧 조정에 알려졌고, 왕은 크게 기뻐하며 그를 불러올려 재상 자리에 앉혔다. 순우분은 남가에서의 경험을 살려 국정을 잘 이끌어갔다.

그러나 어느 날 갑자기 이웃한 단라국檀羅國이 쳐들어오고, 사랑하는 부인마저 갑자기 세상을 뜨는 시련이 찾아왔다. 왕명을 받은 순우분은 대장에 임명되어 군사를 이끌고 맞서 싸웠지만 패하고 말았다. 패전의 충격으로 민심이 뒤숭숭해지자, 지금껏 순우분의 위세에 숨죽이고 있던 자들이 반발하고 일어났다.

"나라가 이 지경에 빠진 데는 순우분의 잘못이 큽니다. 이번 패전으로 그의 실체가 드러났으니 마땅히 내치셔야 합니다."

신하들의 이구동성 비난에 왕도 어쩔 수 없이 그의 관직을 박탈하고 이렇게 말했다.

"다들 저렇게 난리를 피우니 나도 어쩔 도리가 없네. 민심도 흉흉해서 천도遷都라도 해야 할 판이야. 자네 부인도 죽고 없으니 더 이상 미련을 둘 까닭도 없겠지. 그러니 고향으로 돌아가게나."

왕의 말에 순우분도 그러는 것이 좋겠다싶어 어전을 물러나왔는데, 바로 그때 잠에서 깨어났다. 정신을 차리고 보니 자신이 느티나무 밑에 누워 있는 것이 아닌가. 순우분은 그제서야 그동안의 부귀영화와 우여곡절이 한낮의 꿈이었음을 깨달았다.

그런데 꿈이 하도 생생하여 느티나무 뿌리 쪽을 살펴보니 커다란 개미굴이 있었고, 그 구멍을 파보니 훨씬 넓은 공간에 무수한 개미들이 커다란 왕개미 두 마리를 옹위한 채 바글거리고 있었다.

"아하!"

순우분은 탄식했다. 그곳이 괴안국이었고, 왕개미가 바로 국왕 내외였다. 느티나무의 남쪽으로 휘어진 가지 밑에도 개미굴이 있어 개미들이 들락날락하고 있었는데, 그곳이 바로 남가군이었다. 순우분은 개미굴을 원상태로 해놓고 자기 집으로 들어갔다.

그런데 바로 그날 밤 큰 비가 내렸고, 날이 밝아서 느티나무 밑으로 가보니 개미굴은 흔적도 없고 개미 새끼 한 마리도 보이지 않았다. 왕이 천도를 단행한 것이었다. 그 일로 깊은 깨달음을 얻은 순우분은 집으로 들어가 두문불출하고 생의 모든 쾌락을 멀리한 채 도학道學에 정진하게 되었다.

남가일몽南柯一夢은 덧없는 한때의 꿈이나 인생의 덧없음을 비유한 말이다. 한바탕 봄 날 꿈을 뜻하는 일장춘몽一場春夢, 나비가 된 꿈이란 뜻의 호접지몽胡蝶之夢과 비슷하다.

072 남곽남취 南郭濫吹

남곽이 우를 부는 척하다

南 남녘 **남** | **郭** 성곽 **곽** | **濫** 함부로 **남** | **吹** 불 **취**

출전《한비자韓非子》

《한비자韓非子》〈내저설상內儲說上 칠술편七術篇〉에는 임금이 신하를 다스리는 일곱 가지 방법이 적혀 있는데, 다음과 같다.

'첫째 여러 가지 일의 발단을 참고해 볼 것, 둘째 잘못된 일은 반드시 처벌하여 위엄을 밝힐 것, 셋째 잘한 일은 상을 주어 최선을 다하게 할 것, 넷째 날마다 신하들의 말을 경청할 것, 다섯째 의심나는 명령을 내려 보고 거짓으로 잘못을 시켜볼 것, 여섯째 아는 것을 감추고 물어볼 것, 일곱째 말을 거꾸로 하여 반대되는 일을 시켜볼 것 등이다. 이 일곱 가지는 임금이라면 마땅히 사용해야 할 것들이다.'

그러면서 한 가지 예로 든 것이 남곽처사南郭處士 이야기다.
제齊나라 선왕宣王은 우竽:큰 생황를 즐겼는데, 그때마다 항상 300명이 함께 불게 했다. 그런데 우를 전혀 불 줄 몰랐던 남곽이라는 처사가 임금을 위해 우를 불겠다고 청하자 선왕이 크게 기뻐하여 그를 합주단의 일원으로 삼고 많은 녹봉祿俸을 주었다. 남곽은 다른 합주단원들의 틈에 끼여 열심히 연주하는 시늉을 했다.
얼마 후 선왕이 죽고 그 아들 민왕湣王이 즉위했다. 그런데 민왕은 부왕과는 달리 합주를 좋아하지 않고 단원 한 명이 단독으로 연주하는 것을 좋아했다. 입장이 난처해진 남곽은 자신의 차례가 되기 전에 도망치고 말았다.
남곽남취南郭濫吹는 무능한 자가 재능 있는 척하거나, 실력이 없는 사람이 높은 지위를 차지하고 있는 것을 비유한 말이다.

073 남전생옥 藍田生玉

남전에서 옥이 난다

藍 쪽 남 | 田 밭 전 | 生 날 생 | 玉 구슬 옥

출전《삼국지三國志》〈오서吳書〉〈제갈각전諸葛恪傳〉

제갈공명諸葛孔明의 형 제갈근諸葛瑾이 오吳나라 손권孫權에게 신임을 얻었다. 이 제갈근의 맏이 제갈각諸葛恪은 어려서부터 태자와 교류했는데, 재지才智가 남다르고 발상과 임기응변이 뛰어났다.

제갈각이 여섯 살 때 부친을 따라 조정 연회에 참석했을 때의 일이다. 아버지 제갈근의 얼굴이 당나귀 상이었는데, 손권이 일부러 당나귀를 끌어오라 해서 그 얼굴에 '제갈자유諸葛子瑜 : 자유는 제갈근의 자(字)'라고 썼고 모두가 한바탕 크게 웃었다.

이에 제갈각은 조금도 당황하지 않은 채 손권에게 붓을 청하여 '지려之驢' 두 글자를 써 넣었다. '제갈근의 당나귀'가 된 것이다. 그 자리에 있던 모든 사람이 어린아이의 기지機智에 감탄했고 손권도 크게 감명 받아 그 당나귀를 소년에게 선물로 주었다.

또 하루는 손권이 제갈각에게 이렇게 물어 보았다.

"아버지와 숙부인 제갈공명 중 누가 더 현명하다고 생각하는고?"

제갈각이 대답했다.

"명군을 얻으신 아버지가 더 현명하다고 생각합니다."

오왕 손권이야말로 섬기기에 부족함이 없는 명군이며, 그에 비해 숙부가 모시는 유비劉備는 평범해서 모시기에 흡족하지 못한 군주라는 말이었다. 손권은 몹시 기뻐하면서, 제갈각이 보통이 아님을 알고 제갈근에게 이렇게 말했다.

"남전에서 옥이 난다고 하더니, 정말 헛말이 아니로군요孫權見而奇之 謂瑾曰 藍田生玉 眞不虛也."

남전은 섬서성陝西省 남전현藍田縣 동남쪽에 있는 산으로, 미옥美玉의 산지로 유명하다. 남전생옥藍田生玉은 남전이 명옥을 산출하듯 '명문에서 현자가 난다'는 말로 부자父子를 함께 칭송할 때 쓰는 말이다.

074 낭패위간 狼狽爲奸

흉악한 무리가 결탁하여 악행을 모의하다

狼 이리 **낭** | 狽 이리 **패** | 爲 할 **위** | 奸 간사할 **간**

출전《유양잡조酉陽雜俎》

당唐대 단성식段成式이 지은《유양잡조酉陽雜俎》에 나오는 말이다.

낭狼과 패狽는 모두 이리를 뜻하는 말이지만, 낭은 앞 다리가 길고 뒷다리가 짧은 이리이고, 패는 앞 다리가 짧고 뒷다리가 긴 이리다.

낭은 패 없이 혼자서 일어설 수 없고, 패는 낭 없이는 걸을 수가 없었다. 그래서 낭과 패는 항상 한 몸이 되다시피 하여 양을 훔치러 다녔으나 울타리가 높고 단단하면 둘은 그것을 무너뜨리기 힘들었다. 이럴 때 낭은 패의 목에 올라타고 패는 긴 두 다리를 이용해 일어섰다. 그런 다음 낭이 울타리 너머로 긴 앞 다리를 뻗쳐 양을 낚아챘던 것이다.

이리狼의 다리는 사실 앞뒤의 차이가 그렇게 크지 않은데 아마도 가공의 동물로 여겨진다. 실패나 사고, 혹은 아주 난처한 상황을 뜻하는 말로 쓰이는 낭패狼狽는 다리 길이가 다른 두 이리를 묶어 걷게 하면 기우뚱거리며 넘어지게 된다는 점에서 유래되었다.

낭패위간狼狽爲奸은 낭과 패가 함께 어울려 다니듯이 보통 악한惡漢들이 서로 결탁하여 수단과 방법을 꾀함을 비유한 말이다.

075 내우외환 內憂外患

안팎의 근심과 환난

內 안 **내** | **憂** 근심 **우** | **外** 바깥 **외** | **患** 환난 **환**

출전《관자管子》〈계戒〉편

춘추시대 제齊 환공桓公이 음식도 들지 않고 외전外殿에 머물고 있었다. 이에 궁녀들을 관장하는 여관女官은, 임금이 곧 거동하실 것이라며 궁녀들에게 외전에 나가 모셔올 것을 지시했다.

그러나 환공은 궁녀들이 몰려오자 화를 내며 말했다.

"내가 곧 거동할 거라는 소리를 누가 하더냐?"

궁녀들의 대답을 들은 환공은 곧 여관을 불러 그 이유를 물었고 여관은 다음과 같이 대답했다.

"저는 임금께서 내우內憂나 외환外患이 있으면 외전에서 주무시고 음식을 들지 않으신다 들었습니다. 요즘 전하께서 외전에 머무시는 것은 별다른 내우는 없으니 필시 외환 때문일 것입니다非有內憂, 必有外患. 그래서 저는 임금께서 곧 거동하실 것으로 생각한 것입니다."

환공은 자신의 속내를 정확하게 읽어낸 여관에게 크게 감동했다.

내우외환內憂外患은 나라 안의 근심이나 분쟁, 나라 밖으로부터의 염려스러운 사태를 말한다.

076

노마십가 駑馬十駕

둔한 말이 열흘간 수레를 끌다

駑 둔할 **노** | 馬 말 **마** | 十 열 **십** | 駕 멍에 **가**

출전《순자荀子》〈수신편修身篇〉

《순자荀子》〈수신편修身篇〉에 '무릇 천리마는 하루에 천리를 간다 하지만, 둔한 말일지라도 열흘을 달리면 이를 따를 수 있다夫驥一日而千里, 駑馬十駕則亦及之矣'는 말이 있다. 또한 '반걸음이라도 쉬지 않으면 절룩거리며 가는 사람도 천리를 갈 수 있고, 흙을 쌓는데도 멈추지 않고 계속 쌓다보면 언덕이나 산을 이룬다'는 말도 있다.

노마駑馬는 걸음이 느린 말을 가리키고, 재능이 없고 무능한 사람을 비유하기도 한다. 말이 수레를 끌고 가는 하루를 일가一駕라고 하니, 십가十駕는 곧 열흘간의 노정을 말한다. 따라서 노마십가駑馬十駕란 '둔한 말이 열흘간 수레를 끈다'는 말이고, 이는 곧 재주가 없는 사람일지라도 열심히 노력하면 성공할 수 있음을 의미한다.

077 노마지지 老馬之智

늙은 말의 지혜

老 늙을 노 | 馬 말 마 | 之 갈 지 | 智 슬기 지

출전《한비자韓非子》〈세림說林〉편

제 환공齊桓公이 어느 해 봄 관중管仲과 습붕隰朋을 대동하고 고죽국孤竹國 정벌에 나섰다. 그런데 전쟁이 예상외로 길어지는 바람에 그해 겨울이 돼서야 끝났고, 혹한 속에 지름길을 찾아 귀국하다가 그만 길을 잃고 말았다. 전군全軍이 진퇴양난進退兩難에 빠져 떨고 있을 때 관중이 말했다.

"이런 때일수록 늙은 말의 지혜가 필요하다老馬之智可用也."

그러고는 즉시 늙은 말 한 필을 풀어 놓았다. 그리고 전군이 그 뒤를 따라 행군한 지 얼마 안 돼서 큰길이 나타났다乃放老馬而隨之 遂得道行.

또 한 번은 산길을 행군하다가 마실 물이 떨어져서 병사들이 갈증에 시달렸다. 그러자 이번에는 습붕이 말했다.

"개미란 놈이 겨울엔 남쪽 양지 바른 쪽에 집을 짓는다. 흙이 한 치寸쯤 쌓인 개미집이 있으면 그 땅속 일곱 자쯤 되는 곳에 물이 있는 법이다."

병사들이 개미집을 찾고 나서 그곳을 파 내려가니 과연 샘물이 솟아났다.

한비자가 말했다.

"관중의 총명과 습붕의 지혜로도 모르는 것을 늙은 말과 개미를 스승으로 삼아 배웠다. 그러나 그들은 그것을 부끄러워하지 않았다. 그런데도 오늘날 사람들은 자신의 아둔함에도 성현의 지혜를 스승삼아 배우려 하지 않는다."

노마지지老馬之智는 아무리 하찮은 미물일지라도 각기 장기와 장점을 갖고 있다는 말로, 흔히 '경험 많은 사람의 지혜'라는 뜻으로 사용된다.

078 노익장 老益壯

나이가 많을수록 활동이 왕성해짐

老 늙을 **로** | 益 더할 **익** | 壯 씩씩할 **장**

출전《후한서後漢書》〈마원전馬援傳〉

동한東漢시기 부풍군扶風郡 무릉현茂陵縣에 독우督郵 벼슬의 마원馬援이라는 사람이 있었다. 그는 어느 날 태수의 명으로 죄수들을 장안長安으로 압송하게 되었는데, 죄수들의 형편을 동정한 나머지 도중에 그들을 풀어주고 자신도 관직을 버리고 변방으로 도망쳤다.

훗날 그는 조정으로부터 대사면大赦免을 받고 과거의 일을 추궁 당하지는 않았다. 그는 그곳에서 가축을 기르고 농사를 지으며 열심히 살았다. 그러자 몇 년 후에는 수확이 풍성해지고 가축들도 그 수효가 늘어나서 풍족한 생활을 누릴 수 있었다.

그는 변방으로 도망쳐 온 사람들에게 곧잘 이렇게 말했다.

"대장부가 한번 뜻을 세웠으면 생활이 궁핍할수록 그 의지를 굳건히 하고, 나이가 들수록 그 정신을 왕성하게 해야 한다窮當益堅, 老當益壯."

노익장老益壯은 비록 나이가 많아도 그 활동과 정신이 더욱 왕성하고 강해짐을 일컫는다.

079 누견불선 屢見不鮮

너무 자주 보아 전혀 새롭지 않음

屢 창 **누(루)** | **見** 볼 **견** | **不** 아닐 **불** | **鮮** 고울 **선**

출전《사기史記》〈역생육가열전酈生陸賈列傳〉

초한楚漢이 다툴 때, 말재간이 좋았던 육가陸賈는 유방劉邦을 수행하며 제후들을 설득하는 세객說客으로 활동했다. 그러다가 유방이 죽은 후에는 관직을 버리고 귀향하여 옹주雍州라는 곳에 자리를 잡았다. 이때 그의 다섯 아들은 모두 장성하여 성인이 되어 있었다. 육가는 과거 월越에 사신으로 갔을 때 받은 두 개의 보물을 천금을 받고 팔아서 그 돈을 자식들에게 2백금씩을 공평하게 나눠주었다.

육가는 항상 네 마리 말이 끄는 수레를 타고 다녔고, 악기를 연주하고 노래나 춤을 추는 하인 10명을 거느렸으며, 허리에는 백금의 보검寶劍을 차고 다녔다.

그런 육가가 어느 날 아들들에게 말했다.

"너희들과 약속하자. 내가 너희들 집에 들르거든 너희는 나를 비롯한 내 하인들과 말들에게도 음식을 주어야 한다. 그러면 나는 열흘 동안 마음껏 지내다가 다른 아들 집으로 갈 것이다. 그러다가 어느 날 내가 문득 죽게 되면 바로 그 집에서 내 보검과 수레와 말, 그리고 하인들을 갖도록 해라. 여러 곳을 들르다 보면 연중에 너희들 집에 들르는 것은 두세 번에 불과할 것이다. 아마도 너희를 그리 오래 괴롭힐 일은 없을 것이다. 그러니 이 얼마나 다행이냐? 너무 자주 보면 새롭지도 않을 테니 말이다數見不鮮."

누견불선屢見不鮮은 너무 자주 보아 신선함이 떨어진다는 말로, 전혀 새롭지가 않다는 말이다.

080 누란지위 累卵之危

여러 개의 알을 쌓아 놓은 것처럼 위태로운 형편

累 포갤 **누** | 卵 알 **란** | 之 의 **지** | 危 위태할 **위**

출전《사기史記》〈범저채택열전范雎蔡澤列傳〉

위衛나라 범수范雎는 출신이 미천해서 좀처럼 출세의 기회를 잡지 못하다가 수고須賈가 제나라에 갈 때 수행원으로 따라갔다.
수고가 제나라 양왕襄王을 만나 외교를 펼쳤지만 별 성과가 없었다. 그 대신 범수가 현란한 말솜씨를 펼쳐 제왕과 대신들에게 깊은 인상을 주었다. 그러자 이 일로 기분이 상한 수고가 귀국해서 왕에게 일러바쳤다.
"범수란 놈은 알고 보니 제나라와 내통한 첩자였습니다."
범수로서는 기가 막혔다. 모처럼 능력을 발휘하고자 적극적인 웅변을 펼친 것뿐인데 첩자 누명을 들씌우다니!
왕은 범수에게 온갖 고문을 가해 초주검으로 만들어서 둘둘 거적에 말아 내던졌고, 지나는 취객들에게 그 몸에다 오줌까지 누게 했다.
"아, 세상에 이렇게 기막힌 경우가 있나!"
범수는 그렇게 한탄하면서도 동물적인 생존의지를 불태웠다.
'두고 보자. 이 정도로 죽어나갈 내가 아니다!'
범수는 교도관에게 자기를 살려주면 나중에 후한 사례를 하겠다고 설득했고, 그의 말솜씨에 현혹된 교도관은 그가 죽었다고 거짓보고 하여 목숨을 살려주었다. 구사일생으로 살아난 범수는 곧 정안평鄭安平이란 사람을 찾아가 몸을 의탁하고 이름도 장록張祿으로 바꿨다.
그 후 진秦나라에서 왕계王稽가 사신을 왔을 때 정안평이 은밀히 범수를 추천했다.

"장록 선생이란 분이 계신데, 천하를 움직일 만한 재주가 있습니다. 대인께서 데려가시면 크게 쓸 일이 있을 것입니다."

범수를 만난 왕계는 그의 달변에 홀딱 반했다. 그래서 귀국할 때 하인으로 변장시켜서 진으로 데려갔다.

왕계가 진 소양왕昭襄王에게 말했다.

"신이 이번에 위에 갔다가 탁월한 세객 한 사람을 데려왔습니다. 그는 우리 진의 형편이 마치 '달걀을 쌓아 놓은 것처럼 위태롭다累卵之危'고 하면서, 자기를 발탁하면 국정이 안정되고 백성이 편안할 것이라고 자신하고 있습니다."

그 말에 소양왕은 범수에게 먼저 낮은 직책을 주어 능력을 시험했고, 죽을 고비에서 살아난 범수는 그 기회를 놓치지 않았다. 소양왕의 신임을 얻는데 성공했고, 나중에는 '먼 나라와 화친하면서 가까운 나라부터 공략한다는 원교근공책遠交近攻策으로 진의 국운을 융성하게 했다.

081 능서불택필 能書不擇筆

대가는 붓을 가리지 않는다

能 능할 **능** | **書** 글 **서** | **不** 아니 **불** | **擇** 가릴 **택** | **筆** 붓 **필**

출전 《당서唐書》〈구양순전歐陽詢傳〉

당唐나라는 중국 역사상 가장 찬란한 문화를 꽃피웠던 시기였다. 당시 서예의 대가로 '당초사대가唐初四大家'로 꼽혔던 우세남虞世南·저수량褚遂良·유공권柳公權·구양순歐陽詢이 있는데, 이들은 왕희지王羲之의 서체를 배워서 각각 구양순의 엄정함, 우세남의 온화함, 저수량의 아름다움을 독자적인 경지를 개척했다.

그 중에서 구양순은 독특하고 힘찬 솔경체率更體로 유명한데, 글씨를 쓸 때 붓이나 종이를 가리지 않았다. 반면에 저수량은 붓이나 먹이 좋지 않으면 글씨를 쓰지 않았다. 셋 중에서 가장 나이가 젊은 저수량은 위징魏徵의 추천으로 우세남의 후계자가 되었는데, 하루는 스승에게 이렇게 물어보았다.

"제 글씨는 지영智英 : 우세남이 글씨를 배운 선사과 비교하면 어떻습니까?"

스승 우세남이 말했다.

"지영의 글씨는 한 글자에 5만 냥을 주겠다는 사람이 있지만, 자넨 아무래도 힘들 거야."

"그럼 구양순 선생과는 어떨까요?"

"그는 어떤 종이에 어떤 붓을 사용해도 자기 마음대로 글씨를 쓰는 사람이라더군. 자넨 아무래도 안 될 거야吾聞詢不擇紙筆 皆得如志 君豈得此."

"그러면 저는 어떻게 하면 좋겠습니까?"

제자의 물음에 우세남이 말했다.

"자넨 아직 손과 붓이 굳어 있네. 그것을 완전히 없애버리면 크게 성공할 것이네."

붓을 가리지 않는다고 해서 어느 붓이든 가리지 않고 글씨를 썼다는 말이 아니다. 그 역시 행서行書를 쓸 때는 그 글씨에 맞는 붓을 선택했고, 초서草書를 쓸 때는 초서에 알맞은 붓을 골랐다. 단지 조잡한 붓으로 글씨를 쓰더라도 대가다운 경지에는 변함이 없었다는 말이다.

능서불택필能書不擇筆은 글씨를 쓰는 데 종이나 붓 따위의 재료나 도구를 가리는 사람은 달인達人이라고 할 수 없다는 말이다.

082 다기망양 多岐亡羊

여러 갈래 길에서 양을 잃다

多 많을 **다** | 岐 가닥 나뉠 **기** | 亡 잃을 **망** | 羊 양 **양**

출전《열자列子》〈설부편說符篇〉

양자의 이웃집에서 양 한 마리가 달아났다. 주인이 동네 사람들을 이끌고 양자의 노복奴僕까지 청해 양을 찾으려고 하자 양자가 물어보았다.

"양 한 마리를 찾는데 왜 그렇게 많은 사람이 필요한가?"

"도망간 쪽에 갈림길이 많기 때문이지요."

그런데도 일행은 한참 후에 지친 몸으로 돌아와서 양을 찾지 못했다고 말했다. 양자가 다시 까닭을 물어보니 주인이 대답했다.

"갈림길을 가면 또 갈림길이 나타나서 어디로 간 건지 알 수가 있어야지요."

그 말에 양자는 더 이상 입을 떼지 않았고, 그날 온종일 웃는 얼굴을 한 번도 보이지 않았다. 제자들이 기껏해야 양 한 마리 잃은 것이고, 더구나 자신의 양도 아닌데 그렇게 침울해할 까닭이 없잖느냐고 물어도 아무런 대꾸가 없었다.

양자는 나중에 한 제자가 재차 그 일에 대해 물었을 때 비로소 입을 열었다.

"단 한 마리의 양을 찾는 일에도 갈림길에서 또다른 갈림길로 헤매 들어가서는 결국 찾지 못한다. 하물며 학문의 길은 어떻겠느냐? 목표를 잃고 무수한 학설에 빠져 헤맨다면 일생을 허비한들 무의미한 짓거리 아니겠느냐."

다기망양多岐亡羊은 여러 갈래로 갈린 길에서 양을 잃는다는 말로, 학문의 길이 많아 진리를 찾기 어려움을 상징하는 말이다. 학문에 임할 때는 지식의 축적과 이론의 분석 등이 꼭 필요하지만 지엽말절을 꼬치꼬치 캐고 살피다가 근본 목표를 잃어버릴 수 있음을 경계해야 한다는 말이다.

083

다다익선 多多益善

많으면 많을수록 좋다

多 많을 **다** | **多** 많을 **다** | **益** 더할 **익** | **善** 좋을 **선**

출전《사기史記》〈회음후열전淮陰侯列傳〉

천하를 통일한 유방劉邦은 왕실의 안정을 위해 개국 공신들을 차례로 숙청했다. 천하 쟁패에 가장 공이 큰 한신韓信은 원래 항우 수하에서 귀순한 인물로 스스로 제왕에 즉위했으며, 항우의 장수 종리매鐘離昧를 비호했다. 유방은 그에게 모반죄를 덧씌워 회음후로 좌천시키고 장안으로 압송했다. 그리고 포복한 그에게 여러 장군들의 능력에 대해 묻던 중에 이렇게 물어보았다.

"과인 같은 사람은 얼마나 많은 군대의 장수가 될 수 있겠는가?"

항우가 대답했다.

"폐하께서는 한 10만쯤 거느릴 장수에 적당합니다."

"10만이라……. 그렇다면 그대는 어떠한가?"

"예, 소신은 많으면 많을수록 더 좋습니다多多益善."

"많으면 많을수록 좋다고? 그렇다면 그대는 어째서 10만 장수감에 불과한 과인의 포로가 된 것인가?"

한신이 말했다.

"그것은 별개의 문제입니다. 폐하께서는 병사들의 장수가 아니라 장수의 장수이십니다. 이것이 신이 폐하의 포로가 된 이유의 전부입니다. 폐하는 하늘이 내린 분이고 이는 사람의 일이 아닙니다."

이렇게 군 통솔능력을 말하면서 생겨난 다다익선多多益善은 오늘날에는 많으면 많을수록 좋다는 말로 두루 쓰인다.

084 단장 斷腸

창자가 끊어질 듯한 고통

斷 끊을 **단** | **腸** 창자 **장**

출전《세설신어世說新語》〈출면편黜免篇〉

진 환온晉桓溫이 촉蜀을 정벌하기 위해 여러 척의 배에 군사를 싣고 가던 중 양자강 중류의 협곡인 삼협三峽을 지나게 되었는데, 이곳은 사천과 하북의 경계가 되는 곳으로 험준하기로 유명한 곳이다.

그런데 이곳을 지날 때 한 병사가 새끼원숭이 한 마리를 붙잡아왔다. 그러자 이 원숭이의 어미가 환온이 탄 배를 강가를 따라 백리나 뒤쫓아 오면서 울어댔다. 그러다가 배가 강어귀가 좁아지는 곳에 이르렀을 때 그 원숭이가 재빨리 배 위로 뛰어올랐다. 그러나 수백 리를 새끼를 구하려는 일념으로 달려온 그 원숭이는 너무 지친 나머지 배에 오르자마자 곧 죽어버렸다.

"별일도 다 있군. 왜 갑자기 죽어버린 거지?"

이상하게 여긴 병사들이 그 어미 원숭이의 배를 갈라보았다. 그러자 놀랍게도 배 속의 긴 창자가 툭툭 끊어져 있었다. 자식을 구하지 못한 슬픔이 어찌나 컸던지 창자가 모두 토막나 있었던 것이다. 병사들 모두 깜짝 놀랐다.

"세상에! 창자가 끊어지다니!"

얼마 후 이 말을 전해들은 환온은 새끼원숭이를 당장 풀어주라 명하고, 재미삼아 그 새끼원숭이를 붙잡아온 병사에게 태형을 내려 벌했다.

그 후로 사람들은 매우 슬픈 일을 당했을 때 '단장斷腸의 슬픔'이라 표현하며 서로를 위로했다.

085 당동벌이 黨同伐異

같은 무리는 돕고 반대는 배척함

黨 무리 **당** | **同** 한 가지 **동** | **伐** 칠 **벌** | **異** 다를 **이**

출전《후한서後漢書》〈당동전黨同傳〉

후한後漢 화제和帝 이후의 황제들은 모두 어린 나이에 즉위했다. 그래서 황태후가 섭정을 하면서 그 외척들이 실권을 잡았다. 그러나 훗날 장성한 황제는 이들의 전횡에 불만을 품고 친위세력을 키워 이들을 제거해나가는데 그 중심에 환관이 있었다.

환관들은 신분 상승 욕구가 강해서 집단의 결속력이 강하고 사회적 책임이나 정치적 경륜보다는 자신들의 이해관계에 민감했다. 그래서 이들이 권력을 쥐면서부터 부정부패가 심해지고 이에 반발한 유교적 관료집단인 선비들이 들고 일어났다.

이렇게 외척과 환관세력, 선비 집단이 서로 권력다툼을 벌이는 과정에서 옳고 그름을 떠나 다른 집단은 무조건 배격하는 풍조가 만연했는데, 이를 당동벌이黨同伐異라고 한다. 일의 옳고 그름을 떠나 같은 무리들끼리는 서로 돕고 그렇지 않은 무리는 배척한다는 뜻이다. 당벌黨閥, 동당벌이同黨伐異라고도 한다.

086 당랑규선 螳螂窺蟬

사마귀가 매미를 노린다

螳 사마귀 **당** | **螂** 사마귀 **랑** | **窺** 엿볼 **규** | **蟬** 매미 **선**

출전《설원說苑》〈정간正諫〉

춘추시대 말 오왕吳王 부차夫差는 월越나라 공략에 성공한 후 자만에 빠졌다. 그는 간신 백비伯嚭의 중상에 속아 상국相國 오자서伍子胥를 죽였고, 월越나라 미인 서시西施한테 빠져서 헤어나지 못했다. 월의 구천이 와신상담하며 재기를 노린다는 중신들의 간언도 듣지 않았다.

그러던 어느 날 아침, 부차는 궐 안을 산책하다가 젖은 옷차림에 손에 활을 들고 있는 태자 우友를 만났다.

"아침부터 무슨 일로 그리 허둥대느냐?"

부왕의 물음에 태자가 대답했다.

"정원의 높은 나뭇가지에 매미가 울고 있었습니다. 그 뒤에서는 사마귀 한 마리가 그 매미를 노리고 있었고요. 그때 홀연 참새 한 마리가 날아와서 그 사마귀를 잡아먹으려고 하는데, 사마귀는 전혀 눈치를 채지 못하고 있었죠. 저는 천천히 참새를 향해 활을 당겼습니다. 그런데 활 쏘는데 정신이 팔려 그만 물웅덩이에 빠져버렸지 뭐예요. 그래서 이렇게 옷을 적신 것입니다."

우가 말을 이었다.

"부왕, 천하에는 이런 사례가 부지기수입니다. 실제 제나라가 명분도 없이 노나라를 쳐서 영토를 빼앗고 좋아했지만 우리 오나라한테 그 배후를 공격받고 크게 패했듯이 말입니다."

그 말에 부차가 얼굴을 붉히며 소리쳤다.

"네놈이 아비한테 오자서가 못 다한 충고라도 할 셈이냐? 이제 그런 말은 신물이 난다."

이렇게 충심어린 간언조차 무시한 부차는 결국 월나라의 공격을 받아 멸망하고 자신도 자결하고 말았다.

당랑규선螳螂窺蟬은 당랑포선螳螂捕蟬이라고도 하며, 당랑재후螳螂在後나 《장자莊子》에 나오는 당랑박선螳螂搏蟬과도 같은 뜻이다. 장자는 이 우화를 통해 "모든 사물은 서로에게 해를 끼치며 이利와 해害는 서로를 끌어당긴다."고 말했다.

087

대기만성 大器晚成

큰 그릇은 많은 노력을 기울인 뒤에야 완성 된다

大 큰 대 | 器 그릇 기 | 晚 늦을 만 | 成 이룰 성

출전《노자老子》·《삼국지三國志》·《후한서後漢書》

노자가 옛글을 인용하여 도道를 말했다.

"매우 밝은 도는 언뜻 어두워 보이고, 빠르게 앞으로 나아가는 도는 뒤로 물러나는 것처럼 보인다. 가장 평탄한 도는 굽은 것 같고, 가장 높은 덕은 낮은 것 같다. 몹시 흰 빛은 검은 것 같고, 매우 넓은 덕은 한쪽이 이지러진 것처럼 보인다. 아주 건실한 도는 빈약한 것 같고, 매우 질박한 도는 어리석은 것 같다. 그러므로 아주 큰 사각형은 귀가 없고, 큰 그릇은 늦게 이루어진다大器晚成. 아주 큰 소리는 들을 수 없고, 아주 큰 형상은 모양이 없다. 왜냐하면 도는 항상 사물의 배후에 숨어 있어서 딱히 무어라 규정할 수도 부정할 수도 없기 때문이다."

만성晚成이란 본래 아직 이루어지지 않았다는 말로, 거의 이루어질 수 없다는 뜻이 강하다. 그런데 이 말이 늦게 이룬다는 말로 통용되게 된 것은《삼국지三國志》의 최염崔琰 이야기 때문이다.

위魏나라에 최염崔琰이라는 장수가 있었다. 그에게는 최림崔林이라는 사촌동생이 있었는데 외모도 빈약하고 출세를 하지 못해 친구들과 친척들로부터 멸시가 심했다. 그러나 최염 만은 항상 아우의 기를 살려주면서 말했다.

"큰 그릇은 오랜 시간이 지나서야 비로소 완성되는 것이다此所謂大器晚成者也. 마찬가지로 큰 인물도 성공하기까지는 꽤 오랜 시간이 걸린다. 내가 보기에 너도 대기만성형이다. 좌절하지 말고 열심히 노력하거라. 그러면 나중에 반드시 큰 인물이 될 것이다."

과연 최림은 열심히 노력하여 훗날 위 문제魏文帝 휘하에서 사공司空 벼슬을 하게 된다.

《후한서後漢書》《마원전馬援傳》에도 대기만성에 관한 이야기가 나온다. 후한의 창업자 광무제光武帝의 명장 마원馬援은 변방의 관리로 출발하여 복파장군伏波將軍까지 오른 인물이다.

처음 지방 관리가 된 마원이 부임을 앞두고 친형 마황馬況을 찾아가자 형이 아우를 격려하며 말했다.

"너는 큰 재목이라 아마도 출세는 더딜 것이다. 솜씨 좋은 목수가 산에서 막 베어 낸 목제를 시간을 들여 잘 다듬듯이汝大才, 當晩成 너도 재능을 살려 노력해야 한다."

한고조 유방과 삼국시대 촉한을 세운 유비 모두 늦은 나이에 뜻을 이룬 대기만성 형 인물이고, 오늘날에도 나이 들어 성공한 사람을 일컫는 말로 쓰인다. 결과도 중요하지만 그에 못지 않게 성취해 나가는 과정이 중요함을 강조하고 있다.

088 대동소이 大同小異

크게 보면 큰 차이가 없이 비슷하다

大 큰 **대** | **同** 한 가지 **동** | **小** 작을 **소** | **異** 다를 **이**

출전《장자莊子》〈천하편天下篇〉

장자莊子는 〈천하편天下篇〉에서 묵가墨家와 법가法家의 논점을 비판하고 도가道家 철학을 선양한 다음, 친구인 혜시惠施의 논리를 소개하면서 자신의 의견을 덧붙였다. 대동소이大同小異도 혜시의 말에서 나온 것이다.

"혜시의 저술은 그 분야가 방대하여 모두 다섯 수레나 되는데, 그의 도는 복잡하고 말하는 바는 정곡을 잃었으며 그 생각은 만물에 걸쳐 있다."

장자는 이렇게 평하고 나서 그의 논리를 옮겼다.

"너무 커서 밖이 없는 것을 대일大一이라 하고, 지극히 작아서 속이 없는 것을 소일小一이라 한다. 두께가 없는 것은 쌓아올릴 수는 없지만, 그 크기는 천리나 된다. 하늘은 땅과 더불어 낮고, 산은 못과 같이 평평하다. 해는 중천까지 뜨지만 점차 기울고, 만물은 태어나지만 또한 죽는다. 크게 보면 같다가도 작게 보면 다르니大同而與小同異 이것을 소동이小同異라 하고, 만물은 모두 같기도 하고 다르기도 하니萬物畢同畢異 이것을 대동이大同異라 한다. 남쪽은 끝이 없음과 동시에 끝이 있고, 오늘 남쪽의 월越나라로 간 것은 어제 월나라에서 온 것이다. 꿰어 있는 고리도 풀 수가 있다. 나는 천하의 중심을 알고 있다. 연燕나라의 북쪽이며 월나라의 남쪽이 그곳이다. 만물을 드넓게 차별 없이 사랑하면 천지天地도 하나가 된다."

혜시는 시공간의 무한성과 만물이 필연적으로 가지고 있는 상대성에 대해 논했다. 따라서 여기서의 대동소이란 상대적 관점에서 보이는 차이는 별 차이가 아니라는 말이다. 거의 비슷하다든지, 그게 그것이라는 말이다.

089

대우탄금 對牛彈琴

소에게 거문고 연주를 들려주다

對 대할 **대** | **牛** 소 **우** | **彈** 퉁길 **탄** | **琴** 거문고 **금**

출전《홍명집弘明集》〈이혹론理惑論〉

후한 말 모융牟融에게 사람들이 불경佛經을 물으러 찾아왔다. 그런데 이때 모융은 찾아온 사람이 유생일 경우 불경을 말할 때 유학의 경서를 인용했다. 유학자들이 이상히 여기고 묻자 그는 이렇게 대답했다.

"당신들은 불경을 접해본 일이 없을 것 아니오? 그래서 나는 당신들이 잘 알고 있는 유교 경전을 인용하는 것이오."

그러면서 송宋나라 목암睦庵이 지은《조정사원祖庭事苑》에 나오는 공명의公明儀의 일화를 들려주었다.

"노魯나라에 공명의라는 어진 사람이 있었는데, 하루는 소를 보고 그 노고에 고마움을 느껴 거문고를 뜯어 들려주었소. 그런데 소가 거들떠보지도 않은 채 풀만 뜯고 있지 뭡니까? 가만히 생각해보니 이건 소가 듣지 못하는 게 아니라 청각淸角이라는 고상한 곡조가 소귀에는 맞지 않기 때문이겠구나 싶었소. 그래서 이번에는 모기와 등애 울음소리, 젖먹이 송아지 울음소리를 흉내내 보았소. 그러자 소가 발굽을 치며 꼬리를 흔들기도 하고 귀를 쫑긋 세운 채 소리를 듣는 거였소. 그 소리가 소의 마음에 맞았기 때문이지. 이 이야기야말로 내가 당신들에게 유교경전을 인용하여 불경을 말하는 것과 같은 이치 아니겠소?"

대우탄금對牛彈琴은 아무리 좋은 말도 알아 듣지 못하는 사람에게는 소용없다는 말로, 우이독경牛耳讀經과 같은 말로 쓰인다.

090 대의멸친 大義滅親

대의를 위해 사사로운 정을 끊다

大 큰 **대** | 義 옳을 **의** | 滅 멸할 **멸** | 親 육친 **친**

출전《춘추좌씨전春秋左氏傳》〈은공조隱公條〉

춘추시대 위 장공衛莊公은 석작石碏의 진언에도 불구하고 환공桓公을 후계로 세웠다. 이복형제인 주우州吁의 성품이 워낙 과격하고 거침없었기 때문이다.

장공이 죽고 환공이 즉위하자 석작도 은퇴하면서 아들 석후石厚에게 주우를 멀리하라 일렀지만 말을 듣지 않았다. 과연 얼마 후 주우가 환공을 시해하고 스스로 권좌에 올랐다. 반역에 성공한 주우는 민심을 돌리려고 전쟁을 일으켜 영토를 늘렸지만 백성들은 여전히 그를 따르지 않았다. 이에 주우가 석후에게 도움을 청했고 석후는 고민 끝에 부친 석작에게 자문을 구했다.

"천하의 종실인 주왕실을 예방해서 천자의 승인을 받는 것이 어떻겠느냐?"

"그럼 어떻게 하면 천자를 배알할 수 있을까요?"

"주 왕실과 사이가 좋은 진陳을 찾아가 보거라. 그러면 진공이 선처해줄 것이다."

그래서 주우와 석후가 진으로 떠나자 석작은 재빨리 진공에게 밀지를 보냈다.

"주우와 석후는 우리 군왕을 시해한 자들입니다. 원컨대 바로 죽여주십시오."

이에 진나라에서는 그 두 사람이 도착하자마자 체포하여 곧바로 처단해버렸다. 석작은 군신간의 대의를 지키기 위해 자기 아들까지도 희생시킨 것이다.

이처럼 대의멸친大義滅親은 정의롭고 큰일을 위해서는 친자식까지도 죽인다는 말로, 대의를 위해 사사로운 정을 끊어냄을 뜻한다.

091 대인착도 代人捉刀

남을 대신하여 칼을 잡다

代 대신할 **대** | **人** 사람 **인** | **捉** 잡을 **착** | **刀** 칼 **도**

출전《세설신어世說新語》〈용지容止편〉

위 무제魏武帝 때 흉노 사신이 찾아왔다. 무제는 자신의 키가 작고 풍채가 왜소해서 사신에게 위엄을 떨치기가 힘들다고 생각했다. 그래서 최계각崔季珪에게 대신 흉노 사신을 접견하게 하고, 자신은 칼을 잡고 시위로 서있었다帝自捉刀立牀頭.

최계각은 커다란 몸집에 눈이 부리부리하고 우렁찬 목소리에 말재간도 좋았다. 무제는 접견을 마치고 나서 몰래 사람을 보내 흉노 사신이 느낀 첫 느낌이 어땠는지 알아보게 했다. 그러자 흉노 사신의 대답은 이랬다.

"위왕의 고상한 덕은 훌륭했습니다만, 칼을 들고 옆에 서있던 시위의 위풍이 대단해서 정말 영웅처럼 보였습니다."

무제는 이 말을 듣고 수하를 보내 그 사신을 죽여 버렸다. 위 무제는 다름 아닌 조조曹操로 그만큼 체구가 작았다고 한다.

대인착도代人捉刀란 다른 사람을 대신하여 일을 수행함을 말한다.

092 대증하약 對症下藥

증상에 맞게 약을 쓴다

對 대할 **대** | **症** 증세 **증** | **下** 내릴 **하** | **藥** 약 **약**

출전《삼국지三國志》〈위지魏志〉〈화타전華佗傳〉

고을의 벼슬아치 예심倪尋과 이연李延 두 사람이 모두 고열高熱과 심한 두통頭痛을 앓게 되었다. 의원들이 모두 그들을 살펴보았지만 효과가 없자, 결국 당시에 신의로 통하는 화타華佗를 불러왔다. 화타는 두 사람의 상태를 살펴본 다음 각기 다른 처방을 내렸다.

증상이 똑같은 둘에게 각기 다른 약을 복용하게 하자 사람들이 의아히 여기며 그 까닭을 물었고 화타가 대답했다.

"예심은 신체 외상이 없이 음식을 잘못 먹어서 배탈이 난 것이므로 사약瀉藥을 먹인 것이고, 이연은 신체 내부에는 탈이 없으나 외부의 영향으로 감기에 걸린 것이므로 발산약發散藥을 처방한 것이오."

대증하약對症下藥은 증상에 맞게 약을 써야한다는 말로, 문제의 핵심을 바로 보고 대처해야한다는 뜻이다.

093

도로무공 徒勞無功

온갖 애를 써도 보람이 없다

徒 헛될 **도** | 勞 힘쓸 **로** | 無 없을 **무** | 功 공 **공**

출전《장자莊子》〈천운天運편〉

공자가 서쪽 위衛나라로 유세遊說를 떠났다. 이때 안연顔淵이 스승 공자의 여행에 대해 어떻게 생각하는지 묻자 사금師金은 이렇게 대답했다.

"물길을 가는 데는 배가 가장 좋고, 육지를 가는 데는 수레가 최고지. 그런데 만약 배를 육지로 올려서 밀고 간다면 아마 평생을 걸려도 가지 못할 것이네. 옛날과 지금은 물과 육지 같지 않은가? 지금 옛 주나라의 방식을 노나라에서 행하려는 것은 마치 육지에서 배를 밀고 가려는 것처럼 온갖 애를 다 써도 아무런 보람도 없을 것이며是猶推舟于陸也, 勞而無功, 틀림없이 재앙이 뒤따를 걸세."

도로무공徒勞無功은 온갖 애를 써도 아무 보람이 없다는 뜻으로, 노이무공勞而無功이라고도 한다.

《순자荀子》〈정명편〉에도 '어리석은 사람의 말은 막연해서 갈피를 잡을 수 없고, 번잡하고 일관성이 없이 마구 떠들어대기만 한다. 그래서 열심히 말은 하지만 요령이 없고 몹시 애는 쓰지만 소용이 없다'고 했다.

또《관자管子》〈형세편〉에도 '옳지 못한 것을 편들지 말라. 능하지 못한 것을 강제하지 말라. 알지 못하는 사람에게 충고하지 말라. 다 수고롭기만 하고 아무런 보람이 없을 것이다.'라고 했다.

094 도룡지기 屠龍之技

용을 잡아 요리하는 기술은 쓸모가 없다

屠 잡을 **도** | 龍 용 **룡** | 之 갈 **지** | 技 재주 **기**

출전 《장자莊子》〈열어구편列禦寇篇〉

《장자莊子》 열어구편列禦寇篇에 나오는 말이다.

도道를 알기는 쉽지만 이를 말하지 않기는 어렵다. 도를 알고서도 말하지 않는 것은 하늘의 도를 가까이하는 것이고, 알고서 말하는 것은 세속에 가까이하는 것이다. 옛 사람은 하늘을 따르고 사람을 따르지 않았다.

주평만朱泙漫이 지리익支離益에게서 용을 잡아서 요리하는 기술을 배웠다. 천금의 가산을 탕진하여 삼 년 만에 그 재주를 익혔으나 달리 그 재주를 쓸 데가 없었다朱泙漫學屠龍於支離益, 單千金之家, 三年技成, 而無所用其巧.

장자는 성인은 필연적인 일에 임할 때도 필연으로 여기지 않으므로 마음속에 다툼이 없지만 속인들은 이와 반대로 갈등이 많다고 말하면서, 소인배는 사소한 일에 얽매여 큰 진리를 구할 수 없음을 지적했다. 장자는 인간이 천지만물의 근원인 도를 깨닫기 위해서는 인위적인 지식을 떠나 도 그 자체에 몰입할 수 있을 때 비로소 가능해진다고 보았다.

주평만이나 지리익은 모두 장자가 만든 허구의 인물이다. 장자는 주평만의 이야기를 통해 '지이불언知而不言', '천이불인天而不人'의 도를 깨달은 성인 본연의 자세를 설명하고 있다. 즉 세속의 자질구레한 일에 얽매어서는 참된 도를 깨달을 수 없음을 충고하고 있는 것이다.

095 도방고리 道傍苦李

길가의 자두는 그 맛이 쓰다

道 길 **도** | 傍 곁 **방** | 苦 쓸 **고** | 李 오얏 **리**

출전《세설신어世說新語》

《진서晉書》에 나오는 왕융王戎 이야기.

동진東晉 사람 왕융은 노장사상에 심취하여 유유자적한 인생을 즐기고 권세나 세태에는 관심이 없었다. 그래서 평생을 죽림에 묻혀 청담淸談을 즐기며 완적阮籍, 혜강嵇康 등과 함께 죽림칠현竹林七賢으로 불렸다.

그가 어릴 때 동네 아이들과 놀고 있는데, 길 한쪽에 가지가 휘어질 정도로 열매를 매단 자두나무가 서 있었다. 아이들은 그 자두를 따려고 앞 다퉈 매달렸지만, 왕융만은 그러지 않았다. 이를 이상히 여긴 행인이 물어보았다.

"넌 왜 자두를 따려하지 않니?"

이에 대해 어린 왕융은 무덤덤하게 대답했다.

"길가에 있는데도 저렇게 자두가 많이 매달려 있는 것은 틀림없이 써서 먹지 못할 것이기 때문입니다道傍苦李."

다른 아이들이 그 자두를 따먹어보니 과연 왕융의 말대로 써서 먹을 수가 없었다.

사람들은 이 일로 왕융의 영민함을 칭찬하면서도 한편으로는 그를 두려워했다.

도방고리道傍苦李란 '길가의 쓴 자두나무'라는 뜻으로, 남들이 버린 물건이나 무용지물을 뜻한다. 오늘날에는 모두가 버리는 데는 나름대로 이유가 있다는 말로 쓰인다.

096 도불습유 道不拾遺

길에 떨어진 것도 줍지 않는다

道 길 도 | 不 아닐 불 | 拾 주울 습 | 遺 잃을 유

출전《사기史記》〈상군열전商君列傳〉·《한비자韓非子》

위衛나라 사람 공손양公孫鞅은 형명학刑名學을 추종해서 정승 공숙좌公叔座를 섬겼다. 하지만 그가 죽고 위에서 불러주지 않자 천하의 인재를 구한다는 진나라 효공孝公을 찾아갔다. 그는 곧 좌서장左庶長에 임명되어 변법개혁을 단행했는데, 연좌제와 신상필벌의 법률을 만들어 엄중하게 실행했다.

태자가 법을 범했을 때는 그의 보육관인 공자건公子虔을 처형하고, 사부인 공손가公孫賈를 자자형刺子刑에 처하는 등 엄격한 법을 시행한 지 10년이 지나자 엄청난 변화가 있었다. 길에 떨어진 남의 물건도 줍는 자가 없었고, 백성들의 생활이 넉넉해졌으며, 전투에서도 연전연승할 만큼 군사들도 용맹해졌다.

그러나 효공이 죽고 혜문왕이 즉위하자 상군은 자신이 죽을 것을 알고 도망쳤다. 하지만 함곡관에서 여행권 없는 자의 유숙을 금한 자신이 제정한 법 때문에 국경을 넘지 못했고, 얼마 후에는 그를 체포한 혜문왕에 의해 거열형에 처해졌다.

《한비자韓非子》에는 춘추시대 정鄭나라 재상인 자산子産에 관한 글이 나온다.

그는 농지분배를 실시하고, 지배층의 특권의식을 불식시켰으며, 인재를 적재적소에 배치하고 신상필벌의 원칙을 따랐다. 그러자 5년 만에 나라에 도둑이 없어졌고, 남의 물건은 손도 대지 않았으며, 길가 과일나무에 열매가 주렁주렁 열려도 따가는 사람이 없는 등 사회기강이 잡히고 백성들의 생활이 윤택해졌다.

도불습유道不拾遺 길에 떨어진 것도 줍지 않는다는 것은 결국 법이 잘 지켜진다는 말이다.

097 도원결의 桃園結義

도원에서 의형제를 맺다

桃 복숭아 도 | 園 동산 원 | 結 맺을 결 | 義 옳을 의

출전《삼국지三國志》

후한後漢 말 혼란기를 틈타 민심이 흉흉해지고 사방에서 도적떼가 들끓었다. 그 중 장각張角 형제가 난을 일으키니 사방의 백성들이 모두 누런 헝겊으로 머리를 싸매고 뒤를 따랐다. 얼마 후 황건적이 유주幽州 땅까지 쳐들어오자 태수太守 유언劉焉은 급히 의병을 공모하는 방을 내걸었다.

탁현涿縣의 유비劉備는 한 경제漢景帝의 후손으로 홀어머니를 모시고 살았는데, 미투리를 삼고 자리를 짜 생계를 유지했다. 유언이 군사를 모집한다는 방을 보았을 때 유비의 나이는 벌써 스물여덟이었다.

유비가 방문 앞에서 탄식할 때 장비張飛가 나타나 대장부가 나라를 위해 힘을 쓸 생각은 않고 한숨만 쉬고 있다고 꾸짖었다. 유비가 도적을 무찔러 백성을 안정시키고 싶은 마음 굴뚝같지만 힘이 없어서 그런다고 하자, 장비는 자신의 재산을 팔아 고을의 젊은이들을 모아서 함께 큰일을 하자고 제안했다. 유비가 크게 기뻐하며 장비와 함께 주막에 가서 술을 마시고 있을 때 때마침 관우關羽가 나타나 의병이 되기 위해 성으로 들어가는 길이라며 술을 재촉했다. 이에 유비가 자리로 불러 뜻한 바를 전하니 관우도 크게 기뻐했고 세 사람은 함께 장비의 집으로 갔다.

장비의 집 주변에는 드넓은 복숭아밭에 때마침 복사꽃이 한창이었다. 세 사람은 이튿날 아침 이 도원桃園에 검은 소黑牛와 흰말白馬과 지전紙錢 등의 제물을 차려놓고 천지天地에 제사지내며 말했다.

"유비, 관우, 장비가 비록 성은 다르나 의를 맺어 형제가 되었으니, 마음과 힘을 합해 곤란한 사람들을 도와서 위로는 나라에 보답하고 아래로는 백성을 편안케 할 것이며, 비록 한 해 한 달 한 날에 태어나지는 못했어도 같은 날에 죽기를 원하노니 하늘과 땅의 신령께서는 부디 굽어 살피시어 의리를 저버리고 은혜를 잊는 자는 죽이소서."

제를 마치고 고기와 술을 내어 고을 안 용사들을 불러 모으니 모두 300명이나 되었다.

도원결의桃園結義는 유비, 관우, 장비가 도원에서 의형제를 맺은 이 이야기에서 비롯된 말로, 뜻이 맞은 사람끼리 하나의 목적을 이루기 위해 결의하는 행위를 일컫는 말로 상징된다.

098 도탄지고 塗炭之苦

진흙 수렁에 빠지고 숯불에 타는 듯한 고통

塗 진흙 도 | 炭 숯 탄 | 之 갈 지 | 苦 괴로울 고

출전《서경書經》〈상서尙書〉

〈상서尙書〉〈중훼지고仲之誥〉를 비롯하여 우리나라의 여러 문헌에도 등장한다.

도塗는 진흙 탄炭은 숯불을 뜻하니, 도탄지고란 진흙수렁에 빠지고 뜨거운 숯불에 타는 듯한 고통을 말한다.

상商나라 탕왕湯王이 하夏나라 걸왕桀王을 무력으로 진압하고 나서 말했다.

"후세인들이 내 행동을 두고 비난할 것이 두렵구나."

이에 대해 중훼가 말했다.

"하늘이 백성을 내신 것은 뜻한 바가 있어서고 임금이 없으면 혼란스러워지고 맙니다. 오직 하늘이 총명함을 주셔서 임금께서 다스리게 된 것입니다. 하나라가 있었으나 덕이 부족하여 백성이 도탄에 빠지므로有夏昏德 民墜塗炭 하늘이 임금께 용기와 지혜를 주시어 만방에 정의를 펼치게 하시고 우왕 시절의 아름다운 전통을 회복하게 하셨으니 그 정당함을 따르고 하늘의 이치를 따르셔야 합니다."

이른바 천명사상天命思想으로 백성들을 구원하기 위해 무력을 사용한 것은 정당하며 임금은 하늘을 대신해서 백성을 돌봐야한다는 말이다.

또 남북조시대南北朝時代 전진前秦은 후연後燕과 후진後秦의 공격을 받아 수도 장안을 빼앗기고 국왕 부견符堅은 오장산五將山으로 도망쳤다가 죽었다. 그러자 업鄴에 가 있던 부견의 아들 부비符丕는 유주자사 왕영王永의 도움으로 진양晉陽에서 즉위하여 군사를 불러 모았는데 이때의 격문에 다음과 같은 문장이 있다.

'선황先皇은 적에게 붙잡혀 죽고, 도성은 곤궁하여 도적의 소굴이 되었으며, 나라가

황폐하여 백성은 도탄에 빠졌도다.'

도탄지고塗炭之苦는 천명사상을 내세워 정권을 전복하려할 때마다 자주 쓰이던 말이다. 백성들의 생활이 어렵다는 '도탄에 빠지다'는 식으로 많이 쓰인다.

099 도행역시 倒行逆施

일을 순리를 거슬러 거꾸로 행함

倒 거꾸로 할 **도** | 行 행할 **행** | 逆 거스를 **역** | 施 베풀 **시**

출전《사기史記》〈오자서열전伍子胥列傳〉

춘추시대 초楚나라에 오자서伍子胥라는 인물이 있었다. 그 아버지 오사伍奢는 왕자의 스승이고 형 역시 관직에 있었는데, 비무기費無忌라는 간신배가 모략해 부친과 형이 억울한 죽임을 당했다. 자신도 목숨이 위태롭다고 생각한 오자서는 한을 품고 멀리 도망치기로 했다. 그런데 도중에 친한 친구 신포서申包胥를 만났다.

"자네 어디로 가는 건가?"

"동쪽 오吳로 갈까 하네. 내 비록 지금은 힘이 없어 달아나지만 이놈의 나라를 멸하여 원수를 갚을 테니 두고 보게."

오자서의 분노를 잘 아는 신포서는 깊은 동정을 표하는 한편 좋은 말로 다독거렸다.

"내 자네 마음을 어찌 헤아리지 못하겠는가. 그렇지만 원한을 슬기롭게 다스릴 줄 알아야 하네. 사적인 감정으로 조국을 뒤엎겠다는 말은 듣기 힘드네그려."

하지만 원한에 사무친 오자서의 귀에 그 말이 제대로 들어올 리 없었다. 당연히 언성이 높아졌고 신포서도 얼굴을 붉혔다.

"좋아. 자네가 정 그렇게 초를 망하게 하겠다면 어디 한번 해 보게나! 그럼 난 기필코 구하고 말 테니까."

두 친구는 그렇게 언쟁을 벌이다가 헤어지고 말았다.

그 후 온갖 죽을 고비를 넘긴 끝에 오나라로 건너간 오자서는 공자公子 광光을 사귀었다. 그래서 야심에 찬 광이 사촌인 요僚를 시해하고 왕위를 찬탈할 때 적극 가담하여 출세의 기회를 잡았다. 이렇게 해서 즉위한 오왕이 합려闔閭이고, 오자서는 대부로써 조정을 좌지우지하는 실력자가 되었다. 그는 수시로 합려에게 초나라를 정벌하자고 설득했고 마침내 정벌군의 선두에 서서 고국인 초나라로 향했다.

진격에 진격을 거듭한 오나라 군대가 마침내 초의 도읍 영郢에 들이닥쳤고, 별다른 대비가 없었던 초나라는 난리가 났다. 그런데 이때는 이미 평왕이 죽고 소왕昭王이 즉위해 있었으며 그마저 혼비백산하여 도성을 버리고 달아난 상태였다. 평왕에게 직접 복수를 할 수 없게 된 오자서는 그의 무덤을 파헤치고 유골을 꺼내 마구 채찍질을 가했고, 그러고도 모자라 그 뼈를 짓찧어 가루로 만들어버렸다.

그때 옛 친구 신포서가 보복행위가 너무 잔혹하다면서 멈춰달라는 편지를 보내왔고, 오자서는 "날은 저물고 갈 길이 멀어서 상식에 어긋나지만倒行逆施 무리를 할 수밖에 없다"고 딱 잘라 거절했다. 이에 옛 친구의 마음을 되돌리기 힘들다고 판단한 신포서는 곧장 진秦나라로 달려가 애공哀公에게 눈물로 구원을 요청했고, 그의 충심에 감복한 애공은 마침내 출병을 허락했다.

오·초 전쟁에 진이 끼어들자 오자서의 창끝이 이번에는 진나라로 향했다. 그런데 바로 이때 오나라 안에서 반란이 일어났고, 다급해진 오군은 결전을 포기한 채 철군을 서둘렀다. 그래서 회군하자마자 반란군을 무찔러 급한 불을 껐지만, 그를 신임한 합려가 죽고 아들 부차夫差가 즉위하면서 그의 입지는 눈에 띄게 약화되었다. 부차는 평소 초나라 출신인 오자서를 탐탁지 않게 여기다가 역시 그를 시기한 백비伯嚭가 갖은 험담으로 중상모략하자 오자서로 하여금 자결을 명했다.

"오, 세상 이치란 것이 결국 이런 것인가!"

오자서는 그렇게 복수의 한을 다 풀지 못한 채 최후를 맞고 말았다.

도행역시倒行逆施란 일을 순리를 거슬러 거꾸로 행한다는 뜻으로, 목적을 이루기 위해서 수단과 방법을 가리지 않는다는 말이다. 또 잘못된 방식을 고집하거나 시대착오적으로 나쁜 일을 꾀하는 것을 말한다. '도행倒行'·'도행폭시倒行暴施'라고도 하며 비슷한 말로 호작비위胡作非爲, 위비작대爲非作歹, 횡행패도橫行霸道, 대역부도大逆不道가 있다.

100 독서망양 讀書亡羊

책을 읽다가 양을 잃어버림

讀 읽을 독 | 書 글 서 | 亡 잃을 망 | 羊 양 양

출전《장자莊子》〈변무편騈拇篇〉

《장자莊子》〈변무편騈拇篇에 보면 다음과 같은 내용이 있다.

'사내종과 계집종이 함께 양을 지키고 있다가 한눈을 파는 사이에 양을 놓치고 말았다. 주인이 사내종에게 어찌된 일이냐고 묻자 죽간을 끼고 읽느라 그랬다고 했다. 계집종은 주사위 놀이를 하다가 양을 잃었다고 했다. 둘이 한 일은 서로 달라도 양을 잃었다는 결과는 똑같다.'

학문을 중시하는 동양적 사고로 볼 때 독서를 하다가 양을 잃었다는 것은 대수롭지 않은 일일 수도 있다. 하지만 종은 양을 돌보는 것이 본분이다. 그런데 가당치도 않게 독서를 하다가 양을 잃다니, 여기서 독서망양讀書亡羊은 한눈을 파느라고 자기 본분을 잊는다는 뜻이 된다.

장자는 이 이야기를 통해 좋은 일을 하느라고 그랬든 나쁜 일을 하다가 그랬든 그 결과는 같다는 데 초점을 두고, 결국 군자니 소인이니 하는 구별이 무의미하다는 것을 주장하고 있다. 장자의 이런 의도는 이어지는 다음 글에서 더욱 확실해진다.

'백이伯夷는 명예를 지키기 위해 수양산首陽山 아래서 죽었고, 도척盜跖은 자기 이익을 위해 동릉東陵 위에서 죽었다. 그런데 왜 백이는 옳고 도척은 틀렸다고 하는가. 사람들은 인의를 따라 죽으면 군자라고 하고, 이익을 좇다 죽으면 소인이라고 한다. 목숨을 해치고 천성을 버린 점에서는 백이나 도척이 다를 바가 없는데 어째서 그 사이에 군자와 소인이라는 차별을 둘 수 있는가.'

101 동공이곡 同工異曲

기량은 같아도 그 정취는 다름

同 한 가지 **동** | 工 장인 **공** | 異 다를 **이** | 曲 가락 **곡**

출전《진학해進學解》

한유는 당 헌종唐憲宗 때의 문인이자 정치가로 유종원柳宗元과 함께 육조 이래의 변문騈文을 반대하고 고문운동古文運動을 전개하여 훗날 당송팔대가唐宋八大家를 낳게 한 인물이다.

그는 약관의 나이에 진사과로 등과해서 주로 국자감에서 학생들을 가르쳤다. 이때 한유는 유가儒家사상에 심취하여 도교와 불교를 배척했는데, 이것이 불교를 따르는 황실과 마찰을 빚기도 했다. 그는 이런 상황임에도 제자들에게 말했다.

"학문을 하고도 벼슬자리를 얻지 못한다 해서 관직 임용의 불공평을 말하는 것은 좋지 않다. 먼저 자신의 학업이 부족함을 책망하고 더 한층 노력하는 자세를 견지해야 한다."

이에 한 제자가 말했다.

"선생님의 시문은 장자와 굴원의 이소離騷에 견줄만 합니다. '태사'에 기록돼 있는 바로는 양웅揚雄과 사마상여司馬相如는 기량은 같으나 그 정취는 다르다고 했는데, 선생님의 글에 있어서는 그 가운데를 덮고, 그 밖을 마음대로 한다고 할 만합니다太史所錄 子雲相與 同工異曲 先生之於文 可謂閎其中而肆於外矣. 그럼에도 불구하고 선생님은 지금 주위의 신임도 받지 못하고 친구의 도움도 없어 자칫 벌을 받게 될지도 모릅니다. 게다가 가정생활도 힘든 판에 처세의 도리를 운운하심이 과연 합당합니까?"

한유가 대답했다.

"공자나 맹자 같은 대성현도 불우했거늘 나 정도야 박사라는 한가한 벼슬에 붙어 있는 것만도 과분한 일 아니겠느냐."

동공이곡同工異曲은 제자들이 한유의 문장을 칭송하기 위해 구사한 말로, 같은 방법으로 시문을 지어도 그 정취는 사뭇 다르다는 말이다. 오늘날은 표현은 달라도 내용은 같다는 부정적인 의미로 많이 쓰인다.

102 동병상련 同病相憐

같은 병을 앓는 사람끼리 서로 불쌍히 여기다

同 같을 **동** | 病 병 **병** | 相 서로 **상** | 憐 불쌍히 여길 **련**

출전《오월춘추吳越春秋》

합려闔閭를 도와 정권을 찬탈하는데 성공한 오자서伍子胥는 여러 인재들을 불러 모았는데, 그 중에 백비伯嚭도 있었다. 사람들은 백비가 탐욕스럽고 강직하지 못하다고 평했고, 특히 대부 피리被離는 이렇게 비난했다.

"그 자는 눈매가 매와 같고 걸음걸이가 호랑이 같아서 살생을 일삼을 상인데 어찌 그를 천거하십니까?"

오자서는 백비의 가족이 초왕에게 몰살당한 사연을 들려주면서 이렇게 말했다.

"하상가河上歌에 '동병상련 동우상구同病相憐 同憂相求'라는 말이 있듯이, 나와 처지가 비슷한 백비를 돕는 것은 당연하지 않겠나? 그도 같은 처지니 내 뜻을 잘 알 것이오."

오자서는 초평왕의 방관과 비무기의 농간 때문에 가문이 멸문당해 오나라로 도망쳐왔고, 백비 역시 비무극의 차도살인으로 집안이 망해서 오나라로 도망쳐온 처지였다.

그러나, 백비를 경계하라는 피리의 충고를 무시했던 오자서는 결국 월나라에 매수된 백비의 모함으로 비참한 최후를 맞고 만다.

103 동심동덕 同心同德

한마음 한뜻으로 공동의 목표를 위해 노력함

同 한 가지 **동** | 心 마음 **심** | 同 한 가지 **동** | 德 덕 **덕**

출전《상서尙書》〈태서편泰誓篇〉

상商나라 주왕紂王의 폭정은 제후와 백성들의 반발을 일으켰다. 이에 제후들 가운데서도 주 문왕文王의 아들 희발姬發은 무왕으로 즉위하자마자 여러 제후들과 함께 군사를 일으켜 주왕을 정벌하려고 했다.

무왕이 군대를 이끌고 맹진孟津에서 황하를 건넌 다음 상의 도읍 조가朝歌로 진격해 들어갔다. 그는 이때 군사들의 사기를 높이려고 성의 남쪽 들판에서 진군 선서식을 거행했는데, 주왕의 죄상을 낱낱이 들어 밝히면서 병사들의 용맹과 단결을 주문했다.

"주왕은 많은 군사와 관리를 거느리고 있어도 마음을 한데 합하지 못하지만, 우리 동맹군은 일치단결하여 한 가지 목표로 마음과 덕을 함께 하고 있다同心同德."

동심동덕은 일치단결된 마음, 모든 사람들이 한마음 한뜻으로 공동의 목표를 위해 힘쓰고 노력하는 것을 말한다. 같은 말로 일심일덕一心一德·동심합력同心合力·동심동력同心同力이 있다.

104

동이불화 同而不和

부화뇌동하되 조화를 이루지 못함

同 같을 **동** | 而 말 이을 **이** | 不 아니 **불** | 和 화목할 **화**

출전《논어論語》〈자로子路〉편

《논어論語》〈자로子路〉편에 "군자는 조화를 이루되 부화뇌동하지 않으며, 소인은 부화뇌동하되 조화를 이루지 못한다君子和而不同, 小人同而不和."는 글이 있다.

부화뇌동附和雷同은 소신 없이 남이 하는 대로 끌려가는 행태를 말하고, 조화를 이룬다는 것은 남과 서로 잘 어울려 어그러지는 마음이 없음을 뜻한다.

공자는 다른 사람과 왕래할 때 우호적인 관계를 유지하되 어떤 문제를 두고 의견을 다툴 때는 자신의 소견을 명확히 밝히는 사람을 군자라 하고, 자신의 이득을 위해 아첨하며 남의 비위를 맞추면서도 속으로는 불만을 품고 있는 사람은 소인이라고 했다.

동이불화同而不和는 이처럼 앞에서는 동의하는 척 하지만 내심으로는 그렇지 못한 태도를 말한다. 반대말로는 역시《논어論語》에 나온 주이불비周而不比인데, '두루 공평하게 사귀면서 편파적으로 무리 짓지는 않는다.'는 뜻이다.

105 동호직필 董狐直筆

동호의 곧은 붓, 사실을 바르게 기록함

董 감독할 **동** | **狐** 여우 **호** | **直** 곧을 **직** | **筆** 붓 **필**

출전《춘추좌씨전春秋左氏傳》

진 영공晉靈公은 사치하고 잔인하며 방탕한 폭군이었다. 정경正卿인 조순趙盾이 이를 바로잡아보려고 여러 번 간언했지만, 영공은 이를 성가시게 여기고 오히려 자객까지 보냈다. 이에 조순은 목숨을 부지하기 위해 탈출을 시도하다가, 얼마 후 영공이 조천趙穿에게 살해됐다는 소식을 듣고 다시 도읍으로 돌아왔다.

그런데 태사太史인 동호董狐는 공식문서에 조순을 '군주 시해범弑害犯'으로 기록했다. 조순이 이 사실을 알고 당장 찾아가서 항의했다. 그러자 동호는 이렇게 말했다.

"물론 대감께서 영공을 직접 시해하지는 않으셨지요. 하지만 대감께서는 엄연히 정경으로서 이 나라에 계셨고 또 조정에 돌아와서도 범인을 처단하려 하지 않았습니다. 그래서 대감께서도 공식적으로는 시해범이 되는 것입니다."

그 말을 듣고 난 조순은 자신의 직무소홀을 통감하면서 군말 없이 동호의 뜻에 순응했다.

동호직필董狐直筆은 '동호의 곧은 붓'이란 말로, 역사를 기록함에 있어 권세나 죽음을 두려워하지 않고 사실 그대로를 기록한다는 뜻이다.

106 두문불출 杜門不出

문을 닫아걸고 은둔하다

杜 막을 **두** | 門 문 **문** | 不 아니 **불** | 出 나갈 **출**

출전《국어》〈진어晉語〉편

진 헌공晉獻公 17년, 태자 신생申生이 동산東山 정벌에 나섰다. 그런데 사실 이것은 신생을 험지로 보내 제거하고 자신이 낳은 해제奚齊를 태자로 옹립하려는 계모 여희의 술수였다. 신생이 직상稷桑에 이르러 전투에 임하려고 할 때 헌공과 여희의 모략을 알고 있던 대부大夫 호돌狐突이 차라리 망명하여 신변의 안전을 꾀할 것을 충고했다. 그러나 신생은 기어코 싸우러 나갔고 다행히도 적을 물리치고 돌아왔다.

그 후로도 신생을 축출하려는 참소가 끊임없이 이어졌고, 화가 난 호돌은 문을 단단히 닫아걸고 아예 조정에 나아가지 않았다讒言益起, 狐突杜門不出. 군자들은 이를 두고 훌륭한 계책이라 칭찬을 아끼지 않았다.

이처럼 두문불출杜門不出은 지위를 내려놓고 집에만 머물며 바깥출입을 삼가거나, 세속과 거리를 두고 은거하는 행위를 말한다. 비슷한 말로 대문을 닫아걸고 정원의 길도 쓸지 않는다는, 세상과 인연을 끊고 오직 자신의 일에만 몰두한다는 의미의 두문각소杜門却掃가 있다.

두문불출에 관한 이야기는 조선 때도 있었다. 두문동杜門洞은 개풍군 광덕산 서쪽 골짜기로, 고려 말의 유생들이 출사를 거부한 채 은거해 모여 살던 곳이다.

이성계가 역성혁명을 일으키고 조선을 건국하자 고려의 유신 72인은 끝까지 고려에 대한 충절을 지키며 부조현不朝峴 고개에서 조복을 벗어던지고 두문동에 들어가 조정의 부름에 응하지 않았다. 조선왕조는 결국 두문동을 포위하고 이들 72인을 모두 불살라 죽여 버렸다.

107 득의양양 得意揚揚

뜻을 얻어 날아오를 듯 기쁘다

得 얻을 **득** | 意 뜻 **의** | 揚 오를 **양** | 揚 오를 **양**

출전《사기史記》〈관안열전管晏列傳〉

안영晏嬰은 제齊나라 재상으로 3대에 걸쳐 군주를 모셨다.

하루는 안영이 수레를 타고 출타하는데, 그 수레 모는 마부의 아내는 자기 남편이 어떻게 일하는지가 궁금해서 살짝 문틈으로 엿보았다. 남편은 머리 위에 펼친 큰 우산 아래서 채찍질을 하며 네 마리 말을 몰고 있었는데, 그 모습이 매우 흡족하고 의기양양해 보였다意氣揚揚, 甚自得也.

그날 저녁 마부가 일을 마치고 귀가하자 그 아내가 뜬금없이 헤어질 것을 요구하며 말했다.

"안자晏子 : 안영께서는 키가 6척이 안되는데도 일국의 재상으로서 명성을 드높이고 계십니다. 그 분께서는 늘 사려 깊고 현명하게 행동하시면서 스스로를 낮추시지요. 그런데 당신은 키가 8척이나 되면서도 남의 마부로 있고, 한껏 의기양양하고 만족해하니 자존심이 상해서 더는 같이 못 살겠어요."

그 말을 들은 후 마부는 항상 스스로를 낮추고 겸손하게 행동하게 되었다. 그가 달라진 것을 본 안영이 의아하게 여기자 마부는 부인의 충고를 이실직고했다. 안영은 마부의 반성하는 태도와 달라진 모습을 흡족해하며 그를 대부大夫로 천거해주었다.

여기서 양양揚揚은 하늘을 날 듯한 몹시 기쁜 상태를 말하고, 득의양양 또는 의기양양意氣揚揚은 뜻을 이루어 만족해하는 모습을 말한다. 또 스스로 잘났다고 으쓱대는 태도를 형용하여 자만하다는 뜻으로 쓰이기도 한다. 어쭙잖은 지위를 믿고 잘난 체하는 사람을 비유한 안자어晏子御, 안자지어晏子之御라는 말도 여기서 유래했다. 비슷한 말로 주저만지躊躇滿志·득의망형得意忘形·심만의족心滿意足·지고기양趾高氣揚이 있고, 반대말로는 근심 걱정에 고개가 절로 숙여지고 맥이 풀린 모습을 표현한 수두상기垂頭喪氣가 있다.

108 등용문 登龍門

입신출세의 관문

登 오를 **등** | **龍** 용 **용** | **門** 문 **문**

출전《후한서後漢書》〈이응전李膺傳〉

후한後漢 때 사람 이응李膺은 퇴폐한 환관宦官들과 맞선 정의로운 관료의 영수領袖로써 행실이 바르고 청백하여 당시 젊은 관리들은 그와 알게 되는 것을 자랑으로 여겼다. 그래서《후한서後漢書》〈이응전李膺傳〉에는 '선비로서 그의 용접容接을 받는 사람을 일컬어 등용문이라 했다士有被其容接者 名爲登龍門.'는 문장이 있다.

주해註解에 따르면, 여기서 말하는 등용문은 황하黃河 상류에 용문이라는 계곡이 있는데 그곳에 물살이 매우 빠른 폭포가 있었다. 그 밑으로 큰 물고기들이 수없이 몰려들었으나 폭포 위로 뛰어오르지 못했는데 만일 오르기만 하면 용이 된다고 했다. 등용문은 옛날에는 과거급제를 일컬었고, 오늘날에는 어려운 관문을 통과하여 출세의 문턱에 서는 것을 말한다.

109 마고소양 麻姑搔痒

마고가 가려운 곳을 긁어주다

麻 삼 **마** | **姑** 시어미 **고** | **搔** 긁을 **소** | **痒** 가려울 **양**

출전《신선전神仙傳》〈마고麻姑〉편

한漢나라 환제桓帝 때 마고麻姑라는 선녀가 무리들과 함께 장안長安에 들어와서 채경蔡經이라는 관리의 집에 머물게 되었다. 마고의 손톱은 사람의 손톱과는 달리 길고 뾰족한 것이 마치 새 발톱처럼 생겼다. 채경은 그 손톱을 보는 순간 속으로 이렇게 생각했다,

'만일 등이 가려울 때 저 손톱으로 긁어주면 얼마나 시원할까.'

그런데 채경의 이런 불경한 생각은 곧바로 선녀들에게 들키고 말았다. 방평方平이라는 선녀가 채경의 속내를 읽어버린 것이다. 방평은 곧 그를 끌어내다 채찍질을 하면서 준엄하게 꾸짖었다.

"마고는 하늘의 선녀니라. 불경하게도 감히 선녀의 손톱을 빌려다가 등이나 긁겠다는 생각을 했느냐."

마고소양麻姑搔痒은 마고파양麻姑爬痒이라고도 하는데, 힘이나 능력을 가진 이의 도움으로 원하는 바를 성취하는 것이다. 오늘날에는 원하는 일이 뜻대로 잘 된다는 뜻이다.

110 마중지봉 麻中之蓬

하찮은 쑥도 삼과 함께 어울리면 곧아진다

麻 삼 **마** | 中 가운데 **중** | 之 갈 · 어조사 **지** | 蓬 쑥 **봉**

출전《순자荀子》〈권학勸學〉편

《순자荀子》〈권학勸學〉편에 다음 문장이 나온다.

'서쪽 지방에 사간射干이라는 나무가 있는데, 키는 네 치밖에 안 되지만 워낙 산꼭대기에 있어서 백 길의 깊은 연못을 내려다본다. 쑥이 삼밭에서 자라면 따로 붙잡아주지 않아도 곧게 자라고, 흰 모래가 진흙 속에 있으면 함께 검어진다蓬生麻中 不扶而直 白沙在涅 與之俱黑……. 이런 까닭에 군자는 거처를 정함에 있어서도 반드시 머물 곳을 가리고擇, 벗을 사귈 때도 반드시 곧은 선비와 어울려야 한다. 이는 악행과 치우침을 방지하여 중정中正에 이르기 위함이다.'

여기서 유래한 마중지봉麻中之蓬은 '삼밭의 쑥'이라는 뜻으로, 쑥은 보통 곧게 자라지 않지만 똑바로 자라는 삼과 함께하면 따로 붙잡아주지 않아도 스스로 삼을 닮아가면서 곧게 자란다는 말이다. 즉 하찮은 쑥도 삼과 함께하면 삼처럼 될 수 있다는 말이니, 사람도 어진 이와 어울리면 어질게 되고 악한과 어울리면 악해진다는 뜻이다. 주위환경의 중요성을 함축한 말로 근주자적近朱者赤·근묵자흑近墨者黑, 귤화위지橘化爲枳, 맹모삼천지교孟母三遷之敎 등과 같은 말이다.

111 막역지우 莫逆之友

아무 허물없이 친한 친구

莫 말 막 | 逆 거스를 역 | 之 어조사 지 | 友 벗 우

출전《장자莊子》〈내편內篇〉

《장자莊子》〈내편內篇〉 대종사大宗師에 두 우화가 나오는데, 모두 바깥 사물에 얽매이지 말고 천리天理를 좇아 마음을 비울 것을 강조한다.

어느 날 자사子祀·자여子輿·자려子犁·자래子來 네 사람이 대화를 나누었다.

"누가 능히 없는 것으로써 머리를 삼고, 삶으로써 척추를 삼고, 죽음으로써 엉덩이를 삼겠는가. 누가 생사존망生死存亡이 일체임을 알겠는가. 내 이런 사람과 벗이 되리."

그 말에 네 사람이 서로 마주보며 웃는데 아무런 거슬림이 없어서 마침내 서로 벗이 되었다四人 相視而笑 莫逆於心 遂相與爲友.

또 다른 이야기. 어느 날 자상호子桑戶·맹자반孟子反·자금장子琴張 세 사람이 대화를 나누었다.

"누가 능히 서로 사귀는 것이 아니면서도 서로 사귀고, 서로 돕는 것이 아니면서도 서로 돕겠는가. 누가 능히 하늘에 올라 안개 속에서 노닐고, 끝이 없는 곳無極에서 자유롭게 날아다니며, 삶도 잊은 채 다함이 없겠는가."

세 사람이 서로 마주보며 웃고 마음에 거슬리는 데가 없어서 마침내 서로 벗이 되었다.

이처럼 막역지우莫逆之友란 원래 천지의 참된 도를 깨달아 사물에 얽매이지 않는 마음을 가진 사람끼리의 교류를 뜻하는 말이었으나, 오늘날에는 서로 아무 허물없는 친구를 일컫는 말로 널리 쓰인다.

112 망국지음 亡國之音

나라를 망치는 음악

亡 망할 **망** | 國 나라 **국** | 之 갈 **지** | 音 소리 **음**

출전《한비자韓非子》〈십과편十過篇〉

위衛나라 영공靈公이 진晉나라로 가다가 우연히 멋진 음악소리를 들었다.

진에 도착한 영공은 진 평공平公에게 산동 복수 강가에서 들었던 음악에 대해 언급했고, 이에 진의 사광이라는 유명한 악사는 그 음악이 망국의 음악亡國之音이라면서 그 내력을 들려주었다.

"이 음악은 그 옛날 은殷의 사연師延이라는 음악가가 폭군인 주왕紂王에게 지어 바친 곡으로 '신성백리新聲百里'라 합니다. 주왕은 이 음악에 심취하여 주지육림을 헤매다가 결국 무왕武王에게 죽임을 당하고 나라까지 멸망하고 말았지요. 사연은 그 후 거문고를 끌어안은 채 복수에 뛰어들었는데, 그때부터 밤마다 이 노래가 강가에 울려 퍼진다고 합니다. 사람들은 망국지음이라고 경계하면서 그곳을 지날 때는 아예 귀를 틀어막지요."

망국지음은 멸망한 나라의 음악 또는 나라를 망칠 나쁜 음악이라는 뜻으로, 음란하고 사치한 음악이나 애조 띤 곡조를 일컫는다.

113 망매해갈 望梅解渴

매실을 생각하며 갈증을 풀다

望 바랄 **망** | 梅 매화나무 **매** | 解 풀 **해** | 渴 목마를 **갈**

출전《세설신어世說新語》〈가휼假譎편〉

동한東漢 말, 조조曹操가 군을 이끌고 장수張繡를 토벌하러 나섰다. 때마침 날씨가 너무 더워서 행군하던 병사들이 지치고 극심한 갈증에 시달리게 되었다. 식수를 찾지 못해 진군을 멈출 수밖에 없는 상황에 이르렀다. 이때 조조는 한참을 고민하다가 병사들에게 이렇게 소리쳤다.

"조금만 더 가면 앞에 커다란 매화나무 숲이 있다前有大梅林. 매실이 주렁주렁 달려 있는데 그 맛이 달고 새콤하다. 이제 갈증을 풀 수 있을 것이다可以解渴."

이 말에 병사들의 입에는 침이 돌았고, 모두 기운을 차리고 다시 전진하자 얼마 지나지 않아서 물이 있는 곳에 도착하게 되었다.

망매해갈望梅解渴는 매실을 생각하며 갈증을 푼다는 말로 망매지갈望梅止渴, 매림해갈梅林解渴이라고도 한다. 상상으로나마 잠시 위안을 얻는 것을 말한다.

114 망양보뢰 亡羊補牢

양을 잃고 나서 우리를 고쳐도 늦지 않다

亡 망할 **망** | 羊 양 **양** | 補 기울 **보** | 牢 우리 **뢰**

출전《전국책戰國策》〈초책楚策〉

초나라 경양왕頃襄王은 정치를 개을리 하고 사치와 향락에 빠졌다. 이에 대신大臣 장신莊辛이 간언했다.

"주후, 하후, 언릉군, 수릉은 사치하고 방탕하여 나라를 위태롭게 하고 있습니다."

하지만 군주는 귓등으로도 듣지 않은 채 오히려 장신을 나무랐고, 결국 장신은 초를 떠나 조趙나라로 망명해버렸다.

그런 일이 있고 나서 다섯 달 후, 진秦나라가 군사를 일으켜 초의 수도를 점령했다. 경양왕은 멀리 도망치고 나서야 비로소 장신이 옳았음을 깨달았다. 그리고 뒤늦게 장신을 불러들여 대책이 없겠는지 물어보았다. 장신이 말했다.

"토끼를 발견하고 나서 사냥개를 생각해도 늦지 않고, 양이 달아난 후에 우리를 고쳐도 늦지 않습니다亡羊而補牢, 未爲遲也. 이제라도 제 말씀을 들으십시오."

망양보뢰亡羊補牢란 일이 벌어진 후에라도 대비책을 강구해야한다는 말이다. 우리 속담 '소 잃고 외양간 고친다.'는 주로 부정적인 의미로 쓰이지만, 망양보뢰는 실패하고 나서 다음을 대비한다는 긍정적인 의미로 많이 쓰인다.

115

망자존대 妄自尊大

분별없이 함부로 잘난 체함

妄 망령될 **망** | 自 스스로 **자** | 尊 높을 **존** | 大 큰 **대**

출전《후한서後漢書》〈마원전馬援傳〉

유수劉秀가 동한東漢을 세우고 광무제光武帝로 등극했지만 전국은 여전히 군웅들이 활거하고 있었다. 당시 최대 세력이었던 공손술公孫述이 사천 땅에서 황제로 등극한 것도 이때의 일이다. 감숙 일대를 차지하고 있던 외효隗囂는 출로를 찾기 위해 심복인 마원을 사천으로 보냈다. 공손술과 동향이었던 마원은 그가 자신을 반겨주기를 기대했다. 그러나 공손술은 높은 자리에서 일어나지도 않은 채 오만하게 굴었다.

돌아온 마원이 외효에게 말했다.

"공손술은 우물 안 개구리처럼 굴며 스스로 잘난 체하고 남을 업신여깁니다子陽井底蛙耳 而妄自尊大. 차라리 낙양의 광무제를 섬기는 것이 좋겠습니다."

외효가 마원을 다시 낙양으로 보냈는데, 극진한 예우를 받고 오히려 광무제의 부하가 되어 돌아왔다. 외효는 광무제를 더욱 경계했다. 그러나 광무제는 얼마 후 외효와 공손술을 모두 쳐부수고 전국을 통일하는데 성공했다.

망자존대妄自尊大란 이치나 도리에 맞지 않게 교만을 떨며 잘난 체한다는 말이다. 비슷한 말로 자기만 잘났다고 뽐내는 유아독존唯我獨尊, 분수를 모르고 위세를 부리는 야랑자대夜郎自大가 있다.

116 매독환주 買櫝還珠

나무상자만 사고 옥은 돌려주다

買 살 **매** | 櫝 함 **독** | 還 돌아올 **환** | 珠 구슬 **주**

출전《한비자韓非子》〈외저설〉

초楚나라 왕이 묵자墨子의 제자 전구田鳩에게 물었다.

"자네 스승은 학식이 높다고 하지만 말을 들어보면 장황하기만 할 뿐 눌변인데 왜 그런가?"

이에 전구가 두 가지 이야기를 들려주었다.

"진秦나라 왕은 자기 딸을 진晉나라 공자에게 시집보낼 때 온갖 장식으로 수놓은 옷을 입은 70명의 시녀를 딸려 보냈습니다. 그런데 공자는 오히려 그 시녀들만 좋아하고 딸을 구박했습니다. 결국 진왕은 딸을 혼처에 시집보낸 것이 아니라 시녀들을 좋은 곳에 보낸 꼴이 되었지요.

또 초나라의 어떤 사람은 정나라에 자신이 갖고 있던 옥을 팔러 갔습니다. 그는 옥을 비싼 값에 팔려고 정성을 기울였습니다. 목란木蘭, 계초桂椒 같은 향기로운 나무로 짜고 물참새 털로 장식한 상자를 만들어서 그 안에 옥을 담아 좌판에 내놓았지요. 얼마 후 한 정나라 사람이 와서 그가 내놓은 상자를 들고 한동안 뜸을 들였지요. 그리고는 그 상자만 사고 옥은 되돌려 주는 것이 아닙니까買櫝還珠? 상자 파는 솜씨가 좋았지 정작 옥은 팔지 못했지요."

전구가 말을 이었다.

"요즘 세객들은 모두 능란한 변설을 펼치고 군주 역시 그 화려함에 현혹되어 실질을 판단하지 못하고 있습니다. 그러나 묵자의 언설은 성왕의 도를 전하고 성인의 말씀을 논함으로써 세상을 감동시킵니다. 만약 언설을 꾸미게 되면 사람들이 단지 그 꾸민 말과 표현에만 주목하고 본질을 잊게 될 테니 이는 언설을 꾸미면 본질이 묻히기 때문입니다."

매독환주買櫝還珠는 꾸밈에 현혹되어 정작 중요한 것을 잃는다는 말로, 교언영색巧言玲色과 같은 말로 쓰였다. 오늘날에도 호화로운 겉치장에 현혹되어 본질을 잃는다는 뜻으로 사용된다.

117 맹모단기 孟母斷機

맹자 어머니가 베틀의 실을 끊다

孟 맏 **맹** | 母 어미 **모** | 斷 끊을 **단** | 機 베틀 **기**

출전《열녀전烈女傳》

전국시대 노魯나라 사람 맹자孟子는 성선설性善說을 바탕으로 인의仁義를 중시한 왕도정치王道政治를 주장했다.

그는 어려서 아버지를 여의고 홀어머니 슬하에서 자랐는데, 그 어머니는 맹모삼천지교孟母三遷之敎의 일화에서 보듯 아들 교육에 남다른 관심을 기울였다. 이 고사도 그 어머니의 아들 교육에 관한 일화다.

학문에 전념할 나이가 된 맹자는 어머니 곁을 떠나 스승의 휘하로 들어갔다. 그런데 유학을 하던 맹자가 어느 날 기별도 없이 집으로 돌아왔다. 때마침 베틀에 앉아 길쌈을 하고 있던 어머니는 갑작스런 아들을 보고 기뻤지만 애써 감정을 억누르고 물어보았다.

"네 공부가 어느 정도나 되었느냐?"

"아직 마칠 정도는 못 됩니다."

아들의 대답에 어머니는 갑자기 짜고 있던 베틀의 날실을 끊어버리고 준엄하게 꾸짖었다.

"군자君子란 모름지기 학문을 배워 이름을 날리고, 모르는 것은 물어서 앎을 넓혀야 하느니라. 네가 공부하다 말고 돌아온 것은 내가 짜던 날실을 끊어버리는 것과 무엇이 다르겠느냐! 이래서야 장차 무엇을 이룰 수 있겠느냐?"

어머니 꾸지람에 맹자는 자신의 잘못을 깨닫고 다시 스승에게 돌아가 더욱 학업에 매진했다. 그래서 훗날 공자에 버금가는 유학자가 되었고 아성亞聖으로 추앙받게 되었다.

맹모단기孟母斷機는 맹자 모친이 베틀의 실을 끊었다는 말로, 무엇이든 도중에 그만두면 아무 쓸모가 없다는 뜻이다. 단기지교斷機之敎, 단기지계斷機之戒와 같은 말이다.

118

면벽공심 面壁功深

면벽좌선으로 높은 경지에 이르다

面 낯 **면** | 壁 벽 **벽** | 功 공 **공** | 深 깊을 **심**

출전《오등회원五燈會元》〈동토조사東土祖師〉편

남북조시대 때 불교가 흥성하자 많은 인도 승려들이 중국행을 선택했다.

선종禪宗의 창시자인 달마達磨는 남인도 향지국香至國의 셋째 왕자였다. 그는 520년 광동을 거쳐 양梁나라의 수도 건업建業에 도착했고, 얼마 후에는 그곳을 떠나 북위北魏의 숭산嵩山 소림사少林寺로 들어갔다. 달마는 소림사에서 밤낮으로 면벽좌선한 채 온종일 한 마디도 하지 않았다面壁而坐, 終日默然. 그에게 무슨 오묘함이 있는지 아는 사람도 아무도 없었다.

달마는 그렇게 9년 동안 수련하면서 높은 경지에 올랐고, 자신이 깨달은 선법禪法을 제자 혜가慧可에게 전수하고 나서 홀연히 입적했다.

지금도 소림사 서쪽에는 2장丈 높이의 석벽石壁이 있는데, 몇 걸음 뒤로 물러나서 보면 달마가 정좌靜坐한 모습과 움직이는 모습이 나타난다고 한다.

이 일화에서 유래한 면벽공심面壁功深은 오랜 수련을 통해 깊은 경지에 도달함을 일컫는 말로, 누구나 목표를 세우고 오랫동안 실력을 갈고 닦으면 일정 경지에 도달할 수 있다는 뜻이다.

119 명강리쇄 名繮利鎖

명예의 고삐 줄과 이익의 쇠사슬

名 이름 **명** | 繮 고삐 **강** | 利 이익 **리** | 鎖 쇠사슬 **쇄**

출전《여우인서與友人書》

당唐나라 덕종德宗 때 재상宰相 중에 못생긴 외모에 생각까지 음흉한 노기盧杞라는 사람이 있었다.

그가 어느 날 길을 가다가 풍성馮聲이라는 가난한 선비와 마주쳤다. 평소 그를 멸시해온 노기는 제멋대로 그의 주머니를 뒤져서 묵墨 조각을 찾아내고는 큰 소리로 비웃었다. 그러나 풍성은 점잖게 이렇게 말했다.

"이번에는 내가 당신의 짐 꾸러미를 한번 뒤져보겠소."

그리고는 노기의 품에서 작은 종이 삼백여 장을 찾아냈다. 그것은 그 당시의 명함으로써 고관대작을 방문할 때 쓰던 것이었다. 풍성이 웃으며 물어보았다.

"명함 삼백 장을 가지고 다니는 명리의 노예名繮利鎖인 당신과 나 중에 과연 누가 더 낫다 할 수 있겠소?"

명강리쇄는 명예의 고삐 줄과 이익의 쇠사슬이라는 뜻으로, 사람을 명예욕과 이익에 사로잡히게 만드는 욕심을 오랏줄에 비유한 말이다.

120 명경고현 明鏡高懸

밝은 거울이 높다랗게 걸려 있다

明 밝을 **명** | 鏡 거울 **경** | 高 높을 **고** | 懸 매달 **현**

출전《서경잡기西京雜記》

한漢나라 때의 괴담과 전설, 일화 등을 엮은 서경잡기西京雜記에 진秦나라 때의 신기한 거울 이야기가 실려 있다.

진의 수도 함양咸陽궁이 소장한 진귀한 보물 가운데 너비가 4척四尺 : 1m 20Cm, 높이가 5척9촌五尺九寸 : 1m 77Cm이나 되는 앞뒷면이 모두 빛나는 거울이 있었다. 사람이 그 앞에 서면 거울에는 거꾸로 선 모습이 나타나고, 가슴을 어루만지며 비춰보면 그 사람의 오장五臟이 나타났다. 그래서 몸이 아픈 사람이 비추면 환부가 나타나고, 심지어는 사람이 품고 있는 흉중의 심보心褓까지 알 수 있어 함부로 나설 수 없는 경계의 대상이었다.

이 때문에 진시황은 이 거울을 이용하여 궁궐 안의 모든 사람들의 충성심을 확인했는데, 특히 자기 면전에서 심장이나 쓸개가 두근거리는 사람이 있으면 그 즉시 체포하여 심문하고 처벌했다. 하지만 이 대단한 거울도 진나라 말 유방劉邦이 함양을 공격하던 혼란 와중에 그만 잃어버리고 말았다.

명경고현明鏡高懸은 진경고현秦鏡高懸이라고도 하는데, 높다랗게 매달려 있는 밝은 거울을 뜻한다. 매사 시비를 분명하게 따져 판단하는 공정무사公正無私한 법관을 비유하는 말로 쓰인다.

121 명경지수 明鏡止水

마음이 고요하고 안정된 상태

明 밝을 **명** | 鏡 거울 **경** | 止 그칠 **지** | 水 물 **수**

출전《장자莊子》〈덕충부편德充符篇〉

춘추시대 노나라에 왕태王駘라는 선비가 있었다. 그는 어쩌다 죄를 짓고 한쪽 발을 잘리는 형벌을 받았는데, 놀랍게도 그를 따르는 제자가 공자의 제자 수와 맞먹을 정도였다. 그 점을 이상하게 여긴 상계常季가 어느 날 스승 공자에게 물어보았다.

"스승님, 왕태라는 사람은 발도 하나뿐인 불구자입니다. 그런데도 많은 사람들이 그를 스승으로 모시는데, 그는 서있어도 가르치지 않고 앉아서도 좀처럼 대화하는 법이 없습니다. 그런데도 사람들은 그를 찾아갈 때마다 뭔가 가득 얻어 돌아온다고 말하고 있습니다. 대체 어찌된 일이지요?"

공자가 대답했다.

"그분은 성인이시다. 나도 장차 그분을 스승으로 모실까 한다. 그러니 범부들이야 오죽하겠느냐."

"그 정도로 대단합니까?"

"본래 '말없는 가르침'이란 것이 있다. 겉으로 드러내지 않아도 속으로 완성된 마음의 소유자인 경우는 그것이 가능하다. 짐작컨대 그는 타고난 지혜로 자신을 수양하고 그것을 변함없는 본심으로 갖고 있을 것이다."

"스승님 말씀대로라면 그것은 그 자신을 위한 수양이잖습니까? 그런데도 사람들은 왜 그를 찾아갈까요?"

"간단한 이치다. 흐르는 물을 들여다보면 자기 얼굴을 볼 수 있겠느냐? 잔잔하게 가라앉은 물이라야만 들여다보아 자기 자신을 볼 수가 있다. 즉 오직 고요한 것만이

고요하기를 바라는 모든 것을 고요하게 할 수 있는 것이다人莫鑑於流水 而鑑於止水 唯止能止衆止. 그래서 사람들이 자기를 들여다 볼 수 있는 그 사람을 찾아가는 것이다."

명경지수明鏡止水는 밝은 거울과 잔잔한 물이라는 뜻으로, 마음이 가장 고요하고 안정된 상태를 가리킨다.

122 모골송연 毛骨悚然

너무 끔찍해서 으쓱하며 털끝이 쭈뼛해짐

毛 털 **모** | 骨 뼈 **골** | 悚 두려워할 **송** | 然 그럴 **연**

출전《화감畵鑒》〈당화唐畵〉

당唐나라 때, 소 그림을 잘 그리는 대숭戴嵩이라는 화가가 있었다. 그는 소를 잘 그리기 위해서 소의 무리 속에 들어가 그 움직임들을 세밀하게 관찰하고 그 생활과 습성까지도 깊이 연구했다. 그래서 그가 그린 그림 속의 소들은 매우 사실적이고 생동감이 넘쳐서 보는 이들을 크게 감동시켰다. 그 중에서도 특히 소들이 들판에서 싸우는 모습을 그린 투우도鬪牛圖는 야성미가 넘쳐흘렀다. 나중에 원元나라의 화가들은 그의 투우도를 가리켜 이렇게 말했다.

"소 두 마리가 날뛰는 모습은 보는 사람의 온몸에 소름이 끼치게 하고 머리카락이 솟구치게 한다二牛相鬪, 毛骨悚然. 그들의 공격 태세는 마치 뼛속까지 냉기가 스며들게 한다."

모골송연毛骨悚然이란 끔찍스러워 몸이 으쓱하며 털끝이 쭈뼛해짐을 일컫는 말이다.

123 모수자천 毛遂自薦

모수가 스스로를 추천하다

毛 터럭 모 | 遂 드디어 수 | 自 스스로 자 | 薦 추천할 천

출전《사기史記》〈평원군열전平原君列傳〉

조趙나라 혜문왕惠文王의 동생인 평원군 조승趙勝은 성품이 어질고 사람 사귀기를 좋아해서 집에 식객이 수천 명이나 되었다.

당시 서쪽의 강국 진秦나라가 동쪽의 여러 제후국을 침략하고 조의 수도 한단까지 포위하자 조는 초楚에 평원군을 보내 합종연횡合從連橫으로 연합하려고 했다. 이에 평원군이 함께 갈 용맹하고 지혜로운 사람 스무 명을 고르는데 딱 한 명이 부족했다. 바로 그때 모수毛遂라는 사람이 자신을 추천하고 나섰다. 평원군이 그에게 물어보았다.

"어진 선비의 처신은 주머니 속 송곳과 같아서 그 끝이 밖으로 드러나는 법인데, 나는 선생은 내 집에서 3년을 머무는 동안에 선생을 칭찬하는 말을 한 번도 들어보지 못했소이다."

모수가 대답했다.

"그러니 이제라도 저를 주머니 속에 넣어주십시오. 만약 진작부터 저를 주머니 속에 넣어두셨다면 제가 단지 송곳 끝만 보여드렸겠습니까? 그 자루까지 모두 내보였을 것입니다."

평원군은 그 말도 일리가 있다고 생각하고 모수까지 스무 명을 수행하고 초나라로 갔다.

평원군 일행이 한 나절이 넘도록 초왕을 설득했지만 별 소득이 없었다. 이때 모수가 초왕과 평원군이 대좌 중인 높은 자리로 뛰어올라가 한편으로는 칼로 초왕을 협박하는 동시에 탁월한 언변으로 초왕을 설득하는데 성공했다.

그 후 평원군은 모수를 상객上客으로 대접하면서 이렇게 말했다.

"빈객으로 모신 모 선생도 못 알아봤으니 내 다시는 선비를 외양만으로 함부로 평가하지 않겠다. 모 선생이 가진 것은 세 치 혀뿐이었지만 그 힘은 백 만대군보다 강한 것이었다."

모수자천毛遂自薦은 모수가 스스로를 천거한 이 고사에서 비롯된 말로, 스스로 자신의 재능을 알리며 추천함을 뜻한다.

124

모순 矛盾

창과 방패, 말과 행동의 앞뒤가 서로 맞지 않음

矛 창 모 | 盾 방패 순

출전《한비자韓非子》

초楚나라의 한 무기상武器商이 시장에 창과 방패를 팔러 나갔다.

상인은 먼저 커다란 방패를 집어 들고 큰소리로 말했다.

"이 방패는 아주 단단해서 어떤 창도 막아낼 수 있습니다."

그런 다음에 이번에는 기다란 창을 집어 들고 소리쳤다.

"이 창의 예리함은 천하일품이오. 어떤 방패라도 단번에 꿰뚫을 수 있소이다!"

그러자 구경하던 어떤 사람이 말했다.

"그 예리한 창으로 그 견고하다는 방패를 찌르면 어찌되는 거요?"

그 말에 말문이 턱 막혀버린 상인은 눈알만 굴리다가 황급히 장사 짐을 싸들고 그곳을 떠나버렸다.

모순矛盾은 창과 방패防牌라는 말로, 말이나 행동의 앞뒤가 서로 일치하지 못함을 일컫는다.

125 묘서동처 猫鼠同處

고양이와 쥐가 함께 산다

猫 고양이 묘 | 鼠 쥐 서 | 同 한가지 동 | 處 곳 처

출전《구당서舊唐書》·《신당서新唐書》

《구당서舊唐書》 권37에 다음과 같은 내용이 보인다.

대종 13년 6월 무술戊戌일, 농우隴右 견원현汧源縣의 군사 조귀趙貴의 집에 고양이와 쥐가 새끼를 함께 기르며猫鼠同乳 서로 해치지 않고 있었다. 절도사 주차朱泚가 그 쥐와 고양이를 한 우리에 담아다가 황제께 바쳤다. 이에 재상 상곤常衮은 상서로운 일이라며 경하하는 글을 올렸고, 중서사인中書舍人 최우보崔祐甫는 이렇게 말했다.

"이 동물들이 본성을 잃었습니다. 하늘이 만물을 낳으심에 강하고 부드러운 각각의 본성이 있게 하셨고 성인聖人들은 그 본성에 따라 가르침을 주고 법칙을 만들었습니다. 《예기》 〈교특생郊特牲〉에, 고양이신을 떠받드는 것은 고양이가 밭의 쥐를 잡아먹기 때문이라고 했습니다. 고양이가 해로운 것을 없애 사람을 이롭게 하는 것이지요. 그런데 지금 이 고양이가 쥐를 대하는 것은 법을 집행하는 관리가 부정부패를 눈감고 국경을 지키는 관리가 방비를 게을리 하는 것과 무엇이 다르겠습니까? 예부禮部에서 기록한 상서로운 일 중에는 고양이가 쥐를 먹지 않는다는 조목이 없습니다. 그런데도 이 일을 경하한다는 것은 말이 되지 않습니다. 감독 기관에 명을 내려 탐관오리를 규찰하고 변경지역 경계에 실수가 없게 해야 하니 고양이가 제 일을 다 하면 쥐가 들끓지 못할 것입니다."

묘서동처猫鼠同處 고양이와 쥐가 함께 지낸다는 말로, 쥐가 창고의 곡식을 축내거나 물건을 갉아먹어 훼손하면 사람이 그 쥐를 추방하기 위해 고양이를 들이는데 고양

이가 쥐 잡을 생각은 않고 같이 어울리며 함께 새끼를 기르는 기이한 현상을 비판한 것이다.

먹이사슬의 강자와 약자, 또는 적대관계에 있는 존재가 사이좋게 공존하는 것은 법 집행관이 법위반자의 잘못을 용인하거나 덮어주는 것, 심하게는 한통속이 되어 결탁하는 경우를 말한다. 묘서동면猫鼠同眠, 묘서동유猫鼠同乳라고도 한다.

126 목불견첩 目不見睫

눈은 눈썹을 보지 못한다

目 눈 **목** | 不 아니 **불** | 見 볼 **견** | 睫 눈썹 **첩**

출전《한비자韓非子》〈유로喻老〉편

춘추시대 말 초 장왕楚莊王이 월越나라를 정벌하려 할 때 신하 두자杜子가 충언했다.

"군왕께서는 무엇 때문에 월을 치려하십니까?"

"월의 정치가 혼란스럽고 군대가 약하기 때문이오."

두자가 말했다.

"저는 지혜가 눈과 같은 것이 걱정입니다. 눈으로는 백보 너머 사물을 보면서도 자기 자신의 눈썹은 보지 못합니다能見百步之外而不能自見其睫."

"그게 무슨 말인가?"

"지금 우리 초나라 군은 진秦과 진晉나라와의 싸움에서 연패하여 수 백리에 달하는 땅을 빼앗겼고 군대도 허약하기 이를 데 없습니다. 또 나라 안에 큰 도적이 들끓고 있는데도 관리들이 막지 못하고 있으니 민심이 어지럽습니다. 사회가 혼란스럽고 군대가 약한데도 이웃나라가 만만하다는 이유만으로 함부로 정벌에 나선다는 것은 눈이 눈썹을 보지 못하는 것과 마찬가지 이치입니다."

두자의 충고를 듣고 난 장왕은 월나라를 정벌하려던 계획을 멈추었다.

한비韓非는 이 고사를 두고 이렇게 말했다.

"아는 것의 어려움이란 다른 사람을 보는 데 있지 않고 자신을 직시하는 데 있다知之難, 不在見人, 在自见."

목불견첩目不見睫은 남의 허물을 보기는 쉬워도 자신의 허물은 보기 힘들다, 즉 스스로를 돌아볼 줄 아는 사람이 진정 명철한 눈을 가진 사람이라는 말이다.

127 목불식정 目不識丁

고무래를 보고도 '정'자를 알지 못함

目 눈 **목** | 不 아닐 **불** | 識 알 **식** | 丁 고무래 **정**

출전《신당서新唐書》〈장굉정張宏靖〉전

당 목종唐穆宗 때 장홍정張弘靖이라는 사람이 있었는데, 배움이 짧고 무능했지만 집안이 대대로 공을 세운 덕분에 벼슬을 얻었다. 부유한 집에서 안하무인격으로 자란 그는 성품도 오만방자하여 주변의 질책에도 아랑곳하지 않았다. 그런 그가 지방 절도사로 파견되니 방약무도한 행동이 걷잡을 수 없었다. 참다못한 사람들이 충고라도 하면 오히려 화를 내면서 목소리를 높였다.

"지금 같은 태평성대에 전쟁이 날 리가 있겠는가? 너희가 아무리 두 석 무게의 석궁을 끌어당긴다 해도, 그것은 정丁자 하나 아는 것만도 못한 게야汝輩挽得兩石力弓, 不如識一丁字. 네놈들은 목불식정目不識丁 만도 못해!"

그러나 얼마 안 있어 참다못한 부하 관리들이 반란을 일으켜 그를 붙잡아 가두었고, 이 소식을 접한 황제는 장홍정의 직책을 박탈하면서 소리쳤다.

"그놈이야말로 목불식정이로고!"

우리 속담에 '낫 놓고 기역자도 모른다.'는 말이 있다. 불학무식不學無識, 일자무식一字無識을 가리키는 말이고, 불식일정不識一丁도 같은 말이다.

아는 만큼 보고, 보는 만큼 느낀다고 한다. 아는 것이 적으면 그 만큼 세상 보는 폭도 좁다는 말이다. 그러나 많이 배우고도 무지한 행동을 일삼는 것이 무식해서 무지하게 행동하는 것보다 더 나쁘다. 목불식정이 실제 배움이 없다는 뜻보다는 무지한 행동을 일삼는 사람을 지칭하는 까닭이다.

128 무용지용 無用之用

굽은 나무가 선산을 지킨다

無 없을 **무** | 用 쓸 **용** | 之 의 **지** | 用 쓸 **용**

출전《장자莊子》〈인간세편人間世篇〉·〈산목편山木篇〉

공자가 초楚나라에 갔을 때 은자隱者 광접여狂接輿가 공자의 숙소로 찾아와 말했다.
"산의 나무는 제 스스로를 해친다. 기름불의 기름이 제 스스로를 불태운다. 계피는 먹을 수 있는 것이기에 사람들이 그 나무를 벤다. 옻은 칠로 쓰이기 때문에 사람들이 칼로 쪼갠다. 사람은 모두 쓸모 있는 것의 쓸모만을 알고 쓸모없는 것의 쓸모를 알지 못한다."
또 같은 책 〈산목편山木篇〉에는 다음과 같은 이야기가 나온다.
장자가 산길을 가는데 커다란 나무 한구루가 보였다. 그런데 그 옆에 있는 나무꾼은 그 나무를 베려하지 않았다. 장자가 까닭을 물으니 나무꾼은 "아무 짝에도 소용없기 때문에."라고 대답했다.
장자가 말했다.
"이 나무는 쓸모가 없어서 그 타고난 수명을 다 누리는구나."
무용지물無用之物이란 아무 쓸모없는 물건을 말한다. 그 무용지물이 때로는 유용지물有用之物이 되는 경우가 있다. 아무 쓸모없는 것처럼 보이는 것이 실상보다 쓸모 있는 것이 되는 것이 무용지용無用之用이다. 우리 속담 '굽은 나무가 선산을 지킨다.'는 말과 같은 말이다.

129 문경지교 刎頸之交

우정이 깊어 생사고락을 함께할 수 있는 친구

刎 벨 **문** | 頸 목 **경** | 之 어조사 **지** | 交 사귈 **교**

출전《사기史記》〈염파인상여열전廉頗藺相如列傳〉

전국시대 조趙나라의 인상여藺相如는 진 소양왕秦昭襄王에게 빼앗길 뻔한 화씨구슬和氏之璧을 무사히 보전해 돌아온 공으로 상대부上大夫가 되었다.

얼마 후 진나라 왕이 조나라 왕에게 민지澠支에서 회견을 갖자고 제안했다. 이는 사실 진왕이 조왕을 망신주고 굴복시킬 의도였는데, 이를 눈치 챈 인상여가 용기 있게 나서 조왕은 가까스로 치욕을 면했다. 조왕이 이 일로 인상여를 크게 치하하고 상경上卿으로 삼으니 그 지위가 대장군 염파廉頗보다 높아졌다.

염파는 전장에서 피 흘리며 싸운 자신보다 겨우 입만 놀린 인상여가 높은 지위에 오르자 못마땅해 하며 모욕을 주리라 다짐했고, 이를 눈치 챈 인상여는 염파와 부딪치지 않으려고 늘 조심했다. 이를 알고 인상여를 따르던 사람들이 말했다.

"저희는 나리를 존경해서 곁에서 모시고 있습니다. 그런데 지금 염파가 나리에 대해 나쁜 말을 하고 다니는데도 나리께서는 피해만 다니십니다. 정말 실망스런 일입니다."

인상여가 말했다.

"그대들은 진왕이 무섭소, 염파가 무섭소?"

"염 장군은 진왕에 미치지 못합니다."

"진왕의 위세에도 나는 궁정에서 그를 꾸짖고 그 신하들을 부끄럽게 만들었소. 내가 아무리 어리석은들 염장군을 두려워하겠소? 강한 진이 감히 우리 조나라를 치지 못하는 것은 나와 염파 우리 둘이 있기 때문이오. 지금 두 호랑이가 서로 다투면 둘다 살아남지 못하오. 내가 지금 그를 피하는 것은 나라의 안위를 먼저 생각하고 사사로운 감정을 뒤로하기 때문이오."

인상여의 이 말을 전해들은 염파는 자신의 잘못을 인정하게 되었다. 그래서 웃통을 벗은 맨몸에 가시나무를 등에 지고肉袒負荊 인상여의 집을 찾아가 백배사죄했다.

"비천한 놈이 상경의 넓은 도량을 헤아리지 못했으니 부디 벌을 내려주시오."

인상여가 버선발로 뛰쳐나가 그를 맞았고, 서로 부둥켜안은 두 사람은 그날 이후 죽음도 함께할 벗刎頸之交이 되었다.

이 고사에서 유래한 문경지교는 막역한 친구사이를 뜻하는 말로 문경刎頸·문경교刎頸交·문경지계刎頸之契라고도 하며, 자신의 잘못을 인정하고 처벌을 자청하는 부형청죄負荊請罪·육단부형肉袒負荊 성어도 여기서 유래했다. 비슷한 말로는 교칠지교膠漆之交·관포지교管鮑之交·수어지교水魚之交가 있다.

130 문전성시 門前成市

찾는 사람이 많아 대문 앞이 저잣거리와 같다

門 문 문 | 前 앞 전 | 成 이룰 성 | 市 저자 시

출전《한서漢書》〈정숭전鄭崇傳〉

한漢나라 말 애제哀帝는 스무 살에 천자가 되었지만 실권은 외척들이 틀어쥔 허수아비 황제에 불과했다. 그래도 애제를 잘 모시려고 노력한 이가 정숭鄭崇이다. 외척들의 전횡을 차마 눈 뜨고 지켜볼 수 없었던 정숭은 수시로 대책을 건의했다.

"폐하, 외척들을 물리치고 기강을 바로잡으셔야 합니다. 그렇지 않으면 나라가 위태롭습니다."

그의 충심을 잘 아는 애제도 처음에는 그 말에 귀 기울였다. 하지만 시간이 지나도 척신들의 간섭을 뿌리치지 못하고 날마다 향락에 빠져 살았다. 정숭이 재차 간諫했지만 애제는 더 이상 들으려 하지 않고 오히려 짜증을 냈다.

"그대는 틈만 나면 내게 잔소리를 하는군. 듣기 싫으니 썩 물러가시오!"

이틈을 노려 평소 정숭을 눈엣가시로 여기고 있던 상서령尙書令 조창趙昌이 모함하고 나섰다.

"폐하, 정숭은 여러 사람과 은밀히 내통하고 있습니다. 그의 집 앞이 날마다 사람들로 붐빈다고 하니 무슨 음모가 있는지 의심스럽습니다."

애제는 곧 정숭을 불러들여 문책했다.

"그대의 집 앞에 사람들이 몰려 저잣거리 같다는데門前成市, 무슨 까닭에 과인의 마음을 괴롭히는가?"

정숭이 대답했다.

"신의 문전은 저잣거리 같아도, 신의 마음은 물처럼 맑습니다. 원컨대 한 번 조사해

보시기 바랍니다."

그러나 애제는 성을 내며 그를 옥에 가뒀고 정승은 끝내 자신의 결백을 밝히지 못한 채 옥중에서 죽고 말았다.

문전성시는 권세가 높아 문 앞에 방문객이 들끓는다는 말로, 임금께 간諫하는 신하들이 조정에 가득하다는 뜻의 문정여시門庭如市와 같이 쓰였다. 원래는 '아첨꾼이 북적거린다'는 부정적인 의미가 강했지만, 오늘날은 '장사가 잘돼 손님들로 문전성시를 이룬다'라는 식으로 많이 쓰인다.

131 문전작라 門前雀羅

찾는 이가 없어 문 밖에 참새 그물을 쳐도 될 정도다

門 문 문 | 前 앞 전 | 雀 참새 작 | 羅 그물 라

출전《사기史記》〈급정열전汲鄭列傳〉

전한前漢 무제 때 급암汲黯과 정당시鄭當時라는 두 어진 신하가 있었다. 이 둘은 학문을 좋아하고 의협심이 강해 한때는 최고 벼슬까지 올랐지만 워낙 지조가 강하고 직언을 망설이지 않아 무제와 대신들을 무안하게 했다. 이에 대해 다른 신하들이 책망하면 이렇게 말했다.

"신하된 자로서 어찌 아첨하며 뜻대로 따르기만 해서 옳지 못한 말을 하겠는가? 설령 이 한 몸을 희생하더라도 조정을 욕보일 수는 없네."

그래서 좌천과 면직을 거듭하던 두 사람은 협객을 자처하며 찾아오는 손님을 문 앞에서 기다리지 않게 하고 봉록도 빈객과 잘 나누었다. 그래서 현직에 있을 때는 방문객이 끊이지 않았다. 그러나 이들이 관직에서 물러나고 집안 형편이 나빠지자 방문객의 발길이 뚝 끊겼다. 이에 대해 사마천司馬遷이 말미에 다음과 같은 평을 달았다.

급암과 정당시 정도의 현인이라도 힘이 있을 때는 빈객賓客이 열 배로 불어나고, 세력을 잃으면 당장 모두 떨어져 나간다. 그러니 보통 사람의 경우라면 더 말해 무엇하랴.

하규下邽의 적공翟公이 정위廷尉가 되었을 때는 빈객들이 문을 가득 메우다가 벼슬에서 물러나자 대문 밖에 참새 잡는 그물을 쳐도 될 정도로 빈객의 발길이 끊겼다門外可設雀羅. 그러다가 적공이 다시 정위 벼슬에 나아가자 다시 빈객들이 들끓었다.

이에 적공은 대문에 다음과 같이 써 붙였다.

일사일생즉지교정一死一生 卽知交情 : 한번 죽고 한번 삶에 곧 사귐의 정을 알고

일빈일부즉지교태一貧一富 卽知交態 : 한번 가난하고 한번 부함에 곧 사귐의 태도를 알며

일귀일천즉현교정一貴一賤 卽見交情 : 한번 귀하고 한번 천함에 곧 사귐의 정이 나타나네.

급암과 정당시 역시 이와 같으니 슬프도다.

문전작라門前雀羅, 문전가설작라門前可設雀羅 모두 같은 말이고, 반대는 문전성시門前成市다. 권력의 부침에 따라 변하는 인심을 비판하는 말로, 우리 속담 '정승 집 개가 죽으면 문상객이 넘쳐나지만 정승이 죽으면 문상객이 끊긴다.'는 말과 통한다.

132 물부충생 物腐蟲生

생물이 썩은 뒤에 벌레가 생긴다

物 만물 **물** | **腐** 썩을 **부** | **蟲** 벌레 **충** | **生** 날 **생**

출전《범증론范增論》

물부충생物腐蟲生은 북송北宋 때 시인 소동파蘇東坡가 지은《범증론范增論》의 한 구절에서 유래했다. 소동파는 '생물은 반드시 먼저 썩은 뒤에 벌레가 생기고物必先腐也而後蟲生之, 사람도 반드시 먼저 의심을 하게 된 뒤에 남의 모함을 듣는다人必先疑也而後讒入之'라면서 항우項羽에게 버림받은 범증范增을 묘사했다.

범증은 항우의 숙부 항량項梁의 모사謀士로서 항량이 죽자 진에 대항한 항우를 도왔다. 용맹한 항우는 계략에는 뛰어나지 못해서 늘 범증이 세우는 계책을 따랐다. 범증은 유방劉邦이 점점 강해지는 것을 경계하여 항우에게 유방을 없애야 한다고 주장했다. 범증은 홍문鴻門의 연회에 유방을 초대하여 죽이려고 했으나 뜻을 이루지 못했다.

한편, 유방은 범증이 항우를 돕는 동안에는 항우와 맞서는 것이 힘들다는 것을 알고 범증을 비방하는 소문을 퍼뜨려 범증과 항우를 이간했다. 유방의 계략에 빠진 항우가 헛소문을 믿고 범증을 의심하면서 멀리하자 범증은 항우의 곁을 떠나가 병사하고 항우도 유방에게 패하고 말았다.

물부충생物腐蟲生은 생물이 썩으면 벌레가 생기듯이, 안이 부패하여 약점이 생기면 외부의 침입이 뒤따름을 비유한 말이다.

133 미능면속 未能免俗

속된 습관을 버리지 못함

未 아닐 **미** | 能 능할 **능** | 免 면할 **면** | 俗 풍속 **속**

출전《세설신어世說新語》〈임탄任誕〉편

위진남북조시대 진나라 사람 완함은 숙부 완적阮籍과 함께 죽림칠현의 한 사람이었다. 완함과 완적은 남쪽에 이웃해서 살았고, 다른 완씨 일가는 북쪽에 몰려 살았다. 이에 사람들은 완함과 완적이 남쪽에 산다 해서 남완南阮이라 하고, 북쪽의 완씨 일가는 북완北阮이라 불렀다. 권력과 부를 조롱하며 전원에 묻혀 산 완함과 완적은 가난했고, 북완은 부유했다.

그 무렵에는 7월 7일에 겨울옷을 꺼내 햇볕에 말리는 풍습이 있었다. 북완 사람들은 당연히 화려한 옷을 내다 말렸는데 그 모습이 마치 서로 부자인 것을 과시하는 것처럼 보였다. 반면에 가난한 남완 사람은 내다 말릴 변변한 옷도 없었다.

어느 해 7월 7일이 되자 북완 사람들은 경쟁하듯 화려한 옷을 내다 말렸다. 평소 북완을 경멸해 오던 완함은 장대 끝에다 굵은 베로 짠 초라한 짧은 바지를 내걸어 말렸다. 이를 이상히 여긴 이웃이 묻자 완함은 웃으며 말했다.

"속된 습속을 버리지 못해 이렇게라도 하는 것이오未能免俗, 聊復爾耳."

미능면속未能免俗은 속된 습관을 버리지 못한다는 말로, 속물근성을 비웃는 뜻이 담겨 있다.

134

미생지신 尾生之信

미생의 믿음, 고지식하여 융통성이 없음

尾 꼬리 **미** | 生 날 **생** | 之 어조사 **지** | 信 믿을 **신**

출전《사기史記》〈소진열전蘇秦列傳〉

춘추시대 노魯나라에 미생尾生이라는 사람이 있었는데, 사랑하는 여인과 다리 아래에서 만나기로 약속하고 기다렸으나 여자가 오지 않자 소나기가 내려 물이 밀려와도 끝내 그곳을 떠나지 않고 기다리다가 마침내 교각을 끌어안고 죽었다.
전국시대의 종횡가인 소진蘇秦은 연 소왕燕昭王을 설득할 때 이 이야기를 예로 들며 자신의 신의를 강조했다. 그러나 장자는 〈도척편〉에서 공자와 대화하는 도척의 입을 빌어 미생의 융통성 없고 어리석은 행동을 다음과 같이 통박했다.
"이런 인간은 제사에 쓰려고 찢어발긴 개나 물에 떠내려가는 돼지, 아니면 쪽박을 차고 빌어먹는 거지와 다를 바 없다. 쓸데없는 명분에 빠져 아까운 목숨을 가벼이 여기는 인간은 진정한 삶의 의미를 모르는 놈이다."
미생지신尾生之信은 고지식하여 융통성이 없음을 비판한 말이다.

135 미주신계 米珠薪桂

쌀이 주옥만큼 비싸고 땔나무는 계수나무 값과 같다

米 쌀 **미** | **珠** 구슬 **주** | **薪** 땔나무 **신** | **桂** 계수나무 **계**

출전《전국책戰國策》〈초책楚策〉

전국시대 소진蘇秦은 초楚·한韓·위魏·조趙·연燕·제齊나라를 종적으로 연합하여 강대국 진秦과 맞설 공수동맹을 맺는 합종책合從策을 주장했다.

소진이 초나라 회왕懷王을 찾아가 합종책을 설득하려고 사흘을 기다린 끝에 만났으나 왕이 자신을 홀대하는 것 같아 불쾌했다. 그래서 회왕이 나타나자 당장 떠나겠다고 작별인사를 했다. 의아히 여긴 초 회왕이 까닭을 물었다.

"과인은 선생의 말씀을 듣는 것이 옛 성현을 만난 듯한데, 천리를 멀다 않고 예까지 오셔서 왜 일찍 떠나려 합니까?"

소진이 말했다.

"초의 식량은 주옥珠玉보다 비싸고, 땔감은 계수나무보다 비쌉니다楚國之食貴于玉, 薪貴于桂. 제가 어찌 주옥같은 양식을 축내고 계수나무처럼 비싼 땔감을 태우면서 오래 머물 수 있겠습니까?"

그 말을 들은 회왕은 소진에게 귀빈 대우를 했다고 전한다.

미주신계米珠薪桂란 쌀은 주옥만큼 비싸고 땔나무는 계수나무 가격과 같다는 뜻으로, 생필품의 물가가 치솟아 살기 힘든 상황을 일컫는다. 식옥취계食玉炊桂라고도 한다.

136 민이식위천 民以食爲天

백성은 먹을 것을 하늘로 안다

民 백성 민 | 以 써 이 | 食 밥 식 | 爲 할 위 | 天 하늘 천

출전《사기史記》〈역생육가전酈生陸賈傳〉

한왕漢王 유방劉邦과 초패왕楚霸王 항우項羽가 천하를 두고 다투었다. 항우는 우세한 병력으로 유방군을 공격했고, 세가 불리해진 유방은 성고의 동쪽 지역을 항우에게 내주려고 했다. 그런데 이때 유방의 책사 역이기酈食其는 식량 창고인 오창敖倉을 사수해야 한다면서 이렇게 말했다.

"하늘을 잘 아는 자는 왕업을 이룰 수 있으나, 하늘을 하늘로 알지 못하는 자는 왕업을 이룰 수 없습니다. 무릇 왕은 백성을 하늘로 알고, 백성은 먹을 것을 하늘로 안다 王者以民人爲天, 而民人以食爲天고 했습니다."

역이기의 말을 듣고 유방은 곧 전략을 바꿔서 성고를 탈환하여 오창의 식량을 확보했다.

민이식위천民以食爲天은 백성들에게 제일 중요한 것은 먹고 사는 것임을 뜻한다. 임금 된 자는 백성을 하늘 섬기듯 섬겨야 하고, 백성들이 믿는 하늘은 임금이 아니라 식량임을 알아야 하는 것이다.

137 반문농부 班門弄斧

뛰어난 사람 앞에서 함부로 재간을 부린다

班 나눌 반 | 門 문 문 | 弄 희롱할 롱 | 斧 도끼 부

출전 〈제이백묘시題李白墓詩〉

당나라 시인 이백李白은 시선詩仙으로 추앙받는 인물로, 이태백李太白이라는 자字로 더 유명한 사람이다.

그의 최후에 대해서는 여러 전설이 있다. 채석강采石磯에서 익사했다거나, 풍랑과 함께 나타난 거대한 고래와 신선들이 강에서 뱃놀이를 즐기던 그를 하늘로 데리고 올라갔다는 등. 훗날 채석강 부근에는 이백의 묘를 비롯하여 적선루, 착월정 등의 많은 명승들이 들어섰는데, 많은 문인들도 이곳을 찾아 시흥을 즐겼고, 그러다 보니 시를 잘 모르는 사람들까지도 저마다 한 수씩 읊어대게 되었다. 그리고 그 시를 묘비에 새겨두었다.

명明나라 때 시인 매지환梅之渙은 이백의 무덤에 들렀다가, 문필가들이 묘비에 이백을 추모하여 남기고 간 시들이 마음에 들지 않아 조롱하면서 다음의 시를 지었다.

채석 강변의 한줌 흙
이백의 시가 천고에 빛난다.
오가는 사람들이 시를 한 수씩 지었는데
노반의 문 앞에서 큰 도끼질을 자랑하는구나魯班門前弄大斧.

여기서 유래한 반문농부는 '노반魯班의 집 앞에서 도끼를 솜씨 있게 다룬다'는 뜻으로, 재주꾼 앞에서 잘난 체하며 함부로 재주를 뽐내는 것을 말한다. 즉 '공자 앞에서 문자 쓴다'와 같은 말이다.

이 시에 나오는 노반은 노魯나라 사람으로 원래 이름은 공수반公輸般인데, 누구도 그 솜씨를 따를 수 없을 정도로 목조 기술이 뛰어났다. 장인匠人인 노반 앞에서 목공 기술을 자랑할 수 없듯이 위대한 시인 이백 앞에서 어떻게 시 재주를 내세울 수 있느냐는 말로서, 남을 높이고 자기를 낮추는 태도를 가져야 한다는 뜻으로 쓰인다.

138 반부논어 半部論語

반 권의 논어

半 반 **반** | 部 구분할 **부** | 論 논할 **논** | 語 말씀 **어**

출전《학림옥로鶴林玉露》

송宋 태조 조광윤趙光胤이 천하를 통일하는 데 큰공을 세운 사람 중에 조보趙普라는 인물이 있었다. 그는 어릴 때부터 전장에 나가느라 글공부를 할 틈이 없었다. 그래서 퇴근한 후에는 두문불출 학업에 매진하여 마침내 학식을 두루 갖추게 되었다.
그는 태종이 즉위한 뒤에도 승상으로써 국정을 잘 돌보았다. 그러나 그를 반대하는 무리들은 그가 겨우 《논어論語》 밖에 떼지 못해 학식이 없는데다 재주도 옹졸하여 중책을 맡기 어렵다고 모략했다. 이에 태종이 그를 불러서 묻자 조보는 다음과 같이 대답했다.
"신臣이 일생에 아는 바는 진실로 《논어》를 넘지 못합니다. 그러나 그 반 권의 지식으로 태조께서 천하를 평정하시는 것을 보필했고, 지금은 그 나머지 반으로써 폐하께서 태평성대를 이룩하시는 데 도움이 되고자 할 따름입니다臣平生所知 誠不出此 昔以其半輔太祖定天下 今欲以其半輔陛下治太平."
나중에 조보가 죽고 나서 유족이 그의 책 상자를 열어 보니, 정말 《논어》밖에 들어 있지 않았다고 한다.
이 고사에서 유래한 반부논어半部論語는 반 권의 논어라는 뜻으로, 자신의 지식을 겸손하게 표현하거나 학문의 중요성을 은유적으로 표현한 말이다. 반부논어치천하半部論語治天下라고도 한다.

139 반식재상 伴食宰相

자리만 차지하고 있는 무능한 재상

伴 짝 **반** | 食 먹을 **식** | 宰 벼슬아치 **재** | 相 서로 **상**

출전《당서唐書》〈노회신전盧懷愼傳〉

당唐 현종玄宗은 정권찬탈의 음모를 꾀하고 있던 태평공주太平公主 일당을 제거하고 연호도 개원開元으로 바꾸었으며 과감한 개혁 작업에 착수했다. 그는 먼저 문무백관의 사치스런 관복을 불살랐으며 조세와 부역을 줄여 백성들의 부담을 덜어주고 형벌제도를 바로잡고 가짜 승적僧籍에 오른 자를 환속시키는 등 민생안정에 주력했다. 또 이민족의 침입에 대비하기 위해 절도사를 파견하는 등 변방 경비에도 힘썼다.

현종이 이렇게 과감한 개혁을 단행할 수 있었던 것은 요숭姚崇과 송경宋璟의 충실한 보좌 덕분이었다. 요숭이 재상으로 있을 때 노회신盧懷愼도 함께 재상에 있었다. 노회신은 청렴결백하고 근면했다. 재상에 있으면서도 늘 어려운 사람들을 돕느라 식솔들이 오히려 살기가 힘들 정도였다.

한번은 요숭이 열흘 간 휴가를 떠났고 노회신이 정사를 맡아보게 되었다. 그런데 노회신은 어쩔 줄을 몰라 쩔쩔맸고 그 바람에 일거리가 산더미처럼 쌓여만 갔다. 휴가를 마치고 돌아온 요숭은 그가 처리하지 못한 일들을 신속하고 깔끔하게 처리해냈다. 이 일로 노회신은 자신의 능력이 요숭에 한참 미치지 못함을 깨닫고 그 후 거의 모든 일을 요숭과 일일이 상의한 다음 처리했다. 그래서 사람들은 노회신을 일컬어 상반대신相伴大臣 : 재상 옆에 있는 대신, 반식재상伴食宰相이라 조롱했다.

반식재상은 능력이나 지식과는 상관없이 학연·혈연·지연에 따라 이루어진 인사, 즉 다른 사람 덕분에 자리를 차지하고 있는 모습을 비판한 말이다.

140

발묘조장 拔苗助長

벼를 빨리 자라게 하려다 오히려 일을 망치다

拔 뺄 **발** | 苗 싹 **묘** | 助 도울 **조** | 長 긴 **장**

출전《맹자孟子》〈공손추公孫丑〉

맹자孟子는 제자들에게 호연지기浩然之氣를 설명하고 나서, 순리順理와 의기義氣의 중요성을 강조하기 위해 송宋나라의 한 농부의 조급한 행동을 예로 들었다.

성질이 급한 한 농부는 논에다 벼를 심고는, 그것이 자라 벼이삭이 달릴 때까지 기다려야 한다고 생각하니 답답하기 짝이 없었다.
'어느 세월에 이걸 다 키워 낟알을 수확한담?'
그래서 궁리 끝에 벼의 순을 잡고 조금 빼보니 키가 더 자란 것 같았다. 이에 농부는 한 가지 묘안을 떠올렸다. 그래서 바짓가랑이를 걷어붙이고 논에 들어가서는, 벼 포기를 하나하나 조금씩 뽑아 올렸다. 논에 있는 벼 포기를 모두 그렇게 해 놓고 나서 집에 돌아간 그는 식구들에게 의기양양하게 말했다.
"아, 오늘 벼이삭이 빨리 자라게 조장하느라 힘을 다 써서 고단하구나."
그 말에 깜짝 놀란 식구들이 이튿날 논에 나가보니 뿌리 뽑힌 벼들이 모두 시들어 축 쳐져 있었다.
농부는 벼를 더 빨리 자라게 하려고 그런 어처구니없는 일을 저질렀다. 무리해서 잘 되게 하려던 농부의 행동은 무익無益의 정도를 넘어서 해악害惡이 되고 말았다.

맹자孟子는 성급함이나 억지 추구를 경계하는 뜻으로 이 이야기를 들려주고 나서 이렇게 덧붙였다.

"천하에 싹이 자라도록 돕지 않은 사람은 드물다天下之不助苗長者寡矣. 아무 이익이 없다하여 내버려두는 사람은 김을 매지 않는 자이고, 자라도록 돕는 사람助之長者은 싹을 뽑아 올리는 사람이니, 이는 무익할 뿐 아니라 도리어 그것을 해치는 것이다."

공자도 "서둘러 가려다가 오히려 이르지 못한다欲速則不達"고 했고, 우리 속담에도 '급할수록 돌아가라'는 말이 있다.

발묘조장은 줄여서 조장助長이라고도 한다. '도와서 성장시키다'라는 긍정의 뜻을 가지고 있는 것 같지만, 사실은 쓸데없는 일을 해서 일을 망쳐버린다는 부정적 의미가 강하다.

141 방기곡경 旁岐曲逕

곧은길을 놔두고 샛길이나 굽은 길로 간다

旁 곁 **방** | 岐 갈림길 **기** | 曲 굽을 **곡** | 逕 좁은 길 **경**

출전 《동호문답東湖問答》

방기旁岐는 샛길을, 곡경曲逕은 굽은 길을 가리킨다.

조선 중기의 유학자 율곡 이이李珥는 《동호문답東湖問答》에서 군자와 소인을 가려내는 방법을 설명하면서 이렇게 말했다.

"제왕이 사리사욕을 채우고 도학을 싫어하거나, 직언하는 사람을 좋아하지 않고 구태를 묵수하며 망령되게 시도하여 복을 구하려 한다면 소인배들이 그 틈을 타 갖가지 방기곡경旁岐曲逕의 행태를 자행한다."

여기서 유래한 방기곡경은 바른 길을 좇아 정당하게 일하지 않고 그릇된 수단을 써서 억지로 하는 일을 비유하는 말로, 반계곡경盤溪曲徑이라고도 한다.

142 방약무인 傍若無人

주위를 의식하지 않고 제멋대로 행동함

傍 곁 **방** | **若** 같을 **약** | **無** 없을 **무** | **人** 사람 **인**

출전《사기史記》〈자객열전刺客列傳〉

위衛나라 사람인 형가荊軻는 성격이 침착하고 생각이 깊으며 문학과 무예에 능했고 술을 좋아했다. 그는 청운을 품고 위나라 원군元君을 찾아갔지만 받아들여지지 않자 연燕나라를 비롯한 여러 나라를 떠돌며 현자나 호걸과 사귀기를 즐겼다. 그 중에서 한 명이 연나라에서 만난 비파琵琶의 명수 고점리高漸離였는데 둘은 뜻이 잘 맞아 금세 친구가 되었다.

두 사람은 함께 술을 마시다가 취기가 돌면 고점리는 비파를 켜고, 형가는 그 가락에 맞춰 춤을 추며 큰소리로 노래했다. 그러다가 자신들의 신세가 처량하게 느껴져 감정이 북받치면 서로 얼싸안고 울고 또 웃었다. 이때 두 사람의 모습은 마치 곁에 아무도 없는 것처럼傍若無人 보였다.

방약무인은 원래 아무 거리낌 없이 당당한 태도를 가리켰는데 나중에는 천방지축으로 날뛰고 무례하거나 교만한 태도를 일컫는 말이 되었다. 비슷한 말로 안하무인眼下無人, 방벽사치放辟邪侈가 있다.

그 후 진秦의 정政:훗날 시황제에게 원한을 품은 연나라의 태자 단丹이 형가의 재주를 알아보고 그에게 암살을 부탁했다. 형가는 치밀하게 암살을 시도했지만 그의 관복만 뚫었을 뿐 암살은 실패하고 오히려 정에게 죽임을 당했다.

암살을 계획하고 진나라로 떠나기 전에 그가 읊었다는 '바람은 쓸쓸하고 역수는 찬데 장사는 한 번 가면 다시 돌아오지 못한다風蕭蕭兮易水寒 壯士一去不還'라는 구절은 유명하다. 이 노래를 들으면 모두 눈을 부라리고 머리카락이 하늘로 치솟았다고 한다.

143 방예원조 方枘圓鑿

네모난 장부를 둥근 구멍에 뚫어 넣으면 서로 맞지 않음

方 모 **방** | 枘 장부 **예** | 圓 둥글 **원** | 鑿 구멍 **조**

출전《초사楚辭》〈구변九辯〉

전국시대 진秦나라는 천하재패를 노리며 초楚나라를 위협했다. 초 회왕懷王 때 정치인이자 시인인 굴원屈原은 제齊와 동맹하여 진에 대항할 것을 주장했는데, 반대파들의 중상모략으로 왕의 미움을 받아 관직을 박탈당하고 유배되었다.

굴원의 제자인 초나라의 궁정시인 송옥宋玉은 스승에 대한 그리움과 왕에 대한 원망을《초사楚辭》에 수록된《구변九辯》에서 표현했는데, 이 시詩의 '둥근 구멍과 네모난 장부는 예부터 서로 맞지 않음을 안다圓鑿而方枘兮 我固知其而難入'라는 구절에서 방예원조方枘圓鑿라는 성어가 유래했다. 둥근 구멍에는 네모난 장부보다 둥근 장부를 끼워야 들어맞는데, 굴원의 충직한 정치적 식견과 간사한 신하들의 의견이 본질적으로 서로 맞지 않아 어울릴 수 없음을 비유한 말이다.

방예원조方枘圓鑿는 원조방예圓鑿方鑿라고도 하고, 네모난 바닥에 둥근 뚜껑이라는 의미로 사물이 서로 맞지 않는다는 방저원개方底圓蓋와 비슷한 말이다.

144 배반낭자 杯盤狼藉

술잔과 그릇들이 어지럽게 흩어져 있다

杯 잔 **배** | 盤 쟁반 **반** | 狼 어지러울 **낭** | 藉 깔개 **자**

출전《사기史記》〈골계열전滑稽列傳〉

제齊나라의 순우곤淳于髡은 언변이 좋아 여러 차례 사신으로 파견되었지만 조금도 비굴한 모습을 보이지 않았다.

한번은 초楚의 공격을 받은 제 위왕威王이 원병을 위해 조趙에 순우곤을 보냈다. 조나라에 간 순우곤이 10만 병사와 1,000승乘의 전차를 이끌고 돌아오자 초군은 밤새 몰래 철수해버렸다. 위기를 모면한 위왕은 크게 기뻐하여 순우곤을 위해 축하연을 열어주었다.

이 술자리에서 위왕과 나눈 대화 중에 순우곤이 한 말, "날이 저물어 술도 거의 떨어지게 되어 취흥이 돌면 남녀가 무릎을 맞대고 서로의 신발이 뒤섞이며 술잔과 그릇들이 어지럽게 흩어져 있으며杯盤狼藉"에서 배반낭자가 유래했다.

또 지혜롭고 상대편의 마음을 잘 읽는 순우곤은 주색을 겸비한 위왕에게 은근슬쩍 이렇게 간했다.

"술이 극에 달하면 어지러워지고, 즐거움이 극에 달하면 슬퍼지는데 만사가 모두 이와 같습니다酒極則亂 樂極則悲 萬事盡然."

이 말은 달도 차면 기울 듯이 나라의 운명도 비슷하다는 말이었다. 이후 위왕은 순우곤의 충직함을 깨닫고 주연을 철야로 베푸는 것을 삼갔으며, 그를 제후의 주객主客으로 삼아 주연 때마다 꼭 곁에 두고 술을 마셨다.

배반낭자는 '술잔과 그릇들이 어지럽게 흩어져 있다', 즉 한창 술에 취해 마시고 노는 모양, 또는 술자리가 끝난 후의 어지러운 모습을 가리킨다.

145 백년하청 百年河清

황하의 물이 맑아지기를 무작정 기다림

百 일백 **백** | 年 해 **년** | 河 물 **하** | 清 맑을 **청**

출전《춘추좌씨전春秋左氏傳》〈양공8년조襄公八年條〉

춘추전국시대 소국인 정鄭나라는 진晉과 초楚 같은 강대국의 틈바구니 속에서 살아남는 데 급급했다. 그런데 한번은 정나라가 초나라의 속국인 채蔡를 공격하여 공자 섭燮을 포로로 붙잡는 일이 있었고, 초는 이것을 자국에 대한 도전으로 간주해서 자낭子囊에게 정나라에 보복공격을 명령했다.

위기에 몰린 정나라는 대책회의를 거듭했지만 말만 무성하고 결론이 나지 않았다. 차라리 항복해서 백성들을 살리자는 항복론과 진에 구원을 요청하자는 강경론으로 의견이 갈렸다. 이때 자사子駟가 말했다.

"주周나라 시詩에, '황하의 물이 맑아지기를 기다리는 것은 사람의 짧은 수명으로는 도무지 부족한 형편이다. 여러 가지를 놓고 점을 친다면 그물에 얽힌 듯 갈피를 잡지 못한다周詩有之曰 待河之清 人壽幾何 非云詢多 職競作羅.'는 말이 있습니다."

이 말은 진의 구원을 기다리기란 황하의 물이 저절로 맑아지기를 기다린다는 말과 같은 소리라는 뜻이다. 결국 자사의 주장이 채택되어 정나라는 초에 항복하고 화친을 맺음으로써 현실적인 위기를 모면했다.

백년하청百年河清은 불가능한 일의 상징으로 비유된다. 현실적으로 불가능한 일을 하염없이 기다리는 것은 어리석으니 상황을 지혜롭게 간파하여 실용적인 대책을 강구하는 것이 현명한 것이다. 천년하청千年河清, 부지하세월不知何歲月과 같은 말이다.

146 백락일고 伯樂一顧

명마도 백락을 만나야 세상에 알려진다

伯 만 **백** | 樂 즐거울 **락** | 一 한 **일** | 顧 돌아볼 **고**

출전《전국책戰國策》

주周나라의 어떤 말장수가 백락伯樂을 찾아와 부탁했다.

"제게 좋은 말이 한 필이 있어 팔려고 내놓았지만, 사흘이 지나도 눈여겨보는 사람이 없지 뭡니까? 사례는 충분히 하겠으니 대인께서 한번 감정을 봐주십시오."

백락의 본명은 손양孫陽으로 주나라 사람이었다. 백락은 원래 전설 속의 천마天馬를 주관하는 별자리인데, 손양이 말에 대한 지식이 워낙 뛰어나서 그렇게 불린 것이다.

그의 신신당부에 백락이 시장으로 가 그 말을 몇 바퀴째 돌면서 요모조모 살펴보았다. 그는 처음에 말의 다리, 허리, 엉덩이, 목덜미, 털 색깔 등을 감탄의 눈으로 그냥 쳐다보기만 했다. 그런 다음 아무 말도 없이 떠났다가 다시 돌아와서 난생 처음 보는 명마라는 식으로 또 바라보곤 했다.

당시 최고의 말 감정가가 그렇게 탄식하자 사람들은 준마駿馬가 틀림없다고 생각하고 앞 다퉈 그 말을 사려고 하는 바람에 말 값이 순식간에 배나 뛰었다. 이 준마는 결국 백락 때문에 그 진가가 드러난 것이다.

백락의 친구 중에 역시 말을 볼 줄 아는 구방고九方皐라는 사람이 있었다. 진秦 목공穆公이 그에게 준마 한 필을 구해오라고 했다.

얼마 후 구방고가 좋은 말을 한 필을 구해왔는데, 목공은 그저 그런 말이라고 보고 그냥 내쫓으려고 했는데 이때 백락이 나서서 좋은 말이라고 칭찬했다. 이에 목공이 다시 자세히 살펴보니 명마 중의 명마가 틀림없었다.

이는 아무리 뛰어난 준마라도 알아보는 사람이 있어야만 그 능력이 발휘된다는 말이고, 아무리 훌륭한 신하라도 그를 알아보는 현명한 군주가 있어야만 그 재능이 발현될 수 있다는 말이다. 난세일수록 영웅호걸과 어진 신하를 알아보는 명군名君의 혜안이 필요한 것이다.

147

백면서생 白面書生

책만 읽어서 낯빛이 창백한 사람

白 흰 **백** | 面 얼굴 **면** | 書 글 **서** | 生 날 **생**

출전《송서宋書》〈심경지전沈慶之傳〉

남북조시대 남조南朝의 송宋과 북조의 북위北魏는 강남江南의 사진四鎭을 두고 때로는 대립하고 때로는 화의하는 관계를 유지했다. 북위 태무제太武帝는 북쪽을 무력으로 장악하고 유연柔然의 침략에 대비해 서역西域의 여러 나라와 우호적인 관계를 맺었다. 그러자 송 문제文帝는 남쪽의 임읍林邑을 평정하여 북위와의 일대 결전에 대비했다.

449년 북위 태무제가 마침내 유연을 공격하자 송 문제는 북위를 공격할 절호의 기회라고 판단하고 문신들과 북위를 공격할 방법을 논의했다. 이때 무관인 심경지沈慶之는 이전에 결행했던 북벌의 전례를 들어 출병을 반대하며 이렇게 말했다.

"폐하, 밭갈이는 종에게 물어보고, 베 짜는 일은 하녀에게 물어봐야 합니다. 지금 폐하는 적국을 공격하고자 하면서 백면서생과 일을 도모하면 어찌 적을 물리치겠습니까田事可問奴 織事可問婢 今陛下 將欲攻敵國 與白面書生謀之 事何由濟?"

심경지는 어려서부터 무예에 출중하고 전투능력이 탁월했다. 일찍이 사병을 이끌고 동진東晉 손은孫恩을 진압했고 그 후로도 전공을 많이 세워 건무장군建武將軍이 되었다. 그러나 문제는 그의 말을 무시하고 문신들의 의견을 받아들여 출병했다가 결국 대패했다.

여기서 유래한 백면서생白面書生은 백면랑白面郎이라고도 하는데, 무관과 대비하여 집 안에서 책만 읽어 낯빛이 창백한 문신들을 가리키며, 말로만 떠들고 경험이 전무한 사람들이나 초년생을 비꼬는 말이다.

148 백문불여일견 百聞不如一見

백 번 듣는 것보다 한 번 보는 것이 낫다

百 일백 **백** | 聞 들을 **문** | 不 아닐 **불** | 如 같을 **여** | 一 한 **일** | 見 볼 **견**

출전《한서漢書》〈조충국전趙充國傳〉

한나라 선제宣帝 때 티베트 계통의 강족羌族이 반란을 일으켰다.

선제가 토벌 적임자를 묻자 나이 일흔이 넘은 노장 조충국趙充國이 자청하고 나섰다.

"제가 비록 늙었지만 저보다 나은 사람이 없습니다."

선제가 웃으며 그에게 물었다.

"그래, 장군은 반란군 진압에 어떤 전략을 쓸 것인가? 군사는 얼마나 필요하고?"

조충국이 대답했다.

"백 번 듣는 것이 한 번 보는 것만 못합니다. 특히 군사의 일이란 멀리 떨어져서는 계획을 짜기 힘든 것입니다. 신은 얼른 금성金城으로 달려가 현지 도면을 펼쳐놓고 방안을 강구하고 싶습니다."

그 말을 들은 선제가 흔쾌히 승낙했고, 조충국은 즉시 금성으로 달려가 현지를 답사함으로서 정세를 파악하고 둔전책屯田策을 세웠다. 즉 각지에 보병步兵 1만 명을 배치시켜 농사일을 시켜가면서 군무軍務에 종사하게 한 것이다.

백문불여일견百聞不如一見은 말 그대로 백 번 듣는 것보다 한 번 보는 것이 낫다는 말로, 우리 속담에 '귀 장사 말고 눈 장사하라'는 말이 있다. 어떤 일을 계획하고 집행할 때 현지를 답사하지 않고 탁상공론에 매달리면 실패할 확률이 높다는 말이다.

149 백미 白眉

여러 사람 중에서 가장 뛰어난 사람

白 흰 백 | 眉 눈썹 미

출전《삼국지三國志》〈촉서蜀書편〉

《삼국지三國志》에 마씨馬氏 5형제에 관한 기록이 있다.

마량馬良은 양양襄陽 의성宜城 사람으로 자字는 계상季常이다. 동네에서는 흔히 '마씨 다섯 형제 중에 흰 눈썹이 가장 낫다馬氏五常, 白眉崔良'고 했다.

마량과 '읍참마속泣斬馬謖'의 주인공인 마속 등 오형제는 모두 재주가 뛰어났으며, 그들의 자字에 모두 상常자가 있었으므로 사람들은 그들을 오상五常이라 했다. 그리고 형제 중 맏이인 마량의 눈썹에는 흰털이 나 있었는데, 그 재능이 가장 뛰어났으므로 흰 눈썹이 최고라고 했던 것이다.

유비劉備는 촉蜀으로 들어가서 마량을 좌장군연左將軍掾으로 삼았다가 즉위한 후에는 시중侍中으로 중용했다. 그러나 마량은 유비를 수행하여 이릉夷陵 전투에 참가했다가 35세 젊은 나이로 죽고 말았다.

백미白眉란 여러 사람 중에서 가장 뛰어난 사람을 일컫는다.

150 백아절현 伯牙絕絃

백아가 거문고 줄을 끊다

伯 맏 **백** ı 牙 어금니 **아** ı 絕 끊을 **절** ı 絃 악기줄 **현**

출전《열자列子》〈탕문편湯問篇〉·《여씨춘추呂氏春秋》

거문고의 달인 백아伯牙는 원래 초楚나라 출생인데 진晉나라에서 벼슬을 지냈다. 백아에게는 그의 음악을 정확하게 이해하는 종자기鍾子期라는 벗이 있었다. 그는 백아가 거문고로 높은 산들을 표현하면 "하늘 높이 치솟은 느낌이 마치 태산처럼 웅장하구나!"라고 하고, 큰 강을 노래하면 "도도한 강물의 흐름이 마치 황하 같구나!"라고 맞장구를 쳤다.

한번은 두 사람이 함께 출타했다가 갑자기 쏟아지는 소낙비를 피하기 위해 한 동굴로 들어갔다. 백아는 그곳에서 빗소리에 맞춰 거문고를 뜯었다. 처음에는 비가 내리는 곡조인 임우지곡霖雨之曲을, 그 다음에는 산이 무너지는 붕산지곡崩山之曲을 연주했다. 종자기는 그때마다 그 곡이 의미하는 바를 정확하게 알아맞혔다. 이렇듯 종자기는 백아가 무엇을 표현하는지를 정확히 이해하고 감상할 줄 아는 능력을 지녔고, 백아와는 거문고를 두고 서로 마음이 통하고 음의 세계가 일치하는 사이였다.

그런데 그런 종자기가 갑자기 병을 얻어 세상을 뜨자 백아는 너무나도 슬픈 나머지 스스로 그토록 애지중지하던 거문고 줄을 끊어버리고伯牙絕絃 죽을 때까지 다시는 거문고를 잡지 않았다. 이 세상에는 더 이상 자신의 음을 알아주는 이가 없다고 생각했던 것이다.

백아절현伯牙絕絃은 백아伯牙가 거문고 줄을 끊었다는 말로, 자기를 알아주는 지기의 죽음을 슬퍼한다는 말이다. 서로 깊은 속마음까지 알아주는 완벽한 우정을 일컫는다. 줄여서 절현이라고도 하며, 백아파금伯牙破琴이라고도 한다. 깊은 우정을 상징하는 말로 지음知音, 고산유수高山流水, 지기지우知己之友 등이 있다.

151

백안시 白眼視

상대를 무시하고 업신여기는 행동이나 눈빛

白 흰 백 | 眼 눈 안 | 視 볼 시

출전《진서晉書》〈완적전阮籍傳〉

완적阮籍은 위魏나라 출신의 사상가이자 문인으로 성격이 호탕하고 무엇에 얽매이는 것을 싫어했다. 술을 즐기고 시를 읊었던 현사賢士 죽림칠현竹林七賢 중 한 명으로, 관료 생활을 하면서도 은자隱者적 삶을 추구했다.

그의 모친이 별세했을 때 혜희嵇喜가 조문을 갔는데 완적이 반기지도 않을뿐더러 오히려 흰자위를 보이며 무시白眼視했다. 혜희는 그런 완적에 기분이 나빴지만 영정 앞이라 조문만 하고 돌아갔다. 집에 돌아간 혜희가 동생 혜강嵇康에게 완적의 무례하고 오만한 행동에 대해 분개하자 혜강이 위로하며 말했다.

“그 사람이 원래 그렇습니다. 공명功名이나 이록利祿을 중시하는 사람을 무시하는 경향이 있어서 그런 사람이다 싶으면 흰자위로 홀대합니다. 그러니 너무 괘념치 마십시오.”

이틀날 혜강이 술 한 동이와 거문고를 들고 완적의 집에 조문하러 갔다. 완적은 아주 반가운 낯빛에 푸른 눈동자靑眼로 그를 맞았다. 역시 죽림칠현의 한 사람인 혜강은 환대했지만, 혜희는 세속에 얽매인 사람이라 홀대했던 것이다.

이 고사에서 유래한 백안시白眼視는 어떤 행동이나 사람을 제대로 쳐다보지도 않을 정도로 미워하는 눈초리, 업신여기는 행동을 말한다. 반대말은 좋은 마음으로 기쁘게 바라본다는 뜻의 청안靑眼이다.

152 별무장물 別無長物

불필요한 것은 소유하지 않음

別 나눌 별 | 無 없을 무 | 長 긴 장 | 物 만물 물

출전《진서晉書》〈왕공전王恭傳〉

동진東晉 때 사람 왕공王恭은 태자太子의 스승까지 지냈지만 청렴하고 지조가 있었다. 사람들은 그를 가리켜 반드시 큰 인물이 될 것이라고 칭찬했다.

한번은 그가 회계會稽에 갔다가 한참 만에 남경南京으로 돌아오자, 친척인 왕침王枕이 찾아왔다. 두 사람은 대나무 돗자리에 앉아서 정답게 대화를 나누었다.

왕침은 왕공이 그 돗자리를 대나무 명산지인 회계에서 가져왔을 것이므로 '몇 개 더 있겠지?'하는 생각에 돗자리가 매우 마음에 드니 하나 달라고 했다. 그러자 왕공은 망설임 없이 그 돗자리를 내어주었고 자신은 그 후 풀로 엮은 헌 자리를 깔고 생활했다. 왕침은 뒤늦게야 이 사실을 알고 부랴부랴 왕공을 찾아와 사과했다. 그러자 왕공은 웃으면서 이렇게 말했다.

"아직도 저를 잘 모르시는군요. 이제껏 저는 물건이 남도록 가져본 일이 없습니다恭作人無長物."

여기서 장물長物은 여분餘分이라는 뜻이니, 별무장물別無長物이란 꼭 필요한 것 말고는 소유하지 않음을 뜻한다. 이는 물욕이 없는 청렴결백하고 검소한 생활을 일컫는다.

153 병불염사 兵不厭詐

전시에는 속임수도 마다하지 않는다

兵 병사 **병** | 不 아닐 **불** | 厭 싫어할 **염** | 詐 속일 **사**

출전《후한서後漢書》〈우후전〉

후한 안제安帝 때 서북 변방의 강족羌族이 쳐들어왔고, 안제는 무도武都 태수太守 우후에게 적을 설멸하라 명했다. 우후는 곧 군사 수천을 이끌고 공격에 나섰고, 강족도 물러서지 않고 맞섰다. 이에 강족보다 군세가 약했던 우후는 황제에게 지원병은 요청했다는 헛소문을 퍼뜨렸고 강족은 그것이 진짜인 줄 알고 후퇴했다. 이에 우후는 강족을 뒤쫓아 하루 100리 길을 강행군했고 행군하면서 솥의 수를 늘려갔다. 이를 의아히 여긴 부하에게 우후가 말했다.

"솥의 수를 늘리는 것은 행군할수록 병력이 불어나고 있음을 보여주려는 것이다. 손빈은 약하게 보여서 적을 속였지만 나는 강하게 보여서 적을 속이려는 것이다. 병법은 상황에 따라 달리 적용해야하는 것이다."

강족과 가까이 대치하자 우후는 병사들에게 일부러 약한 활을 쏘라고 명령했다. 그러자 강족이 우후의 군사를 얕보고 근접해왔고, 우후는 그 기회를 노려 즉시 강한 활을 쏘아 적에게 큰 타격을 입혔다.

적국과 전쟁을 치르게 되면 일단 승리해야 한다. 그리고 승리를 위해서는 모든 수단과 방법을 가리지 말아야 한다. 전황에 따라 교묘히 적을 속이는 병불염사도 그 중 하나다.

《한비자韓非子》〈난일難一편에는 진 문공晉文公이 초楚와의 전쟁에 대해 묻자 구범舅犯이 대답하는 대목이 있다.

"군자는 충성과 신의를 아끼지 않고, 전쟁에 임해서는 속임수도 마다하지 않는 법

戰陣之間, 不厭詐僞입니다. 병사 수가 불리한 우리는 적을 속이는 술책을 써야 할 것입니다.”

문공은 구범의 계책에 따라 초의 가장 약한 우측을 선택했다. 병력을 그쪽에 집중하여 신속하게 공격함과 동시에 주력부대는 후퇴하는 듯 위장하여 좌측 초군을 유인해냈다. 그래서 곧 좌우협공으로 초나라 군사를 공략할 수 있었다.

154 복수불반분 覆水不返盆

한번 엎질러진 물은 다시 주워 담을 수 없다

覆 엎어질 **복** | **水** 물 **수** | **不** 아닐 **불** | **返** 돌아올 **반** | **盆** 동이 **분**

출전《습유기拾遺記》·《사기史記》〈제태공세가齊太公世家〉

주周나라의 문왕文王이 사냥을 나갔다가 위수渭水에서 낚시를 하는 한 노인을 만나 대화해보니 학식이 보통이 아니었다. 문왕은 그 노인이야말로 나라를 일으켜 세울 큰 인물이라 생각하고 스승이 돼달라고 청했는데, 이 사람이 흔히 강태공이라 알려진 태공망太公望 여상呂尙이다.

여상은 입신출세하기 전에는 끼니조차 마련하지 못할 정도로 가난했지만 날마다 책과 씨름하면서 세월을 보내고 집안 살림에는 아무 관심이 없었다. 참다못한 그의 부인 마씨는 생활고를 견디다 못해 보따리를 싸서 친정으로 도망가 버렸다. 그러다가 나중에 여상이 제후에 봉해졌다는 소식을 듣고 찾아와서 말했다.

"그때는 너무 가난해서 떠났지만 이제는 그런 걱정은 하지 않아도 될 것 같아 돌아왔어요."

여상은 잠자코 있다가 부인에게 물을 한 동이를 떠오라고 시켰다. 부인이 시키는 대로 하자 여상은 그것을 땅바닥에 쏟아버린 다음에 다시 그릇에 담아보라고 했다. 아내가 담아보려고 했지만 진흙만 손에 잡힐 뿐이었다. 여상이 그제서야 한마디 했다.

"한번 엎질러진 물은 다시 주어 담을 수 없고覆水不返盆, 한번 떠난 아내는 돌아올 수 없는 것이오."

복수불반분覆水不返盆은 한번 헤어진 부부는 다시 결합할 수 없다는 말로, 어떤 일이든 한번 저질러진 일은 다시 원상복구 할 수 없다는 뜻도 있다.

155 부마 駙馬

임금의 사위나 공주의 남편

駙 곁말 부 | 馬 말 마

출전《수신기搜神記》

감숙성甘肅省에 신도탁辛道度이라는 젊은이가 있었다. 그는 학문이 뛰어난 스승을 찾아 옹주雍州로 가는 도중 날이 저물자 큰 저택에서 하룻밤을 묵게 되었다.

방으로 들어가니 따뜻한 밥상이 차려져 있었고, 식사를 마치자 여주인이 들어와서 뜻밖의 이야기를 했다. 자신은 진秦나라 민왕閔王의 공주로서 조曹나라에 시집왔다가 남편과 사별하고 홀로 지냈는데, 오늘 찾아준 것도 인연이니 부디 부부의 연을 맺어 달라고 간청했다. 신도탁은 처음에는 사양했지만 애써 뿌리치지 못하고 부부의 연을 맺었다. 그런데 나흘째가 되는 날 갑자기 더 이상 함께 있으면 화를 당한다한다면서 헤어지자고 했다. 그러면서 이별의 정표로 금베개 하나를 내어주었다. 신도탁이 그것을 받아들고 대문을 나서서 뒤돌아보니 집은 흔적도 없고 허허벌판에 무덤 하나만 덜렁 있었다.

그 후 신도탁은 그 금베개를 판 돈으로 음식을 사먹었는데, 우연히 그 금 베개를 발견한 왕비가 추적 끝에 그를 붙잡아와 문초했다. 신도탁이 자신도 믿기 힘든 일의 자초지종을 들려주자 왕비가 탄식하며 말했다.

"공주가 죽은 지 이미 23년이 지났거늘 산 사람과 부부의 연을 맺다니! 자네야말로 내 진짜 사위가 아닌가. 내 자네를 부마도위에 임명하겠네遂封度爲駙馬都尉."

부마는 원래 천자가 타는 부거副車:예비수레를 끄는 말을 일컫고, 그 말을 맡아 보는 관리를 부마도위라 했다. 그것이 나중에는 천자의 사위에게 부여되는 벼슬이 되었고, 따라서 부마도위의 줄임말인 부마는 왕의 사위 또는 공주의 남편을 뜻하는 말이 되었다.

156 부저유어 釜底游魚

솥에서 헤엄치는 물고기처럼 매우 절박한 상황

釜 가마 **부** | 底 밑 **저** | 游 헤엄칠 **유** | 魚 고기 **어**

출전《후한서後漢書》·《자치통감資治通鑑》

동한東漢 순제順帝 때 장강張綱이라는 하급관리가 있었는데, 충실하고 강직하여 아부할 줄 몰랐다. 그 당시 양기梁冀라는 사람이 대장군이었는데 황후인 누이를 믿고 안하무인격으로 행동했다. 이에 장강은 황제에게 양기의 불법 행위를 공개적으로 밝혀 조정의 백관들을 놀라게 했다.

얼마 후, 광릉廣陵에서 장영張嬰이 사람들을 모아 자사刺史를 살해하는 일이 벌어졌다. 장강에게 앙심을 품고 있던 양기는 이 틈을 노려 장강을 제거하고자 그를 광릉 태수로 임명했다. 장강은 양기의 계략을 알고 있었지만 곧 광릉자사로 부임하여 장영을 설득했다. 충직한 장강의 말을 듣고 난 장영은 곧 눈물을 흘리며 말했다.

"저희는 물고기가 솥에서 헤엄치는 것처럼, 잠시 숨만 겨우 쉬고 있을 따름입니다若魚游釜中, 喘息須臾間耳. 대인께서 이처럼 명철하시니 저희는 기꺼이 조정에 귀순하겠습니다."

장강은 그들을 모두 용서해주었고 광릉은 곧 안정을 되찾았다. 황제는 공을 세운 장강을 불러들여 중용하려 했으나, 양기의 반대와 장영의 상소 때문에 그곳에서 더 근무하게 되었다.

부저유어釜底游魚란 상황이 극히 위험한 상태를 일컫는 말로, 장자가 말한 학철부어涸轍鮒魚와 같은 뜻이다. 사람 목숨으로 치면 그야말로 명재경각命在頃刻, 풍전등화風前燈火인 셈이다.

157 부중치원 負重致遠

무거운 물건을 지고 멀리까지 간다

負 짐질 **부** | 重 무거울 **중** | 致 이를 **치** | 遠 멀 **원**

출전《삼국지三國志》〈촉서蜀書〉〈방통전龐統傳〉

위魏·오吳·촉蜀이 정립했던 삼국시대. 오나라 대도독大都督 주유周瑜가 병으로 갑자기 세상을 뜨자 그의 친구 방통이 몹시 슬퍼하며 달려와 조문했다.

박학다식하기로 명성이 자자한 방통이 오를 방문하자 육적陸績, 고소顧邵, 전종全琮 같은 걸출한 선비들도 함께 참석하여 방통과 친분을 맺었다. 방통은 자신을 환송하는 모임에서 그 만난 사람들에 대한 평을 해주었다.

"육적은 잘 달리는 말처럼 재능이 뛰어나고, 고소는 힘든 일을 견디며 일하는 소처럼 무거운 짐을 지고 멀리까지 갈 수 있으며顧子可謂駑牛能負重致遠也, 전종은 지혜가 조금 부족하지만 이 시대의 인재임에 틀림없소이다."

그러자 누군가가 되물었다.

"육적에게 고소를 앞지를 만한 재능이 있다는 뜻입니까?"

방통이 대답했다.

"말은 재빨리 달릴 수 있으나 사람 한 명만 태울 뿐입니다. 그런데 소는 하루에 삼백 리를 걸어갈 수 있고, 소가 짊어진 짐이 한 사람의 몸무게만 되겠습니까?"

이 방통의 말에서 유래한 부중치원負重致遠은 무거운 물건을 지고 멀리까지 간다는 뜻으로 중요한 직책을 감당한다는 말이다.

158 분도양표 分道揚鑣

길을 나누어 말을 몰아 나간다

分 나눌 **분** | **道** 길 **도** | **揚** 떨칠 **양** | **鑣** 재갈 **표**

출전《북사北史》〈위제종실열전·하간공제魏諸宗室列傳·河間公齊〉편

북위北魏 효 문제孝文帝가 수도를 낙양으로 옮겼다. 낙양 경조윤京兆尹으로 있던 원지元志는 박식하고 글재주가 좋았지만, 학문이 부족한 고관들을 무시하는 버릇이 있었다.

하루는 그가 수레를 타고 거리를 지나가다가 어사중위御史中尉 이표李彪의 수레와 마주쳤는데, 고관일수록 수행하는 사람도 많아서 그 위세가 대단했다. 백성들은 행차행렬을 피해 멀찌감치 물러났고, 수레가 마주치면 직급이 낮은 관리가 고위관리를 위해 길을 비켜주는 것이 상례였다.

그런데 이표가 원지보다 관직이 한참 높았지만 학문이 높지 않은 고관들을 무시하던 원지는 길을 비켜주려 하지 않았다. 이날 양측의 자존심을 내건 다툼이 일었고 마침내 효문제 앞에까지 가서 시비를 가리게 되었다.

이표가 효문제에게 호소했다.

"어사중위는 조정의 대신이거늘 경조윤 따위가 어찌 신과 맞선단 말입니까?"

이에 원지도 물러서지 않았다.

"신은 도성의 수장으로서 낙양에 사는 모든 백성들의 호적을 관리하고 있습니다. 어찌 보통 관리들처럼 어사중위에게 길을 양보할 수 있겠습니까?"

두 사람의 말을 듣고 난 효문제는 어느 한 쪽 편도 들지 않고 이렇게 말했다.

"낙양은 나의 도읍이니 그대들은 마땅히 길을 나누어 말을 몰아야 할 것이오洛陽我之豊沛, 自應分路揚鑣. 오늘 이후로는 길을 달리해서 다니도록 하시오."

분도양표分道揚鑣는 길을 나누어 말을 몰아간다는 뜻으로, 서로 뜻과 취향이 다르고 목적이 달라 가는 길이 다름을 비유한 말이다.

159 불가구약 不可救藥

일이 처음으로 되돌릴 수 없는 처지가 됨

不 아닐 **불** | 可 옳을 **가** | 救 구할 **구** | 藥 약 **약**

출전《시경詩經》〈대아大雅〉편〉

《시경詩經》〈대아大雅〉편〉에 나오는 '판板'이라는 시는 주周나라 범백凡伯이 지은 시다.

서주西周 말엽 여왕厲王이 백성을 핍박하는 정책을 펴자 일부 대신大臣들까지 불평했고 백성들은 왕을 저주했다. 보다 못한 범백이 어진 정치를 베풀 것을 간언했지만 간신들은 그를 비웃기만 했다. 이에 화가 난 범백은 다음의 시를 통해 답답함을 토로했다.

하늘이 저리도 가혹한데 날 그렇게 놀리지 마소.
늙은이는 진정으로 대하거늘 젊은 사람은 교만하고
내 하는 말 망령됨이 없거늘 그대들은 농으로 받는구려.
심해지면 그땐 고칠 약도 쓸 수 없다오不可救藥.

결국, 기원전 841년 주나라 백성들이 폭동을 일으킴으로써 여왕의 포악한 정치도 끝장나고 말았다.

불가구약은 일이 이미 되돌릴 수 없을 지경에 처했음을 일컫는 말로, 악인惡人을 구원할 수 없거나 나쁜 습관을 고치기 힘든 경우에 쓰인다. 비슷한 말로 무가구약無可救藥이 있다.

160 불두저분 佛頭著糞

불상의 머리에 똥을 싸다

佛 부처 **불** | **頭** 머리 **두** | **著** 붙을 **저** | **糞** 똥 **분**

출전《경덕전등록景德傳燈錄》〈여회선사如會禪師편〉

송宋나라 때, 최崔씨 성을 가진 한 사람이 절에 갔다가, 참새들이 불상의 머리에 똥을 싸놓은 것을 보게 되었다鳥雀于佛頭上放糞. 그는 절의 주지가 너무 나태하다는 생각에 크게 화를 내며 말했다.

"이런 참새들한테도 불성佛性이 있소?"

주지는 그의 의도를 잘 알고 있기에 이렇게 대답했다.

"물론이지요."

주지의 대답에 최씨는 그가 어떤 식으로 변명할지가 궁금해서 다시 물었다.

"참새에게 불성이 있다는 걸 어떻게 알지요? 불성이 있다면 어떻게 부처님의 머리에 똥을 쌀 수가 있냔 말입니다."

주지는 웃으면서 대답했다.

"참새가 불상에 똥을 싼 것인즉 부처님이 대자대비 하셔서 살생을 하지 않는다는 것을 잘 알고 있기 때문입니다. 안 그러면 참새들이 독수리 머리에다 똥을 싸지 않는 까닭이 무엇이겠습니까?"

주지의 그 말에 최씨 사내는 그저 허허 웃을 수밖에 없었다.

불두저분佛頭著糞은 경멸이나 모욕을 당함을 비유한 말이다.

161

불비불명 不飛不鳴

날지도 울지도 않는 새

不 아닐 **불** | 蜚(飛) 날 **비** | 不 아닐 **불** | 鳴 울 **명**

출전《사기史記》〈골계열전滑稽列傳〉

제 위왕齊威王은 날마다 음주가무를 즐기고 음탕한 짓도 서슴지 않았다. 당연히 정사는 대신들에게 맡기고 거들떠보지도 않았고, 법령도 잘 시행되지 않았다. 이에 호시탐탐 기회를 엿보는 이웃 제후들의 노림 속에서 제나라는 위기에 처해 있었다. 그런데도 신하들은 감히 간언하지 못하고 있는데, 이때 순우곤淳于髡이 위왕이 좋아하는 수수께끼로 충언하려고 했다.

"전하, 커다란 새 한 마리가 대궐 뜰에 앉아 있습니다. 그런데 3년이 지나도록 날지도 울지도 않습니다. 이것이 대체 무슨 새입니까?"

위왕은 순우곤이 무슨 말을 하려는지 그 뜻을 알아챘다. 잠시 의관을 정재하고 생각하던 위왕이 이윽고 입을 열었다.

"그 새는 비록 날지 않고 있을 뿐이지만 한번 날개를 펼치면 하늘 끝까지 날아오르고, 비록 울지 않고 있을 뿐이지만 한번 울면 세상을 놀라게 할 것이오."

그것은 자기를 섣불리 판단하지 말라는 경고인 동시에 비장의 각오를 내비친 말이었다.

아니나 다를까, 위왕은 얼마 후 전국 각 현들의 수장들을 불러 모아 행정을 하나하나 챙긴 뒤 누구는 벌을 주고 누구한테는 상을 주었다. 그리고는 곧장 군대를 점검하여 출정했다. 위왕의 백팔십도 달라진 면모에 깜짝 놀란 제후들은 그동안 멋대로 차지하고 있던 제나라의 성과 영토를 돌려주며 화를 달래려고 했다. 위왕은 그야말로 날갯짓 한 번 울음 한 번에 모든 것을 되찾고 천하에 위엄을 떨쳐 보인 것이다.

비슷한 이야기는《여씨춘추呂氏春秋》〈중언편重言篇〉에도 나온다.

초 장왕楚莊王은 즉위 삼년이 되도록 주색잡기에 빠져 살았다. 신하들이 이를 말리며 귀찮게 하자 '간하는 자는 죽이겠다'는 현판까지 내걸었다.

하루는 오거伍擧가 연회석상을 찾아가 "삼년 동안 날지도 울지도 않은 새가 무슨 새냐?"고 제의 순우곤과 똑같이 물었다. 그러나 장왕은 그 뜻을 이해하지 못한 듯 방탕한 생활을 계속했다. 이에 보다 못한 소종蘇從까지 장왕을 찾아갔다.

술자리로 들어오는 소종을 본 장왕은 손사래부터 쳤다.

"간하는 사람은 죽인다는 현판을 보지 못했는가?"

"보았습니다."

"그럼 술을 마시러 들어왔는가, 노래를 듣고 싶어 왔는가?"

소종이 대답했다.

"신은 간하러 온 것이 아니라 폐하께 수수께끼를 하나 말씀드리러 왔습니다."

"그래? 그럼 어디 말해 보라."

"남쪽 언덕에 새 한 마리가 앉아 있는데, 삼 년이 되도록 날지도 우는 일도 없으니 이 새가 대체 무슨 새이겠습니까?"

초장왕은 그제야 소종의 말뜻을 알아들었다.

이윽고 좌중을 물린 왕은 정좌를 하고나서, 그동안 누가 간신이고 충신인지를 알게 되었으며, 정치를 어떻게 해야 할지를 깨닫게 되었노라 말했다. 그런 다음 술상을 파함과 동시에 과감한 숙청肅淸을 단행하고 일거에 하늘을 나는 기세로 천하를 호령하여 세상을 놀라게 하는 패업霸業을 이루었다.

불비불명不飛不鳴은 새가 날지도 울지도 않는다, 능력 있는 자가 힘을 발휘할 때를 기다린다는 뜻으로, 일단 한번 뜻을 펼치면 큰일을 성취한다는 말이다. 인재가 때를 기다린다는 비슷한 말로 복룡봉추伏龍鳳雛, 와룡봉추臥龍鳳雛, 용구봉추龍駒鳳雛가 있다.

162 불치하문 不恥下問

아랫사람에게 묻는 것을 부끄러워하지 않는다

不 아닐 **불** | 恥 부끄러울 **치** | 下 아래 **하** | 問 물을 **문**

출전 《논어論語》〈공야장公冶長〉편

위衛나라 대부大夫 공어孔圉는 학문을 좋아하고 인품이 겸손해서 사람들로부터 칭송을 받았다. 그가 죽자 위 군주는 백성들로 하여금 그의 호학정신을 본받고 계승하도록 문文이라는 봉호封號를 하사했다.

나중에 공자의 제자 자공子貢은 공어에게도 과실이 있으므로 그렇게 높은 평가를 받아서는 안 된다고 생각했다. 그래서 스승에게 공어의 시호에 대해 물어보았다.

"공 문자孔文子의 시호諡號가 어떻게 해서 '문文'이 되었습니까?"

공자가 대답했다.

"민첩해서 배우기를 좋아하고 아랫사람에게 묻는 것을 부끄러워하지 않았다. 그래서 시호를 문이라 한 것이다敏而好學 不恥下問 是以謂文也."

불치하문不恥下問은 하문불치下問不恥라고도 하는데, 혹시 모르는 것이 있으면 비록 아랫사람에게 묻는 것일지라도 부끄럽게 여기지 않는다는 말이다. 비슷한 말로 '삼인행 필유아사三人行 必有我師'가 있다. '함께 길을 가는 세 사람 중에는 반드시 스승이 될 만한 사람이 있다', 누구한테든 배울 것이 있다는 말이다.

163

불한이율 不寒而慄

날이 춥지 않아도 몸이 떨릴 정도로 두렵다

不 아닐 **불** | 寒 찰 **한** | 而 말이을 **이** | 慄 두려워할 **율**

출전《사기史記》〈혹리열전酷吏列傳〉

한漢나라 때 의종義縱은 원래 도둑 출신인데, 그의 누이 의후가 황태후의 병을 고쳐 주는 계기로 총애를 받음으로써 벼슬에 올라 현감縣監을 거쳐 남양 태수太守를 지낸 뒤 정양 태수가 되었다.

의종은 지방 호족들을 숙청하고 백성들을 탄압하는데 앞장섰다. 남양 태수 시절에는 도위都尉 영성을 잡아가두고 그 일가족을 모두 죽였다. 또 정양 태수 시절에는 지역의 호족세력을 토벌하여 2백여 명을 옥에 가두었고, 이들을 면회 온 2백 명을 체포하여 모두 4백여 백성을 죽였다. '4백 명을 다 죽였다는 소문을 듣고 정양군의 백성들은 날이 춥지 않음에도 몸을 벌벌 떨었다是日皆報殺四百餘人 郡中不寒而慄.'

불한이율不寒而慄은 백성들을 잔혹하게 죽이고 탄압하여 무고한 백성들이 공포에 떠는 것을 비유한 말이다.

164

비육지탄 髀肉之嘆

넓적다리 살을 탄식함

髀 넓적다리 **비** | 肉 살 **육** | 之 갈 **지** | 嘆 탄식할 **탄**

출전《삼국지三國志》〈蜀志촉지〉

유비劉備는 한때 조조曹操와 협력하여 하비下邳에서 여포呂布를 물리치고 허창許昌으로 올라가 헌제獻帝를 알현했다. 그러나 곧 조조 휘하를 떠나 같은 황족인 형주荊州의 유표에게 의지했고, 그의 부하들은 은근히 형주를 넘보고 있었다.

한번은 유표가 마련한 술자리에서 볼일을 보러 나갔다가 넓적다리에 붙은 살을 느끼고 소리 내어 울다가 자리로 돌아오는데, 유표가 이를 눈치 채고 까닭을 묻자 자신의 신세를 한탄하며 말했다.

"나는 언제나 말안장을 떠날 틈이 없어 넓적다리 살이 붙은 일이 없었는데, 요즘은 말 탈 일이 없어 넓적다리 안쪽에 살이 붙었지 뭡니까. 세월은 화살처럼 달려 곧 늙음이 닥쳐올 텐데 공을 세운 것도 이룬 일도 없어서 슬퍼한 것입니다."

비육지탄髀肉之嘆은 능력을 발휘하여 보람 있는 일을 하지 못한 채 헛되이 세월만 보내는 것을 한탄하는 말이다.

165 빈계지신 牝鷄之晨

암탉이 울어 새벽을 알린다

牝 암컷 **빈** | **鷄** 닭 **계** | **之** 어조사 **지** | **晨** 새벽 **신**

출전《서경書經》〈목서편牧誓篇〉

주周나라 서백西伯이 죽자 그 아들 발發. 무왕이 대를 이었다. 이때 은 주왕殷紂王은 달기의 미색에 빠져 주지육림으로 세월을 탕진하고 호화로운 궁궐을 지어 백성들의 원성이 하늘을 찔렀다. 이에 무왕은 제후들의 강한 요청과 은나라 백성들을 구제한다는 명분을 내걸고 주왕 토벌에 나섰다. 무왕은 곧 3천 군사를 이끌고 은의 목야牧野까지 진격했다. 그는 이곳에서 군사들을 모아놓고 말했다.

"용사들이여! 창을 세우고 방패를 높이 들어라. 옛 사람이 말하기를 암탉은 새벽에 울지 않는다. 암탉이 울면 집안이 망하는 법이다古人有言曰 牝鷄無晨 牝鷄之晨 惟家之索. 지금 주왕은 여자한테 빠져서 백성을 학대하고 나라를 어지럽히고 있다. 나는 지금 오직 하늘의 순리를 따르고자 하는 것이다!"

이것은 신하인 무왕이 천자인 주왕을 정벌하기 위한 대의명분을 밝힌 것이다.

여기서 말하는 암탉은 달기를 말하는데, 예부터 새벽에 우는 것은 수탉인데 암탉이 새벽에 울면 불길하다고 여겼기 때문이다. 빈계지신牝鷄之晨은 여자가 기승을 부림 말하며, 이는 집안에서 여자가 소리를 높여 기세를 떨치는 것을 부정적으로 본 것이다.

166 빈모여황 牝牡驪黃

암컷인가 수컷인가, 검은가 누런가

牝 암컷 **빈** | 牡 수컷 **모** | 驪 검은 말 **려** | 黃 누를 **황**

출전《열자列子》〈설부편說符篇〉

진秦나라 목공穆公이 백락伯樂을 불러 말했다.

"그대 자식들이 말에 대해 잘 안다고 들었소. 한 번 천거해보시오."

"제 자식들도 좋은 말을 볼 줄 압니다만, 명마名馬를 보는 혜안은 갖추지 못했습니다."

그러면서 구방고九方皐라는 사람을 추천했고, 목공은 그에게 훌륭한 말을 구해 오라고 지시했다.

석 달이 지나서 돌아온 구방고가 말했다.

"사구沙丘에 누런 암말牝而黃이 한 필 있습니다."

목공이 무장을 시켜 그 말을 알아보게 했는데, 수말이고 검은색이었다牡而驪.

목공이 화를 내면서 백락을 나무랐다.

"구방고 그 놈은 말의 색깔과 암수도 구별하지 못하는 무지렁이가 아닌가!"

그러나 백락은 이렇게 말했다.

"구방고는 정수만을 파악하고 대체적인 것은 잊어버립니다. 그는 속을 살피고 겉모습은 잊어버리며, 봐야 할 것을 보고 보지 않아도 될 것은 보지 않습니다. 그가 그 말을 골랐다는 것은 그 말의 귀한 특징을 발견했기 때문일 것입니다."

얼마 후, 그가 골랐다는 말을 끌고 와 보니 과연 천하의 명마가 따로 없었다.

빈모여황牝牡驪黃은 사물을 인식하기 위해서는 그 실질적인 면을 파악해야 한다는 말이다.

167 빈자일등 貧者一燈

가난한 사람의 등불 하나

貧 가난할 **빈** | 者 사람 **자** | 一 한 **일** | 燈 등잔 **등**

출전《현우경賢愚經》〈빈녀난타품貧女難陀品〉

석가모니가 사위국舍衛國에 머물 때 그곳 국왕을 비롯한 많은 사람들이 저마다의 신분에 걸맞게 공양을 했다. 멀리서 그 모습을 본 한 가난한 여인은 이렇게 한탄했다.
"모처럼 훌륭한 스님을 뵙게 되었음에도 아무런 공양도 할 수 없다니 정말 슬픈 일이다."
여인은 온종일 구걸하여 얻은 돈 한 푼을 들고 기름집으로 갔다. 한 푼어치 기름은 팔 수 없었지만 여인의 사연을 들은 주인은 그 정성을 갸륵히 여겨 몇 배나 되는 기름을 주었다.
이름이 난타難陀였던 여인은 그 기름으로 등을 하나 만들어서 석가모니께 바쳤다. 그런데 공양한 수많은 등불 속에서 이상하게도 난타가 바친 등불만이 새벽까지 남아서 밝게 타고 있었다. 그 불은 손으로 바람을 보내거나 옷자락을 흔들어대도 꺼지지 않았다. 나중에 석가는 난타의 그 갸륵한 정성을 알고 그녀를 비구니로 받아주었다.
빈자일등貧者一燈은 가난한 사람의 등불 하나라는 말로, 물질의 다과多寡보다는 정신이 더 소중하다는 말이다.

168 사면초가 四面楚歌

사방에서 들려오는 초나라 노랫소리

四 넉 **사** | **面** 낯 **면** | **楚** 초나라 **초** | **歌** 노래 **가**

출전《사기史記》〈항우본기項羽本紀〉

항우項羽의 최후의 순간이 다가오고 있었다. 핵심 참모인 범증范增도 떠나고, 결국 유방劉邦에게 눌려 굴욕적인 강화講和를 하고 동쪽으로 돌아가던 중 해하垓下에서 한신韓信에게 포위당하고 말았다. 출로는 보이지 않고 따르는 군사도 얼마 남지 않았는데 적군은 점점 포위망을 좁혀왔다.

바로 이때 한밤중에 사방에서 초나라 노래가 들려왔다. 가뜩이나 고달픈 초병들에게 고향을 떠올리게 하는 구슬픈 노래로, 한군이 항복한 초병들에게 고향 노래를 부르게 한 것이다. 항우는 탄식했다.

"한군이 이미 초나라를 차지했단 말인가? 초나라 사람들이 어찌 저렇게 많은고?"

그는 조촐하게나마 진중의 마지막 주연酒宴을 베풀었다. 그리고 저 유명한 역발산기개세力拔山氣蓋世의 시를 지어 자신의 운명을 탄식하고, 총애하던 우미인虞美人도 그의 시에 화답하고 스스로 목숨을 끊었다.

사면초가四面楚歌는 사방에서 들리는 초나라 노래라는 뜻으로, 적에게 포위되거나 누구의 도움도 받을 수 없는 고립상태에 빠진 것을 말한다. 고립무원孤立無援, 낭패불감狼狽不堪, 진퇴양난進退兩難 등이 같은 말이다.

169 사목지신 徙木之信

나무 옮기기로 백성들을 믿게 하다

徙 옮길 **사** | 木 나무 **목** | 之 어조사 **지** | 信 믿을 **신**

출전 《사기史記》〈상군열전商君列傳〉

진 효공秦孝公에게 상앙商鞅이라는 재상이 있었다. 상앙은 위衛나라 공족公族 출신으로 법률에 밝았다. 그가 표방한 것은 법치를 바탕으로 한 강력한 부국강병책이었는데, 이는 훗날 시황제가 천하통일을 이루는 기틀이 되었다.

상앙이 한번은 법을 제정해놓고 공포를 하지 않았다. 백성들의 불신을 우려했기 때문이다. 이에 상앙은 먼저 백성들에게 신뢰를 주기 위해 남문 저잣거리에 9m 높이의 나무를 세우고 "이 나무를 북문으로 옮기는 사람에게 십금十金을 주겠다."고 말했다. 하지만 아무도 옮기려는 사람이 없었다. 상앙이 다시 오십 금을 주겠다고 하자 이번에는 옮기려는 사람이 있었다. 상앙은 즉시 그에게 오십 금을 내주어 나라가 백성을 속이지 않는다는 믿음을 주었다. 그런 다음에 새로운 법을 공포했다.

새 법이 공포되고 1년이 지나자 억울함을 호소하는 사람이 천명이 넘었다. 그런데 바로 이때 태자가 법을 위반하는 사건이 벌어졌다. 상앙은 법에 따라 태자의 대부大傅를 처형하고 태사太師를 경형黥刑 : 범인의 이마나 볼에 글자를 새기는 형벌에 처했다. 그러자 다음날부터 백성들은 이 법을 준수하게 되었다.

그 후 10년이 지나자 백성들은 이 법에 대해 매우 만족해했다. 길에 떨어진 남의 물건은 줍지 않았고 산에는 도적이 없었다. 또 집집마다 풍족하고 인심이 넉넉했다. 나라를 위한 싸움에는 용감했으며 사적인 싸움에는 겁을 먹었다.

사목지신徙木之信은 나무 옮기기로 백성들의 신뢰를 샀다는 말로, 동의어는 이목지신移木之信이고 반대말은 식언食言이다.

170 사분오열 四分五裂

넷으로 나뉘고 다섯으로 찢어짐

四 넉 **사** | 分 나눌 **분** | 五 다섯 **오** | 裂 찢을 **열**

출전《전국책戰國策》〈위책魏策〉

전국시대는 강대국인 진秦나라와 연燕·제齊·초楚·한韓·위魏·조趙나라가 전국을 분할하여 다스리고 있었다. 진의 세력이 날로 막강해지자 소진蘇秦은 연나라에 다섯 제후국의 우두머리가 되어 진에 대항해야 한다는 합종설合從說을 주장했다. 이에 반해 위나라 장의張儀는 연횡連橫을 주장하며 강국인 진과 화친해야 한다면서 위왕께 이렇게 말했다.

"위나라는 남으로 초, 동으로는 제, 서쪽으로는 한, 북으로는 조나라와 접해 있습니다. 만약 주위 나라들과 관계가 나빠져서 그들이 공격해온다면 사방을 방어하기가 쉽지 않으며, 위는 곧 전쟁터가 될 것입니다. 위가 남쪽의 초楚와 함께 하면서 제齊를 멀리하면 제가 동쪽에서 공격해올 것이고, 동쪽의 제와 함께 하면서 조趙를 멀리하면 조가 북쪽에서 침공할 것입니다. 한韓과 연합하지 않으면 한이 서쪽을 공격할 것이고, 초를 멀리하면 초가 남쪽을 침공할 것입니다. 이렇게 되면 나라가 사분오열四分五裂될 것이니 차라리 진에 의지하여 평화를 보장받는 편이 낫습니다."

형세에 따라 여섯 나라와 화친과 공략을 하되 강대국인 진과는 동맹관계를 유지해야 나라의 안정을 보장받을 수 있다는 말이었다.

그러나 결국 합종책과 연횡책이 수시로 일어나는 가운데 진나라의 막강한 세력에 대항하지 못한 여섯 제후국은 기원전 221년 진시황에게 멸망하고 말았다.

사분오열四分五裂은 여러 세력으로 나뉘어 단결하지 못한 상태를 일컫는다. 비슷한 말로 삼분오열三分五裂, 오합지졸烏合之卒, 동상이몽同床異夢 등이 있다.

171 사불급설 駟不及舌

네 마리 말이 끄는 수레도 혀보다 빠르지 못하다

駟 사마 **사** | 不 아닐 **불** | 及 미칠 **급** | 舌 혀 **설**

출전《논어論語》〈안연편顔淵篇〉

위衛나라 대부 극자성棘子成이 공자의 제자 자공子貢에게 물었다.
"군자는 그 바탕만 세우면 그만이지 왜 문이 필요한가요?"
이에 자공이 그이 경솔한 말을 반박했다.
"안타깝지만 사駟도 혀에 미치지는 못합니다駟不及舌. 문文이 질質과 같고 질이 문과 같다면, 그것은 호랑이나 표범의 가죽을 개나 양의 가죽과 같다고 보는 이치 같지요."
여기서 질은 소박한 인간의 본성을 말하고, 문은 인간만이 가지고 있는 예의범절 등 외면치레를 나타낸다. 사불급설은 네 마리 말이 끄는 수레도 혀보다 빠르지는 못하다는 말이니, 소문은 빨리 퍼지니 말을 조심해서 하라는 뜻이다.
우리 속담에도 '낮말은 새가 듣고 밤말은 쥐가 듣는다'가 있고, 《명심보감明心寶鑑》에도 '입은 사람을 상하게 하는 도끼요, 말은 혀를 베는 칼이다. 입을 막고 혀를 감추면 어디서든 몸이 편안할 것이다.'라는 문장이 있다. 비슷한 말로 언비천리言飛千里, 윤언여한綸言如汗·호령여한, 이속우원耳屬于垣, 악사천리惡事千里 등이 있다.

172 사이비 似而非

겉으로는 그럴싸하지만 실제로는 그렇지 못함

似 같을 **사** | 而 말 이을 **이** | 非 아닐 **비**

출전《맹자孟子》〈진심장하盡心章下〉

만장萬章이 스승인 맹자에게 물었다.

"온 고을이 다 그를 향원鄕原:세속에 따라 야합하는 위선자이라고 하면 어딜 가나 향원일 텐데 공자께서 덕德을 해치는 사람이라고 말씀하신 까닭은 무엇입니까?"

맹자는 공자의 말을 인용하여 다음과 같이 대답했다.

"공자께서 말씀하시길, '나는 겉으로는 비슷하나 실제로는 그렇지 않은 것을 미워한다惡似而非者. 강아지풀을 미워하는 것은 그것이 곡식의 싹을 혼란시킬까 두려워서고, 망령됨을 미워하는 것은 그것이 정의를 혼란시킬까 두려워서고, 말 많은 것을 미워하는 것은 그것이 믿음을 혼란시킬까 두려워서고, 보라색을 미워하는 것은 그것이 붉은색을 혼란시킬까 두려워서고, 향원을 미워하는 것은 그들이 덕을 혼란시킬까 두려워서다'라고 하셨다."

사이비似而非란 사시이비似是而非에서 비롯된 말로, 겉으로는 그럴싸하지만 실제로는 그렇지 못함을 뜻한다.

173 사족 蛇足

밤의 발처럼 쓸데없는 군더더기

蛇 뱀 사 | 足 발 족

출전《사기史記》·《전국책戰國策》

초나라의 제사를 담당하는 벼슬아치가 어느 날 제사를 치른 술을 하인들에게 주었다. 여러 하인들이 입맛을 다시며 모여 들었는데, 정작 술의 양이 얼마 되지 않았다. 이에 한 명이 나서서 말했다.

"어차피 부족한 술이니 찔끔찔끔 나눌 것 없이 그냥 한 명한테 몰아줍시다."

그러면서 이렇게 제안했다.

"뱀 그리기 시합을 해서 맨 먼저 그리는 사람한테 술을 주는 것이 어떻겠소?"

그 말에 사람들이 모두 동의했고 열심히 뱀을 그리기 시작했다.

얼마 후 한 사람이 그림을 내놓으며 말했다.

"자, 뱀을 내가 맨 먼저 그렸소이다. 술은 내 몫이오."

그가 술병에 손을 대려는 순간 옆에 있던 사람이 그 술병을 가로채며 말했다.

"천만에! 이 술은 내 것이오. 한번 보시오. 당신이 그린 뱀에는 다리가 있는데 이걸 어찌 뱀이라 할 수 있겠소?"

이때부터 쓸데없이 덧붙인 일이나 군더더기를 가리켜 화사첨족畵蛇添足, 줄여서 사족蛇足이라 부르게 되었다. 뱀을 발까지 그려 넣는다는 말로, 하지 않아도 될 일을 하다가 일을 그르치는 경우를 빗댄 것이다.

174 사지 四知

하늘이 알고 땅이 알며 그대가 알고 내가 알거늘

四 넉 사 | 知 알 지

출전《십팔사략十八史略》·《양진전楊震傳》

후한後漢의 유학자 양진楊震이 어느 고을의 군수가 되었다.

하루는 하급 관청인 현縣의 현령縣令이 몰래 많은 금품을 싸들고 와서 뇌물로 바치려고 했다.

"밤도 깊고 아무도 아는 이가 없습니다."

이에 양진은 다음과 같은 말로 꾸짖었다.

"하늘이 알고 땅이 알며 그대가 알고 내가 알고 있거늘天知地知子知我知 어찌 아는 이가 없다고 말하는가?"

그 말에 현령은 몹시 부끄러워하며 자리를 물러났다.

양진은 훗날 삼공三公의 지위까지 올랐지만, 환관과 황제의 유모인 왕성의 청탁을 거절했다가 모함을 받자 스스로 독약을 마시고 자결했다.

사지四知란 세상에 비밀이 있을 수 없다는 말이다.

175 사회부연 死灰復燃

사그라진 재에 다시 불이 붙다

死 죽을 **사** | 灰 재 **회** | 復 다시 **부** | 燃 사를 **연**

출전《사기史記》〈한장유열전韓長孺列傳〉

전한前漢시기, 양梁나라 효왕孝王 때의 관리 한안국韓安國이 위법한 죄로 옥에 갇혔다. 이때 옥사장인 전갑田甲이 대우하지 않고 모욕을 주자 한안국이 화를 내며 말했다.

"다 타버린 재에서도 불길이 되살아나지 않는가死灰獨不復燃(然)乎?"

이 말은 자신이 곧 죄를 벗고 잃어버린 권력을 되찾아 명예를 회복하겠다는 다짐이었다. 그러나 전갑은 이를 비웃었다.

"다시 불이 타오르면 내가 오줌을 갈겨서 꺼버리겠다然卽溺之."

그 후 옥에서 풀려난 한안국은 내사內史로 다시 벼슬길에 올랐다. 이 소식을 접한 전갑은 화들짝 놀라 달아나 버렸고, 한안국은 전갑이 복귀하지 않으면 그 일족을 멸하겠노라 포고했다.

얼마 후 벌벌 떨면서 자수해 온 전갑에게 한안국이 웃으면서 말했다.

"너 같은 놈은 심문할 가치조차 없다. 그러니 어서 오줌이나 한번 눠 보거라!"

"소인이 죽을죄를 지었습니다."

한안국은 껄껄 한바탕 웃고 나서 전갑을 너그러이 용서해주었다.

사회부연死灰復燃은 사회복연死灰復燃이라고도 하며, 권세를 잃거나 곤란에 처한 사람이 다시 재기하는 경우를 말한다. 싸움에 패했다가 재차 공격하거나 실패한 뒤 힘을 비축하여 다시 도전한다는 뜻에서 권토중래捲土重來와 비슷하다.

176 삼고초려 三顧草廬

제갈량의 오두막을 세 번 찾아가다

三 석 **삼** | 顧 돌아볼 **고** | 草 풀 **초** | 廬 오두막 **려**

출전《삼국지三國志》

제갈량의 출사표出師表에서 유래한 말로, 유비 현덕玄德이 와룡강臥龍江에 숨어 사는 제갈량을 불러내기 위해 세 번이나 찾아가 정성을 들임으로써 마침내 그를 세상밖으로 끌어낸 이야기에서 비롯된 말이다.

"신은 본래 포의布衣로서 남양南陽에서 밭이나 갈며 어지러운 세상에서 구차히 목숨을 보존하려했을 뿐 제후들 사이에 이름이 알려지기를 원치는 않았습니다. 선제先帝 : 유현덕께서 신같이 비천한 몸을 천하다 여기지 않으시고 황공히도 몸소 허리를 굽히시어 세 번이나 제 초막草幕에 찾아오셔서 신께 당면한 세상일을 물으시는지라 이에 감격하여 선제를 쫓아다닐 결심을 하게 되었던 것입니다……."

이 출사표에서 유래한 삼고초려三顧草廬는 인재를 얻기 위해 참을성 있게 노력하거나 마음을 쓴다는 말로 삼고지례, 초려삼고草廬三顧라고도 한다. 오늘날은 지위가 높은 사람이 자신의 신분이나 지위를 잊고 인재를 초빙해 자기사람으로 쓰고자 하는 겸손과 성의를 뜻하는 말로 쓰인다.

177 삼인성호 三人成虎

세 사람이 호랑이가 나타났다고 하면 믿게 된다

三 석 **삼** | 人 사람 **인** | 成 이룰 **성** | 虎 범 **호**

출전《전국책戰國策》〈위지魏志〉

위魏 방총龐葱이 인질人質이 되어 태자와 함께 조趙나라 한단邯鄲으로 가게 되었다. 방총은 출발하기 앞서 혜왕惠王을 알현하고 말했다.

"전하, 지금 누가 저잣거리에 호랑이가 나타났다고 한다면 믿으시겠습니까?"

"그런 터무니없는 소리를 누가 믿겠소."

"이때 또 한 사람이 같은 소리를 하면 믿으시겠습니까?"

"그 역시 믿지 않을 것이오."

"만약 세 번째 사람이 똑같은 말을 하면 그래도 믿지 않으시겠습니까?"

"글쎄, 그 땐 믿어야겠지?"

그 말을 들은 방총이 한숨을 내쉬며 간곡한 어조로 말했다.

"상식적인 사람이라면 저잣거리에 호랑이가 나타나지 않는다는 것쯤은 잘 알 것입니다. 그런데도 세 사람이나 똑같이 호랑이가 나타났다고 하면 정말 나타난 것이 되고 맙니다夫市之無虎明矣 然而三人言而成虎. 지금 한단은 멀고 신을 모함하는 사람도 셋 정도가 아닙니다. 원컨대 주군께서는 살펴주십시오."

"과인의 아들을 맡기면서 어찌 경을 의심하겠소? 절대 그런 일 없을 테니 안심하고 떠나도록 하오."

그러나 방총과 태자가 궁을 떠난 지 얼마 안 돼 그를 헐뜯는 참소가 시작되었다. 혜왕도 처음에는 일축하고 말았지만 같은 소리가 두 번 세 번 이어지자 어느덧 자기도 모르게 귀가 솔깃해지고 말았다. 몇 년 후 태자는 볼모의 신세를 면하여 귀국했지만, 방총은 끝내 돌아오지 못하는 신세가 되고 말았다.

삼인성호三人成虎는 근거 없는 말도 여러 사람이 거듭 말하면 믿게 된다는 말로, 유언비어로 진실을 호도할 때도 종종 사용된다.

이런 이야기는 증자曾子의 경우에도 나온다. 동명이인인 증자증삼가 살인을 하자 사람들이 거듭 증자의 어머니를 찾아와 아들이 살인을 저질렀다고 하고, 두 번까지는 믿지 않던 어머니도 세 번째 사람이 똑같은 말을 하자 믿게 되었다는 이야기다.

178 상가지구 喪家之狗

상갓집 개처럼 초라한 행색

喪 초상 **상** | 家 집 **가** | 之 어조사 **지** | 狗 개 **구**

출전《사기史記》〈공자세가孔子世家〉

춘추시기, 공자는 제자들과 함께 열국列國을 주유했다. 정鄭나라에 이르렀을 때, 혼자 제자들과 길이 엇갈려버린 공자는 어쩔 수 없이 동문東門아래 쪼그려 앉아 있었고, 초조해진 제자들은 흩어져서 사방팔방 스승을 찾아다녔다. 그중에서도 자공子貢이 가장 열심히 스승의 행방을 묻고 다녔는데, 어떤 정나라 사람이 말했다.

"동문 아래 한 사람이 앉아 있는데, 이마가 요堯임금 같고, 목은 고요皐陶같으며, 어깨는 자산子産처럼 보였소. 그렇지만 허리 아래는 우禹임금에 세치쯤 미치지 못했고, 그 지친 몰골이 마치 초상집의 개喪家之狗 같았소."

얼마 후 제자들을 다시 만난 공자는 자공의 말을 듣고 이렇게 대꾸했다.

"용모에 대한 평가는 맞다하기 힘들지만 초상집 개와 같다는 표현은 꼭 들어맞는다而似喪家之狗, 然哉然哉."

오랫동안 떠돌아다니면서 정치적 실의에 빠졌으며, 정나라에서도 뜻을 이루지 못한 공자의 모습은 말 그대로 볼품없고 처량한 모습이었을 것이다. 그럼에도 불구하고 공자는 자신을 상갓집 개라고 천박하게 비유한 것에 대해 화를 내지 않고 적절한 비유라고 맞장구를 쳤다.

상가지구란 초상집에서 주인이 돌보지 않아 굶주려 수척해진 개를 말하며, 이곳저곳을 기웃거리며 먹을 것을 찾아다니는 사람 즉 공자의 초라한 행색을 비유한 것이다. 우리 속담에도 '상갓집 개만도 못하다'는 말이 있는데, 그 처지가 오갈 데 없어 딱하고 처량하다는 말이다.

179 상심병광 喪心病狂

이성을 잃고 미쳐 날뛰다

喪 죽을 **상** | 心 마음 **심** | 病 병 **병** | 狂 미칠 **광**

출전《송사宋史》〈범여규范如圭〉전

송나라 때 비서성秘書省의 관리로 범여규范如圭라는 사람이 있었다. 당시 금金나라의 침공에 사람들은 항전을 주장했으나, 진회秦檜는 투항할 것을 주장했다.

그러던 어느 날, 금나라의 사신使臣이 찾아왔는데, 묵을 적당한 장소가 없어서 진회는 비서성에 묵게 하려고 했다. 하지만 범여규는 극력 반대하고 나섰다.

"기밀상 중요한 비서성에 어떻게 적국의 사신을 묵게 할 수 있습니까?"

송에 도착한 금나라 사신들은 그 언행이 오만불손하여 백성들의 분노를 일으키기에 충분했다. 범여규는 급히 진회에게 편지를 써서 그의 편견과 굴욕적 행동을 비난했다.

"이성을 잃고 미치지 않고서야 어찌 이렇게 행동할 수 있소公不喪心病狂, 奈何爲此?"

상심병광喪心病狂은 이성을 잃고 미쳐 날뜀을 비유하는 말로, 황당한 언행이 극에 달함을 형용한 말이다.

180 새옹지마 塞翁之馬

복이 화가 될 수도 있고 화가 복이 될 수도 있음

塞 변방 **새** | 翁 늙은이 **옹** | 之 조사 **지** | 馬 말 **마**

출전《회남자淮南子》

국경 지역에 한 노인이 살고 있었는데, 어느 날 노인이 기르던 말이 국경을 넘어 오랑캐 땅으로 달아났다. 이에 이웃이 위로의 말을 전하자 노인은 태연자약 말했다.

"괜찮소. 혹시 아오, 이 일이 복이 될지?"

그로부터 몇 달 후, 달아났던 그 말이 암말 한 필을 데리고 돌아왔다. 주민들은 "노인께서 말씀하신 대로 좋은 일이 생겼네요."하고 축하해주었다. 하지만 노인은 "이게 화가 될지 누가 아오?"하고 기쁜 내색을 하지 않았다.

며칠 후 노인의 아들이 그 말을 타다가 낙마하는 바람에 다리가 부러졌다. 이웃 사람들이 위로의 말을 건네자 노인은 이번에도 "이게 복이 될지 누가 압니까?"하고 표정을 바꾸지 않았다.

아니나 다를까. 얼마 후 북방의 오랑캐가 쳐들어왔고, 일제소집령에 젊은이란 젊은이는 모두 전장으로 불려나갔다. 하지만 다리가 부러진 노인의 아들은 소집에서 면제되었다.

이 일화에서 유래한 새옹지마塞翁之馬는 흔히 '인간만사 새옹지마人間萬事 塞翁之馬'로 많이 쓰이는데, 인간사 모든 일이 한 치 앞도 내다보기 힘드니 눈앞의 현상에 너무 연연하지 말라는 뜻이다.

181 서시빈목 西施嚬目

서시가 눈살 찌푸리는 것을 흉내 내다

西 서녘 **서** | 施 베풀 **시** | 嚬 찡그릴 **빈** | 目 눈 **목**

출전《장자莊子》〈천운편天運篇〉

춘추시대 월越나라 미인 서시西施의 이야기 중에 이런 대목이 있다.

서시가 가슴앓이로 눈을 찡그리고 있자, 어떤 추녀가 그 모습을 보고 눈살을 찌푸리면 예뻐 보이는 줄 알았다. 그래서 자기도 가슴에 손을 얹고 눈을 찌푸리고 다녔다. 그러자 그 마을 부자는 대문을 굳게 걸어달고 나오지 않았고, 어떤 이들은 아예 그 마을을 떠나버렸다西施病心而, 其里之醜人, 見而美之, 歸亦捧心而.

옳고 그름과 선하고 악함을 생각하지 않고 함부로 남의 흉내를 내는 것을 일컬어 '효빈效顰'이라고 한다. 서시효빈·서시봉심西施捧心 모두 같은 말이다. 이 말은 원래 노魯나라 악사장樂師長인 사금師金이 공자의 제자 안연顔淵에게 한 말이다.

장자는 제도나 도덕도 시대 변천에 따라 변해야 한다고 주장하면서, 공자가 주왕조周王朝의 이상 정치를 노魯와 위衛나라에 재현하려고 했던 것은 마치 추녀가 서시를 흉내 내는 것과 다르지 않았다고 비판했다.

공자가 위衛나라로 떠났을 때, 안연顔淵이 사금師金에게 스승의 이번 여행에 대해 물었다. 사금은 공자께서 곤경에 처할 것이라고 말했다.

"제사에는 짚으로 엮은 개를 쓰는데, 제상에 올리기 전에는 대나무 상자에 넣고 수놓은 헝겊으로 감싸서 소중히 다루네. 그러나 제사가 끝나면 미련 없이 내다 버리지. 그런데, 공자님도 옛 성왕聖王이 쓰다 버린 짚으로 만든 개를 주어다가 놀고 있지 않은가. 삼황오제三皇五帝 때의 예의와 제도는 오늘날엔 맞지 않으니 바꿔야 하네. 추녀가 서시를 흉내 내서 눈살을 찌푸리고 다녀서야 쓰겠는가?"

182 성동격서 聲東擊西

동쪽에서 소리치고 서쪽을 친다

聲 소리 **성** | 東 동녘 **동** | 擊 칠 **격** | 西 서녘 **서**

출전《통전通典》〈병전兵典〉

유방劉邦과 항우項羽가 자웅을 겨루는 와중에 위왕魏王 표豹가 항우에게 항복했다. 항우와 표군이 협공할 위기에 처하자 유방은 한신韓信을 보내 정벌하게 했다. 이에 표는 백직柏直을 대장으로 삼아 황하 동쪽 포판蒲坂에 진을 치고 한신군의 도하渡河를 저지했다.

한신은 포판을 공략하기가 힘들다고 판단했으나, 병사들에게 낮에는 큰 소리로 훈련하게 하고 밤에는 횃불을 밝혀 강공 의지를 드러내게 했다. 그러나 백직은 한신군의 이런 작전을 어리석다고 비웃었다.

한편, 한신은 은밀히 부대를 이끌고 하양에 도착하여 강을 건널 뗏목을 만들었고, 얼마 후 뗏목으로 황하를 건넌 군사들은 신속하게 진군하여 위왕의 후방 본거지인 안읍安邑을 점령하고 표를 사로잡는데 성공했다.

성동격서聲東擊西란 '동쪽을 칠 듯하다가 실제로는 서쪽을 친다'는 말로, 상대방을 속여 교묘하게 공략함을 일컫는다.

183

성하지맹 城下之盟

성 아래에서의 굴욕적인 맹세

城 성 **성** | 下 아래 **하** | 之 의 **지** | 盟 맹세할 **맹**

출전《춘추좌씨전春秋左氏傳》〈환공桓公 12년조〉

춘추시기, 초楚나라 군대가 교絞나라를 침공하여 그 나라 도읍 남대문에 이르렀다. 교의 군사들은 성문을 굳게 닫아걸고 밖으로 나오지 않았다. 초군은 몇 차례 공격을 시도했지만 모두 실패했다. 이에 초의 장군 굴하屈瑕는 무왕武王에게 한 가지 계책을 제시했다.

이튿날, 초군 수십 명은 나무꾼으로 변장해 성곽 주변의 산에서 땔나무를 하는 척했다. 이에 교나라 병사들이 즉시 그들을 생포하고 의기양양했다. 그 다음 날 초의 같은 작전에 속은 교군들이 그들을 잡으러 성문을 열고 나오자 미리 매복해있던 초군이 일시에 도성에 총공격했다. 교나라는 순식간에 멸망 위기에 처해 결국 도성 아래에서 굴욕적인 맹약을 맺고 속국으로 전락하고 말았다.

또 조선의 병자호란 때 전세가 힘들게 되자 결국 인조가 삼전도에 나아가 굴욕적인 항복을 했다. 인조는 남염의藍染衣 차림으로 의장儀仗을 모두 제거하고 시종 50 명과 함께 청의 진영으로 갔고, 청 태종은 황옥黃屋을 펼치고 앉아 무장한 군사가 방진方陣을 치고 악기를 연주했다. 인조는 청 태종 앞에 나아가 세 번 절하고 아홉 번 머리를 조아리는 항복의식을 거행했다. 이때 인조와 청 태종 사이에 체결된 맹약은 청국과 조선이 군신君臣의 의리를 맺으며, 명과는 우호 관계를 끊고, 조선 왕의 장자와 차자 대신의 아들을 인질로 보낼 것, 청나라가 명나라를 공격할 때 군병을 보낼 것 등 12개 조항이었다.

성하지맹城下之盟이란 적에게 항복하고 체결한 굴욕적인 강화를 의미한다.

184 세월부대인 歲月不待人

세월은 사람을 기다려 주지 않는다

歲 해 **세** | **月** 달 **월** | **不** 아니 **불** | **待** 기다릴 **대** | **人** 사람 **인**

출전《잡시雜詩》

도연명陶淵明의 《잡시雜詩》에 나오는 다음 시에서 유래했다.

인생은 뿌리 없이 떠다니는 것, 밭두렁의 먼지처럼 표연한 것.
바람 따라 흐트러져 구르는, 인간은 원래 무상한 몸.
땅에 태어난 모두가 형제이니, 어찌 꼭 골육만이 육친인가.
기쁨을 얻거든 마땅히 즐겨야 하고, 말술은 이웃과 함께 모여 마셔라.
젊은 시절은 다시 돌아오지 않고, 하루에 아침을 두 번 맞지 못한다,
때를 놓치지 말고 부지런히 일해라, 세월은 사람을 기다려 주지 않는다及時當勉勵, 歲月不待人.

세월부대인歲月不待은 언제 지나가는지도 모르게 빠르게 흘러가는 것이 인생이니 매사에 부지런히 힘써야함을 충고하는 말이다.

185 소규조수 蕭規曹隨

소하가 제정한 법규를 조참이 따르다

蕭 맑은대쑥 **소** | **規** 법 **규** | **曹** 마을 **조** | **隨** 따를 **수**

출전《해조解嘲》

소하蕭何는 유방이 천하를 평정하고 한 왕조를 세우는데 공이 컸기 때문에 한신韓信, 장량張良과 함께 한흥삼걸漢興三杰로 불린다. 유방이 진秦의 수도 함양咸陽을 공격했을 때, 소하는 진의 문서와 법령 등을 입수하여 그 문헌 자료를 바탕으로 한의 법규와 제도를 제정했다.

유방의 부하로 계책을 세우는 조참이 있었는데, 소하는 죽음을 앞두고 자신의 역할을 대신할 사람으로 조참을 추천했다. 소하가 죽고 승상丞相에 오른 조참은 혜제惠帝를 보필하며 소하가 제정한 모든 법규와 제도를 그대로 계승하여 집행했다.

전한前漢 말 양웅楊雄이 지은《법언法言》〈연건편淵騫篇〉에는 '소하가 만든 법규를 조참이 그대로 따랐다蕭也規 曹也隨'라고 기록되어 있다. 소규조수蕭規曹隨란 앞사람이 만들어 놓은 제도를 답습하는 것을 말한다.

186 소탐대실 小貪大失

작은 것을 탐하다 큰 손실을 입다

貪 탐할 **탐** | 小 작을 **소** | 失 잃을 **실** | 大 큰 **대**

출전《해조解嘲》

전국시대 진 혜왕秦惠王이 촉蜀을 치려했으나 산세가 험하고 길이 없어서 진군이 힘들었다. 이에 혜왕은 촉왕을 속이기 위해 실물 크기의 돌소石牛 다섯 개를 만들고 그 꼬리에 황금을 달아 놓고 신우神牛가 황금똥을 본다는 소문을 퍼뜨렸다. 이 소식을 들은 촉왕이 그 신기한 돌소에 군침을 흘리자 혜왕은 아무 대가 없이 돌소를 주겠노라 했다. 하지만 막상 돌소를 차지하게 된 촉왕은 그것을 운반해올 방법이 없었다. 이에 진왕은 길을 만들어서 돌소를 옮겨가라고 했고, 재물에 눈먼 촉왕은 수많은 백성들을 동원하여 길을 냈다. 그러나 그 길이 뚫리자 진나라 20만 대군이 일거에 진군하여 촉을 멸망시키고 말았다.

나중에 북제北齊의 유주劉晝는 이 일을 두고, "촉왕이 나라를 잃고 세상의 웃음거리가 되었는데, 이는 작은 이익을 탐하다가 큰 이익을 놓친 꼴이다以貪小利失其大利也." 라고 했다.

소탐대실小貪大失, 혹은 탐소실대貪小失大은 작은 것을 탐하다가 큰 손실을 입는다는 뜻이다.

187 소훼난파 巢毁卵破

새집이 부서지면 알도 깨진다

巢 둥지 **소** | **毁** 헐 **훼** | **卵** 알 **난** | **破** 깨뜨릴 **파**

출전《후한서後漢書》〈정공순鄭孔荀열전〉

후한後漢 말 학자 공융孔融과 그 자녀 이야기에서 유래한 성어다.

공융은 공자孔子의 20세손으로, 당시 뛰어난 일곱 명의 문인을 일컫는 '건안칠자建安七子' 중 한 사람일 정도로 학식이 뛰어났다. 그는 후한 헌제獻帝 때 벼슬을 하면서도 학교를 세워 후학을 가르쳤다.

그는 일찍이 조조曹操가 황제의 자리를 노리고 있음을 간파하고 그를 견제하면서 멀리했다. 그래서 조조도 이런 공융에게 반감을 갖게 되었다.

훗날 조조가 유비·손권 연합군을 정벌하기 위해 50만 대군을 일으키자 공융이 반대했다. 이에 그에게 반감을 갖고 있던 한 대부가 그를 모략했고 조조는 그를 붙잡아 사형에 처하라고 했다.

그런데 공융이 붙잡혀 끌려갈 때 그 집에서는 일곱 살짜리 딸과 아홉 살짜리 아들이 태연히 바둑을 두고 있었다. 사람들은 두 아이가 아직 어려서 위기가 닥친 것을 모르고 있다고 생각해 빨리 달아나라고 일렀다. 하지만 공융의 딸은 조금도 겁내지 않고 이렇게 말했다.

"새 둥지가 부서진 판에 어찌 알이 깨지지 않을 수 있겠습니까安有巢毁而卵不破乎?"

집안 가장인 아버지가 끌려가는 마당에 어찌 자신들이 처벌을 면하겠느냐는 것이었다.

아이들의 예상대로 조조는 공융과 아이들을 함께 처형했는데, 그 딸은 최후의 순간까지도 굴함이 없었다.

"죽어서 혼령이나마 부모님과 함께한다면 어찌 기쁘지 않겠습니까?"

소훼난파巢毁卵破란 국가나 사회, 조직이 무너지면 그 구성원들도 필연적으로 피해를 입게 됨을 말한다. '엎어진 둥지에 온전한 알이 없다'는 복소무완란覆巢無完卵과 같은 말이고, '나무가 쓰러지면 거기 살던 새도 날아간다'는 수도조비樹倒鳥飛와도 일맥상통한다.

188

솔수식인 率獸食人

짐승을 몰아서 사람을 잡아먹게 한다

率 거느릴 **솔** | 獸 짐승 **수** | 食 먹을 **식** | 人 사람 **인**

출전《맹자孟子》〈양혜왕상梁惠王上편〉

위魏 양혜왕梁惠王이 맹자를 만나서, 흉년에 힘든 백성들을 타지로 이주시키고 구휼미를 내리는 등 정성껏 다스림에도 위의 백성 수가 늘지 않는 까닭에 대해 물었다. 맹자는 이렇게 말했다.

"개돼지가 사람이 먹을 양식을 축내도 단속하지 않고, 길에 굶어 죽은 사체가 널려 있어도 곡간을 열어 구제하지 않으며, 사람들이 굶어 죽으면 흉년 탓이라고 하는 것은 사람을 칼로 찔러 죽이고서 칼을 탓하는 것과 다를 바 없는 것입니다."

그 말에 양혜왕이 정중히 가르침을 청하자 맹자가 물었다.

"몽둥이로 사람을 때려죽이는 것과 칼로 죽이는 것에 다를 것이 있습니까?"

"그렇지 않습니다."

"그럼 칼로 사람을 죽이는 것과 정치로 사람을 죽이는 것에 다를 것이 있습니까?"

"다를 바 없소."

"왕의 부엌에는 기름진 고기가 있고 마구간에는 살찐 말이 있으나 백성들의 얼굴에 굶주린 빛이 있고 들에 굶어 죽은 사체가 있다면, 이는 짐승을 몰아서 사람을 잡아먹게 한 것과 같습니다率獸而食人也. 사람들은 짐승끼리 서로 잡아먹는 것조차 싫어하고 미워합니다. 그런데 백성의 부모가 돼서 통솔함에 있어 짐승을 몰아 사람을 잡아먹게 함을 면치 못한다면 어찌 백성의 부모라 할 수 있겠습니까?"

솔수식인率獸食人은 통치자가 포악한 정치로 백성들을 괴롭힘을 비판한 말이다. 맹자는 몽둥이나 칼이 아니라 그릇된 정치로도 사람을 죽게 한다고 충고했다. 위정자가 사리사욕에 급급하여 백성들로부터 세금을 수탈하고 그것으로 짐승을 길러서 백성을 굶주려 죽게 한다면 짐승을 몰아 사람을 잡아먹게 하는 것과 다를 바 없다고 본 것이다.

이와 같이 가혹한 정치로 백성들이 고통당한다는 뜻의 성어로는 늑대가 양을 기르는 것처럼 잔혹하다는 뜻의 여랑목양如狼牧羊, 가혹한 세금으로 약탈한다는 뜻의 가렴주구苛斂誅求, 가정맹어호苛政猛於虎, 도탄지고塗炭之苦, 불한이율不寒而慄 등이 있다.

189 송양지인 宋襄之仁

대의명분을 내세우다 오히려 타격을 입음

宋 송나라 **송** | 襄 도울 **양** | 之 갈 **지** | 仁 어질 **인**

출전《좌전左傳》·《십팔사략十八史略》

초楚와 자웅을 겨룰 때 송 양공宋襄公은 먼저 강 한쪽에 미리 진을 쳤고, 초군은 목하강을 건너는 중이었다. 이때 아들 목이目夷가 송양공에게 말했다.

"적이 반쯤 강을 건널 때 공격하면 이길 수 있습니다."

그러나 송양공은 듣지 않고 이렇게 말했다.

"그건 정정당당한 싸움이 아니다. 정당하게 싸워야 참다운 패자가 될 수 있지 않겠는가."

이윽고 강을 다 건넌 초군이 진용을 가다듬자 목이가 다시 건의했다.

"적이 진용을 다 갖추기 전에 치면 적을 지리멸렬支離滅裂하게 할 수 있습니다."

그러나 송양공은 이번에도 듣지 않았다.

"군자는 남이 어려운 처지에 있을 때는 괴롭히지 않는 법이다."

이렇게 망설이는 사이 초군이 전열을 가다듬고 맹렬하게 공격을 해왔고 그 결과 송나라는 크게 대패했는데, 사람들은 이를 두고 송양지인宋襄之仁이라고 비웃었다. 어리석은 사람의 잠꼬대 같은 명분론名分論을 비웃는 말이다.

190 수즉다욕 壽則多辱

오래 살수록 욕되는 일도 많다

壽 목숨 수 | 卽 곧 즉 | 多 많을 다 | 辱 욕 욕

출전《장자》〈천지편〉

요堯임금이 화華라는 변경에 이르렀을 때, 국경을 지키는 하급관리가 공손히 머리 숙여 인사했다.

"성인이시여, 만수무강하옵소서."

이에 요임금은 짧게 대답했다.

"고맙지만 사양하겠네."

"그러면 부자가 되옵소서."

요임금은 다시 사양했다.

"그럼 자손을 많이 두소서."

요임금은 그것도 사양했다.

요임금의 대꾸를 이상히 여긴 관리가 까닭을 물었고 요임금은 이렇게 말했다.

"자손이 많으면 못난 아들도 있어 걱정의 씨앗이 되고, 부자가 되면 쓸데없는 일이 많아져서 번거롭고, 오래 살면 욕된 일도 많은 법일세壽卽多辱."

이 말을 들은 관리는 돌아서면서 이렇게 말했다.

"요임금이 성인인 줄 알았더니 군자 정도밖에 안 되는 인물이구려. 아들이 많으면 저마다 분에 맞는 일을 시키고, 재산이 많으면 나눠주고, 천수를 누리다 세상이 싫어지면 선인이 되어 상제가 계신 곳에 이르면 될 것 아니오."

수즉다욕이란 나이 먹고 오래 살다보면 그만큼 좋지 않은 일도 많이 겪게 된다는 말이다. 늙을수록 행동을 조심하고 분수를 지켜야 한다.

191

수주대토 守株待待兎

그루터기 옆에서 토끼를 기다리는 어리석음

守 지킬 **수** | 株 그루 **주** | 待 기다릴 **대** | 兎 토끼 **토**

출전《한비자韓非子》〈오두편五蠹篇〉

송宋나라에 한 농부가 있었다.

하루는 밭에서 일을 하는데, 갑자기 풀숲에서 토끼 한 마리가 뛰어나오더니 밭 가운데 있는 나무 그루터기에 부딪혀 목이 부러져 죽었다. 농부는 토끼를 거저 줍자 기분이 매우 좋았다. 그래서 이튿날부터 농부는 일은 하지 않고 온종일 그루터기 옆에서 또다시 토끼가 뛰나오길 기다렸다. 하지만 몇 날이 지나도록 나무에 부딪쳐 죽는 토끼는 한 마리도 없었고, 그 사이 밭은 황폐해져서 쑥대밭이 되어버렸다.

수주대토守株待待兎는 '그루터기를 지켜 토끼를 기다린다'는 뜻으로, 고지식하고 융통성이 없어 구습과 전례만 고집함을 비판하는 말이다. 한비는 이 이야기를 통해 낡은 관습에 얽매여 세상의 변화에 대응하지 못하는 사람들을 비꼬았다.

전국시대 말은 앞 시대에 비해 기술이 진보하고 생산량도 높아졌으며 사회의 성격도 변해 있었다. 그런데도 정치가 중에는 옛 정치가 이상적이라며 낡은 제도로 회귀할 것을 주장하는 사람이 많았다. 옛것을 오늘날에 똑같이 적용하려는 것이야말로 그루터기 옆에서 토끼를 기다리는 것과 다름없다.

192 수주탄작 隨株彈雀

수후의 구슬로 참새를 잡는 어리석음

隨 따를 **수** | **株** 구슬 **주** | **彈** 쏠 **탄** | **雀** 참새 **작**

출전《장자》〈양왕讓王〉편

수주隨珠는 '수후의 구슬'이라는 말로, 전국시대 수隨나라 제후가 큰 부상을 입은 뱀을 구해준 보답으로 선물 받은 야광주夜光珠를 일컫는다. 화씨지벽和氏之璧과 함께 수주화벽隨株和璧이라 하여 천하제일의 보물로 비유된다.

노魯나라 애공哀公은 안합顔闔이라는 사람이 도인이라는 소문을 들었다. 애공은 곧 사람을 보내서 예물을 주고 모셔오게 했다. 때마침 안합은 누추한 삼베옷 차림으로 소에게 여물을 먹이고 있었다. 그는 갑자기 찾아온 사신들을 예의를 갖춰 맞았다. 그러나 그들이 값진 예물까지 바치자 깜짝 놀라며 말했다.

"틀림없이 사람을 잘못 찾아온 것이니 돌아가서 한 번 확인해 보시지요."

이 말을 들은 사신들이 돌아가 확인하고 나서 다시 안합을 찾았지만 그는 이미 종적을 감춘 뒤였다.

장자가 말했다.

"안합은 부귀를 좇지 않았지만 세속적인 군자들은 대부분 자신을 위험에 빠뜨리고 여유로운 삶을 포기하면서까지 이윤을 추구한다. 어떤 사람이 수후의 구슬을 천 길 높이로 나는 참새를 잡는데 사용한다면 세상 사람들 모두 비웃을 것이다以隨侯之珠彈千 之雀."

여기서 유래한 수주탄작隨株彈雀은 작은 것을 얻으려다 더 큰 것을 잃거나, 얻는 것보다 잃는 것이 더 많음을 뜻하는 말로 소탐대실小貪大失과 같은 말이고, 이주탄작以株彈雀, 명주탄작明株彈雀이라고도 한다.

193 수화불상용 水火不相容

물과 불처럼 충신과 간신배는 공존할 수 없음

水 물 **수** | 火 불 **화** | 不 아닐 **불** | 相 서로 **상** | 容 용납할 **용**

출전《삼국지三國志》〈촉지蜀志〉〈위연전魏延傳〉

촉한蜀漢의 장군 위연魏延은 성격이 오만하여 모두가 그를 피했는데, 오직 장사長史인 양의楊儀만은 항상 그와 맞섰다. 위연은 양의의 그런 태도에 대해 매우 화를 냈는데, 두 사람은 마치 물과 불의 관계와 같았다延以爲至忿, 有如水火.

또 후한後漢 말 왕부王符가 쓴《잠부론潛夫論》에는 '사악함과 올바름의 차이는 마치 물과 불의 관계와 같아서 근원이 같아질 수 없고, 나란히 성할 수 없는 것이다邪之與正, 猶水與火, 不同源, 不得并盛'라고 했다.

여기서 유래한 수화불상용水火不相容은 사람들 사이의 관계가 화목하지 못하고 의견이 달라서 서로 화합할 수 없는 경우를 일컫는 고사성어다. 수화불용水火不容 또는 유여수화有如水火라고도 한다.

한 무제漢武帝 때 사람 동방삭東方朔은 재치와 해학이 뛰어난 인물이었다. 그는 황제에게 직언을 서슴지 않았고 교활하고 아첨하는 무리들과는 평생 타협하는 일이 없었다.

그는 초楚나라의 우국시인 굴원屈原을 추모하여 〈칠간七諫〉이라는 7수의 시를 지었는데, 그 중 〈자비自悲〉 편에서 다음과 같이 노래했다.

'얼음과 숯은 서로 함께 할 수 없으니, 내 본디 목숨이 길지 못함을 알겠구나氷炭不可以相竝兮, 吾固知乎命之不長.'

충신인 굴원과 아첨배를 서로 화합할 수 없는 얼음과 숯에 비유하여 간신들과는 공존할 수 없었던 굴원의 심경을 노래한 것이다. 빙탄불용氷炭不容), 빙탄불상용氷炭不相容도 같은 말이다.

194 순망치한 脣亡齒寒

입술이 없으면 이가 시리다

脣 입술 **순** | 亡 잃을 **망** | 齒 이 **치** | 寒 찰 **한**

출전《춘추좌씨전春秋左氏傳》〈희공 5년조〉

춘추시대 말, 진 헌공晉獻公은 괵나라를 공격할 야심을 품고 경유국인 우나라 우공에게 길을 내줄 것을 요청했다. 이때 우나라의 현인 궁지기宮之奇는 헌공의 속셈을 간파하고 우왕께 간언했다.

"괵과 우는 한 몸이나 다름없습니다. 괵나라가 망하면 우나라도 망할 것입니다. 옛 속담에 수레의 짐받이 판자와 수레는 서로 의지하고輔車相依, 입술이 없어지면 이가 시리다脣亡齒寒고 했습니다. 이는 바로 괵나라와 우나라의 관계를 일컫는 것입니다. 결코 길을 내줘서는 안 됩니다."

그러나 뇌물에 눈이 어두워진 우왕은 그 말을 듣지 않았다.

"진과 우리는 동종同宗의 나라인데 어찌 우리를 넘볼 리가 있겠소?"

이에 궁지기는 "안타깝지만 우나라는 올해를 넘기지 못할 것이다."라는 말을 남기고 식솔과 함께 이웃나라로 망명해버렸다. 그리고 궁지기의 예견대로, 진나라는 12월에 괵나라를 정벌하고 돌아오는 길에 우나라도 정복해서 우왕을 사로잡았다.

순망치한은 입술과 이의 관계처럼 떼려야 뗄 수 없는 관계를 말한다. 동의어로 순치지국脣齒之國·순치보거脣齒輔車가 있고, 조지양익鳥之兩翼·거지양륜車之兩輪도 비슷한 말이다.

195 신출귀몰 神出鬼沒

동에 번쩍 서에 번쩍 출몰해 있는 곳을 알 수 없음

神 귀신 **신** | 出 날 **출** | 鬼 귀신 **귀** | 沒 숨을 **몰**

출전《회남자淮南子》〈병략훈兵略訓〉

전략 전술을 논할 때 도가사상을 바탕으로 설명한 것으로써, 군대의 세력과 병기의 규모 등이 적에게 노출되지 않도록 교묘한 작전을 펼치라는 뜻이다.

"교묘한 움직임은 신이 나타나고 귀신이 걸어가는 듯하며神出而鬼行, 별이 빛나고 하늘이 운행하는 것 같아, 진퇴 굴신의 조짐도 보이지 않고 한계도 없으며, 난조鸞鳥:전설 속의 새 이름가 일어나듯, 기린이 떨치고 일어나는 듯, 봉황이 날 듯, 용이 오르듯, 추풍과 같이 출발하여 놀란 용처럼 빠르다."

이는 싸움에서 이기기 위해서는 적이 아군의 어떤 정보도 얻지 못하게 철저한 보안 유지와 위장술이 필요하다는 말이다.

《당희장어唐戲場語》에도 "양두삼면 신출귀몰兩頭三面 神出鬼沒 : 두 머리에 세 얼굴의 귀신이 나타났다가 귀신처럼 사라진다."는 말이 있다. 한마디로 동에 번쩍 서에 번쩍 출몰하여 좀처럼 그 정체를 알 수 없다는 말이다.

조선 중기 허균이 쓴《홍길동전》의 주인공도 동에 번쩍 서에 번쩍 하면서 부패한 관원들의 간담을 서늘하게 했다. 난세일수록 홍길동 같은 영웅이 나타나 신출귀몰 활약해주기를 열망하는 것이 백성들의 마음일 것이다.

196 실사구시 實事求是

실제에 근거하여 진리를 밝혀냄

實 열매 실 | 事 일 사 | 求 구할 구 | 是 옳을 시

출전《한서漢書》〈하간헌왕전河間獻王傳〉

한 경제漢景帝 아들 유덕劉德이 하간왕河間王에 봉해졌다.

하간왕은 고서古書를 수집하여 정리하기를 좋아했다. 진시황의 분서갱유로 고서적을 찾아보기 힘들었기 때문에 많은 책들은 비싼 값을 치르고 구해야했다. 그러자 하간왕이 학문을 좋아한다는 소문을 듣고 많은 이들이 선조로부터 물려받은 진 이전의 옛 고서들을 그에게 갖다 바쳤고, 일부 학자들은 하간왕과 함께 학문을 연구하고 정리하기도 했다. 이에 사람들은 그를 가리켜 학문 탐구를 즐길 뿐 아니라 옛 서적을 좋아하며, 항상 '사실로부터 옳은 결론을 얻어낸다修學好古, 實事求是'고 했다.

실사구시實事求是란 실제에 근거하여 진리를 밝혀냄을 말한다. 즉 눈으로 보고 귀로 듣고 손으로 만져 보는 것과 같은 실험과 연구를 거쳐 누구도 부정할 수 없는 객관적 사실을 통해 정확한 판단과 해답을 얻는 것이다. 이는 청淸나라 초기 고증학考證學을 표방한 학자들이 공리공론空理空論만을 일삼는 송명이학宋明理學을 배격하고 내세운 표어다. 그들의 과학적 학문 태도는 실학實學이라는 학파를 낳았고, 이 실학사상은 조선 중기 이 땅에 유형원·박지원·홍대용·정약용·김정희 같은 훌륭한 실학자를 배출해냈다.

197

안중정 眼中釘

눈엣가시처럼 미운 사람

眼 눈 안 | 中 가운데 중 | 釘 못 정

출전《신오대사新五代史》〈조재례전趙在禮傳〉

당 말기 오대五代에 걸친 혼란기에 조재례趙在禮라는 악독한 탐관오리가 있었다. 그는 하북절도사 유인공劉仁恭의 수하였는데 고관들에게 뇌물을 상납하여 출세 길에 오른 후 후량後梁·후당後唐·후진後晉의 세 왕조에 걸쳐 절도사를 역임했다.

그가 송주에서 영흥절도사로 옮겨가게 되자 송주의 백성들은 춤을 추며 좋아했다.

"그 자가 떠난다니 이젠 살았다. 마치 눈에 박힌 못眼中釘이 빠진 것 같군!"

그런데 이 말을 들은 조재례는 화를 내며 조정에 일 년만 더 유임시켜 달라고 청원했고, 청원이 받아들여지자 그는 백성들에게 '못 빼는 돈拔釘錢' 1천 전씩을 바치라고 했다. 그리고 정해진 기간 내에 납부하지 못하면 가차 없이 투옥하고 처벌했다.

이때 한해동안 착취한 돈이100만 꿰미나 되었다고 한다.

여기서 유래한 안중정은 눈엣가시같이 싫거나 미워서 거슬리는 사람을 일컫는다.

198 야랑자대 夜郞自大

좁은 식견에 제 잘남을 뽐냄

夜 밤 **야** | 郞 사내 **랑** | 自 스스로 **자** | 大 큰 **대**

출전《사기史記》〈서남이열전西南夷列傳〉

중국 서남부의 소수민족 중에 야랑夜郞이라는 부족국가가 있었다. 초나라가 진나라를 공략하여 영지를 탈환하자 이 야랑 등의 부족연맹은 초나라에 항복하여 신하국이 되었다. 그랬다가 진시황이 전국을 통일하자 저절로 진으로 흡수되었다. 또 진이 망하고 들어선 한나라가 흉노대책에 쫓겨 서남 지방을 돌볼 겨를이 없는 틈을 노려 야랑 등의 소수민족은 제각기 왕을 칭하고 자립했다. 이 당시의 야랑 수령 다동多同은 야랑후夜郞侯를 자칭하면서 야랑이야말로 천하 대국이라고 자부하고 있었다.

다동이 어느 날 영내를 순시하다가 한 부하에게 물어보았다.

"이 세상에서 어느 나라가 제일 큰가?"

"야랑이 제일 크옵니다."

다동이 눈앞에 보이는 큰 산을 가리키며 재차 물었다.

"천하에 이보다 더 큰 산이 있느냐?"

"이보다 더 높은 산은 없사옵니다."

다동은 강가에 이르러서 다시 말했다.

"이 강이야말로 세상에서 가장 큰 강이 아니겠는가?"

야랑후는 이렇게 자신의 세상이 가장 크고 위대하다고 생각했다.

서기 122년, 한무제가 파견한 왕연우라는 사신이 인도로 가던 중에 야랑 땅을 통과하게 되었다. 야랑후가 사자에게 물었다.

"그대는 한과 야랑 중 어느 나라가 크다고 생각하는가?"

그 말에 한의 사자는 어이없어 실소를 터뜨리며 대꾸했다.

"한나라는 수십 군을 가지고 있고, 야랑은 그 한 군만도 못합니다."

그 말에 기가 질린 다동은 입을 다물지 못했다.

야랑자대夜郎自大는 좁은 식견에 제 잘났다고 뽐냄을 비유한 말이다.

199 약육강식 弱肉强食

약한 동물은 강한 동물에 잡아먹힌다

弱 약할 **약** | 肉 고기 **육** | 强 강할 **강** | 食 먹을 **식**

출전《송부도문창사서送浮屠文暢師序》

당나라 한유韓愈의 송부도문창사서送浮屠文暢師序는 그가 문창이라는 승려에게 써 보낸 글로, 유교를 숭상하고 불교를 배척하는 사상이 담겨 있다. 문창이 한유를 비롯한 여러 유학자들과 교류하며 시문을 주고받는 것이 불가의 명분임을 내세우지만 실은 유가의 행동을 하는 것과 다름없다고 말한다.

"도道에 있어서 인의仁義보다 더 큰 것이 없고, 가르침에 있어서는 예악형정禮樂刑政보다 바른 것이 없습니다. 그것들을 천하에 시행하면 만물이 모두 합당함을 얻게 되고, 그것들을 한 개인에게 적용하면 몸이 편안하고 기운도 온화해지는 것입니다. 지금의 불교라는 것은 누가 만들고 누가 전한 것입니까? 무릇 새가 고개를 숙이고 모이를 쪼다가도 머리를 쳐들어 사방을 살피고, 짐승이 꽁꽁 숨어 있다가 겨우 가끔씩 나오는 것도 다른 짐승이 자기를 해칠까 두려워서입니다. 그럼에도 불구하고 여전히 약한 것은 먹히고 강한 것은 잡아먹습니다弱之肉强之食."

약육강식弱肉强食은 약한 동물은 강한 동물에 먹힌다는 말이다. 강한 동물이 살아남고 약한 동물은 희생되는 자연의 생존법칙을 가리키며, 살벌한 생존경쟁과 치열한 자리다툼을 비유하기도 한다. 비슷한 말로 우승열패優勝劣敗, 성황패구成王敗寇, 적자생존適者生存등이 있다.

200

양두구육 羊頭狗肉

양 머리를 내걸고 개고기를 판다

羊 양 **양** | 頭 머리 **두** | 狗 개 **구** | 肉 고기 **육**

출전《안자춘추晏子春秋》〈내편內篇〉

춘추시대 제齊나라 영공靈公은 어리석고 무능한 인사로 여인들이 남장하는 것을 보기 좋아했다. 그의 기이한 취미가 알려지자 제의 여인들은 온통 남장을 하기 바빴고, 이를 안 영공은 남장을 금지시켰지만 잘 되지 않았다. 이런 와중에 안자晏子를 만나 금지령이 잘 지켜지지 않는 까닭에 대해 물었고, 안자는 다음과 같이 말했다.

"군주께서는 궐 안에서는 여인들의 남장을 허락하시면서 궁 밖에서는 못하게 하십니다. 이는 곧 문에 소머리를 걸어놓고 안에서는 말고기를 파는 것과 같습니다猶懸牛首於門 而賣馬肉於內也. 어째서 궁 안에서는 금지하지 않으십니까? 궁중에서 못하게 하면 밖에서도 하지 않을 것입니다."

이 말을 들은 영공은 곧 궐내에서도 남장을 금지시켰고, 한 달쯤 지나자 제나라 어느 곳에서도 남장하는 여인은 더 이상 없었다.

그 후 여러 문헌과 구전에 의해 원문의 소머리는 양머리로, 말고기는 개고기로 바뀌었다.

양두구육羊頭狗肉은 양 머리를 내걸고 개고기를 판다는 말로, 겉으로는 그럴싸한 명문을 내세우나 알고 보면 실속이 없고 졸렬함을 뜻한다. 비슷한 말로 양두마육羊頭馬肉·표리부동表裏不同·명불부실名不副實이 있고, 반대말로는 명실상부名實相符·명불허전名不虛傳 등이다.

201 양상군자 梁上君子

대들보 위의 군자, 좀도둑

上 위 **상** ı 君 임금 **군** ı 子 아들 **자**

출전 《후한서後漢書》〈진식전陳寔傳〉

동한東漢 때 진식陳寔이라는 현령이 있었는데 성품이 강직하고 매사를 공정하게 처리하여 백성들의 존경을 받았다.

흉년이 들어 백성들의 생활이 피폐했던 어느 해 그의 집에 도둑이 들어 대들보에 숨었다. 그러나 진식은 이를 모르는 채하고 집안 아이들을 모아놓고 말했다.

"도둑질을 하는 사람도 날 때부터 그런 것은 아니다. 다만 평소 배우지 않고 스스로를 엄하게 다스리지 않아서 차츰 나쁜 성품이 물든 것이다. 지금 대들보 위에 계신 군자梁上君子께서도 그렇다."

그 말에 도둑은 얼른 대들보에서 내려와 자신의 잘못을 사죄했다.

진식이 그에게 말했다.

"보아하니 도둑질도 처음인 것 같구려. 살기가 얼마나 팍팍하면 이러겠소? 이제부터라도 반성하고 좀 더 노력하다보면 좋아지지 않겠소?"

그러고는 갖고 있던 비단 두 필을 내어주면서 그것을 본전 삼아 장사를 해보라고 권했다.

대들보 위의 군자, 양상군자梁上君子는 곧 좀도둑을 일컫는다.

202 양체재의 量體裁衣

몸에 맞도록 옷을 짓다

量 헤아릴 **량** | 體 몸 **체** | 裁 마를 **재** | 衣 옷 **의**

출전《남제서南齊書》〈장융전張融傳〉

남북조시대의 남제南齊 태조太祖와 그 신하인 장융張融의 고사에서 유래했다.
장융은 사광思光으로, 소도성蕭道成 : 훗날 남제의 태조의 휘하에 들어가 그 벼슬이 사도우장사司徒右長史에 이르렀다. 그러나 고위 관직을 지내면서도 항상 검소한 생활을 해서 오래되고 낡은 옷을 입고 다녔다.
어느 날, 태조는 장융에게 자신이 입던 옷을 하사하면서 다음과 같은 글을 적어 보냈다.
'경의 옷차림을 보니 참으로 검소하다는 것을 알 수 있소. 허나 경과 같은 고위관리가 남루한 옷을 입고 다니니 조정의 체면이 깎일까 염려되고, 백성들에게 과인이 경을 괄시한다는 오해를 받을 소지가 있소. 여기 오래된 옷을 한 벌 보내니 좀 낡긴 했지만 새 옷 보다는 입기가 편할 것이오. 왜냐하면 이 옷은 과인이 특별히 사람을 시켜 경의 몸에 맞게 수선했기 때문이오.'
양체재의量體裁衣는 옷을 몸에 잘 맞도록 지어야 하듯이 일을 실제 상황과 처한 형편에 따라 적합하게 처리해야한다는 말이다. 칭체재의稱體裁衣라고도 한다.

203 어부지리 漁父之利

둘이 싸우는 틈에 제삼자가 이득을 봄

漁 고기 잡을 **어** | 夫 사내 **부** | 之 어조사 **지** | 利 이로울 **리**

출전《전국책戰國策》〈연책燕策〉

조趙나라가 연燕나라를 공격하려고 할 때, 때마침 연을 찾아온 소대蘇代는 조의 혜문왕惠文王을 알현하고 이렇게 설득했다.

"이번에 제가 여기로 오는 도중에 역수易水를 지나게 되었습니다. 마침 민물조개가 모래톱에 나와 입을 벌린 채 햇볕을 쬐고 있는데 황새란 놈이 조갯살을 쪼아 먹으려 하자 조개가 깜짝 놀라 입을 오므렸습니다. 그래서 황새는 주둥이를 물리고 말았지요. 황새는 속으로 생각하기를 오늘 내일 비만 없으면 바짝 말라 죽은 조개가 될 것이다 했고, 조개는 조개대로 오늘 내일 입만 벌려주지 않으면 황새가 죽을 것이다 생각하고 서로 버티고 있었습니다. 그런데 그때 마침 강가에 나온 어부가 이 모습을 보고 황새와 조개를 한꺼번에 망태기에 넣어버렸습니다. 지금 조나라가 연을 치려하시는데, 두 나라가 서로 버티어 백성들이 지치게 되면 강한 진나라가 어부가 될 것을 저는 염려합니다. 부디 군주께서 깊이 생각하시기 바랍니다."

소대의 말을 듣고 난 혜문왕은 과연 혜안이라고 생각하고 연을 치려던 계획을 멈추었다.

204 엄이도령 掩耳盜鈴

귀를 막고 방울 훔치기

掩 가릴 **엄** | 耳 귀 **이** | 盜 훔칠 **도** | 鈴 방울 **령**

출전《여씨춘추呂氏春秋》〈자지自知〉편

춘추시대 말 진晉에서는 귀족들 간의 권력다툼이 치열했다. 그 결과 신흥세력을 대표하던 조간자趙簡子가 구세력의 핵심인 범길사范吉射 세력을 축출 하는데 성공했고, 살아남은 가족들 모두 진나라를 탈출했다.

하루는 어떤 사내가 이미 몰락한 범길사의 집에 들어갔다가 대문에 걸려 있는 커다란 종을 발견했다. 그는 그 종을 훔치고 싶었지만 혼자 옮기기에는 너무 크고 무거웠다. 생각 끝에 종을 조각내어 가져가려고 망치로 종을 내리친 순간 꽝 큰 소리가 났다. 그는 남들이 그 소리를 들을까 무서워서 얼른 자기 귀를 틀어막았다. 자신의 귀를 막으면 자기한테 안 들리고, 다른 사람도 듣지 못하리라 여겼던 것이다.

엄이도령掩耳盜鈴은 귀를 막고 방울을 훔친다는 말인데, 본래 엄이도종掩耳盜鐘이었던 것이 나중에 종 대신 방울로 바뀌었다. 엄이투령掩耳偷鈴도 같은 말이고, 모두 어리석은 자신의 양심을 속임을 비유하는 말이다. 우리 속담 '눈 가리고 아웅 한다.'는 말과 같다.

205 여도지죄 餘桃之罪

먹다 남은 복숭아를 먹인 죄

餘 남을 **여** | 桃 복숭아 **도** | 之 어조사 **지** | 罪 죄 **죄**

출전《한비자韓非子》〈세난편說難篇〉

위衛나라 미자하彌子瑕라는 미소년이 왕의 총애를 받았다.

어느 날 그는 모친이 병이 들었다는 전갈을 듣고 밤에 몰래 임금의 수레를 훔쳐 타고 나갔다. 이 나라에는 허가 없이 왕의 수레를 타면 두 다리가 잘리는 형벌을 받게 되어 있었다. 그러나 이 사실을 안 위왕은 오히려 미자하가 효성이 지극하다며 상을 내렸다.

또 하루는 미자하가 복숭아를 먹다가 맛이 너무 좋다며 반쯤 먹다 남은 복숭아를 왕께 바쳤다. 왕은 기뻐하며 말했다.

"이 맛난 것을 마저 먹지 않고 과인한테 주다니 내 진정 너의 사랑을 알겠도다."

그러나 세월이 흘러 미자하에 대한 왕의 사랑도 식어버렸고, 왕은 어느 날 아주 사소한 일로 미자하를 꾸짖으며 말했다.

"이놈은 본래 성품이 좋지 못한 놈이다. 예전에 나를 속이고 수레를 훔쳐 탔으며, 제 놈이 먹다 남은 복숭아를 나한테 주었도다餘桃之罪."

여도담군餘桃啖君이라고도 하는 여도지죄는 이처럼 과거에는 총애하던 일이 나중에는 죄의 근원이 된다는 말로, 애증의 변덕이 심함을 뜻한다.

206 여어득수 如魚得水

물고기가 물을 얻듯 내 사람을 만나다

如 같을 **여** | 魚 물고기 **어** | 得 얻을 **득** | 水 물 **수**

출전《삼국지三國志》

〈촉지蜀志〉〈제갈량諸葛亮전〉에는 유비劉備가 제갈량을 얻었을 때의 심정을 기록한 것이 있다.

동한東漢 말, 천하가 혼란에 휩싸이자 세를 불리고 싶었던 유비도 책사를 찾았다. 그는 제갈량이라는 인재가 은둔해 있다는 말을 듣고 세 차례나 그를 찾아가 자신을 도와줄 것을 부탁했다. 제갈량의 도움으로 유비는 촉한蜀漢을 세우고 조조, 손권과 삼국정립三國鼎立의 국면을 형성했다. 유비는 제갈량을 매우 존경했고 제갈량 또한 주군에 대해 깊은 감사를 느끼며 충성을 다했다. 이에 삼형제인 관우와 장비는 큰형의 태도에 대해 불만이 컸고, 유비는 두 아우에게 말했다.

"내가 제갈량을 얻은 것은 물고기가 물을 얻은 것과 같으니孤之有孔明, 猶魚之有水也, 너희는 다시는 그런 불평을 하지 말거라."

여어득수如魚得水는 마음에 맞는 사람을 얻거나 자신에게 매우 적합한 환경을 만난 것을 비유한 말로, 흔히 수어지교水魚之交·수어지친水魚之親이라고도 한다. 우재유재優哉悠哉가 비슷한 말이고 반대말은 학철지부涸轍之鮒다.

207

여취선여 予取先與

얻으려면 먼저 내주어야 한다

予 나 **여** | 取 취할 **취** | 先 먼저 **선** | 與 줄 **여**

출전《전국책戰國策》〈위책魏策〉

진晋나라에 지백知伯이라는 귀족이 있었는데, 그는 또 다른 귀족인 위환자魏桓子에게 갖고 있는 영지를 내놓으라고 요구했다. 위환자는 훗날 위魏의 선조先祖가 되는 인물인데, 그 역시 다른 귀족의 영토를 노리고 있을 때였으므로 선선히 지백의 요구를 들어줄 수가 없었다. 그때 임장任章이라는 사람이 위환자를 찾아와 지백에게 땅을 떼어 줄 것을 권하면서 다음과 같이 말했다.

"땅을 조금 떼어주면 지백은 자신이 대단한 인물이라고 자만하고 상대를 얕보게 될 것입니다. 그러면 이웃나라들도 비슷한 피해를 입지 않을까 단결하여 공동으로 지백에 맞설 것입니다. 그러면 지백은 오래 견디지 못합니다. 주서周書에서는 '상대를 물리치려면 먼저 그를 키워주고, 상대한테서 뭔가를 얻으려면 반드시 그에게 먼저 뭔가를 줘야한다將欲取之, 必故予之'고 했습니다."

위환자는 임장이 시킨 대로 했다. 그러자 과연 지백은 교만과 횡포, 탐욕에 찌들어 스스로 목숨을 잃는 재앙을 입고 말았다.

여취선여予取先與는 얻으려면 먼저 내주어야한다는 말로, 사회생활과 조직생활의 많은 경우에 적용되는 진리라 할 수 있다.

208

여호모피 與虎謀皮

호랑이에게 가죽을 요구하다

與 더불 여 | 虎 범 호 | 謀 꾀할 모 | 皮 가죽 피

출전《태평어람太平御覽》

주周나라 때 어떤 사람이 천금千金의 가치가 있는 따뜻한 가죽이불을 갖고 싶었다. 그는 여우가죽으로 이불을 만들면 가볍고 따뜻하다는 말을 듣고 곧장 여우들을 찾아가 이 문제를 상의했다與狐謀其皮. 이에 자신들의 가죽을 빌려달라는 말을 들은 여우들은 깜짝 놀라서 모두 깊은 산속으로 도망쳐버렸다.

얼마 후 이 남자는 정성어린 제물祭物을 바쳐서라도 귀신의 보살핌을 받고 싶었다. 그래서 곧 양들을 찾아가 이 문제를 의논하고 그들의 고기를 내어달라고 청했다. 양들은 모두 숲속으로 숨어 버렸다.

이 짤막한 우화는 태평어람太平御覽에 실려 있다. 여호모피與狐謀皮는 후에 여호모피與虎謀皮로 바뀌었다. '호랑이에게 가죽을 요구하다'라는 뜻이다. 여우나 호랑이에게 가죽을 벗어 달라하고, 양에게 고기를 내어달라는 것은 사실상 불가능한 일이다. 즉 이 말은 근본적으로 불가능한 일을 일컫는다.

209 역린 逆鱗

용의 가슴에 거꾸로 난 비늘

逆 거스를 **역** | 鱗 비늘 **린**

출전《한비자韓非子》〈세난편說難篇〉

'용龍은 상냥한 짐승이다. 친하게 길들이면 올라탈 수도 있다. 그런데 그 목 아랫부분에 거슬려 난 비늘이 하나 있는데 지름이 한 자나 된다喉下有逆鱗徑尺. 만일 이것을 건드리면 용은 반드시 그 사람을 죽여 버리게 된다. 군주에게도 이런 역린이 있다人主亦有逆鱗.'

상상속의 동물인 용은 봉황·기린·거북과 함께 4대 영물靈物, 즉 사령四靈중 하나다. 또 용은 비늘 달린 짐승 가운데 으뜸으로 구름을 일으키고 비를 몰고 온다고 한다. 이런 점 때문에 예부터 중국에서는 군주君主를 높여 용에 비유했다. 용상龍床이나 용안龍顔 외에도, 황제의 후대를 뜻하는 용자龍子, 황제의 수레인 용여龍輿 등은 그 권위와 존엄성을 상징하는 말이다.

역린逆鱗은 군주의 노여움을 일으키는 것을 비유하며, 촉역린觸逆鱗이라고도 한다.

210 엽락귀근 葉落歸根

잎이 떨어져 뿌리로 돌아가듯 근본으로 돌아간다

葉 잎 **엽** | 落 떨어질 **락** | 歸 돌아갈 **귀** | 根 뿌리 **근**

출전《경덕전등록景德傳燈錄》

송나라 승려 도원道原이 지은《경덕전등록景德傳燈錄》은 과거칠불過去七佛, 석가 이전의 세상에 출현했다고 하는 일곱 명의 부처부터 역대 선종禪宗의 조사祖師들, 오가五家 52세世까지 불법佛法을 기록한 책인데, 그 중에 다음과 내용이 있다.

선종 육조 혜능대사慧能大師가 어느 날 홀연히 제자들을 불러모았다.
"나는 신주新州로 돌아가려 한다. 너희는 속히 배와 노를 준비하거라."
제자들이 일제히 슬퍼하며 더 머물 것을 청했음에도 대사는 말했다.
"모든 부처님이 세상에 모습을 드러내시고 열반에 드신 것은 옴이 있으면 반드시 떠남이 있는 것이니 이것은 당연한 이치다. 내 이 육신도 반드시 돌아갈 곳이 있다."
제자들이 물었다.
"조사께서 이제 가시면 언제 다시 돌아오십니까?"
조사가 대답했다.
"잎이 떨어지면 뿌리로 돌아간다. 오는 때는 말로 할 수 없다葉落歸根, 來時無口."
엽락귀근葉落歸根은 잎이 지면 뿌리로 돌아간다.'는 말로, 모든 사물이 그 근본으로 돌아가는 이치를 말하는 것이다.
나뭇잎이 생명을 다해 나뭇가지에서 떨어지고 그 후에는 썩어 토양의 자양분이 되어 그 나무의 뿌리로 스며든다. 나무의 생명이 계속되는 한 새잎이 날 것이고 새싹이 돋아 어린 나무가 될 수도 있다. 이것은 자연의 섭리이자 불교에서 말하는 윤회,

곧 전생의 업에 따라 다음 생을 얻어 끊임없이 생사를 반복하는 이치라 할 수 있다.

만물 생장의 끝에는 결국 뿌리로 돌아간다는 말은《노자老子》도 언급했다.

"만물이 번창하다가도 저마다 그 뿌리로 돌아가나니, 뿌리로 돌아가는 것을 일러 고요함이라 한다夫物芸芸, 各復歸其根, 歸根曰靜."

211 영서연설 郢書燕說

도리에 어긋난 것을 도리에 맞는 것처럼 꾸며서 말함

郢 땅 이름 **영** | **書** 쓸 **서** | **燕** 제비 **연** | **說** 말씀 **설**

출전《한비자韓非子》〈외저설편外儲說篇〉

초楚나라 수도 영郢에 사는 선비가 연燕나라 재상에게 편지를 쓰려고 했다. 마침 날이 어두웠고 선비는 옆에서 촛불을 들고 있던 하인에게 말했다.

"촛불을 더 높이 들거라."

그런데 붓을 든 채 그 말을 하다가 무심코 그 말까지 글로 써서 별 생각 없이 그대로 편지를 봉했다.

며칠 후 그 편지를 받아 든 연의 재상은 글 귀 중에 촛불을 들라는 문장을 보고 이상히 여겼다. 그러나 잠시 생각하던 그는 이윽고 무릎을 치며 기뻐했다.

"이것이 나라를 다스리는 요체로다. '촛불을 높이 들라'는 것은 밝음을 존중하라는 뜻이니 현자를 천거하여 임용하라는 말이로구나."

연나라 재상은 곧바로 왕에게 이 뜻을 전했고 왕도 기꺼이 찬성하여 실행에 옮겼다. 잘못 쓰여진 문구 덕분에 조정에 변화가 생기고 나라가 잘 다스려지게 된 것이다.

영서연설郢書燕說은 도리道理에 맞지 않는 것을 억지로 도리에 맞는 것처럼 꾸며서 말하는 것으로써, 말을 끌어다 붙여 교묘히 이치에 맞춤을 뜻한다. 이 고사로 말미암아 '등불을 들어라'는 현인을 천거한다는 뜻으로 쓰이게 되었다.

212 영월독서 映月讀書

달빛에 비추어 글을 읽다

映 비출 **영** | 月 달 **월** | 讀 읽을 **독** | 書 쓸 **서**

출전《남사》〈강필전江泌傳〉

'강필江泌은 제양濟陽 고성考城 사람으로 그 부친 량지亮之가 원외랑員外郎을 지냈다. 강필은 집이 가난하여 낮에는 땔나무를 베고 신을 만드는 일을 하고 밤에는 글을 읽으려고 달빛을 따라다녔다. 달빛이 기울어지면 책을 들고 지붕 위로 올라갔다가 잠이 들어 굴러 떨어지면 또 다시 올라갔다泌少貧, 晝日斫屧爲業, 夜讀書隨月光, 光斜則握卷升屋, 睡極墮地則更登.'

영월독서映月讀書는 캄캄한 밤에 빛을 찾아 책을 읽으려고 한 강필의 이 고사에서 유래했다. 궁핍한 환경에서도 학문의 끈을 놓지 않고 노력하는 자세를 말한다.

강필은 성품이 바르고 행실이 의로웠다. 그는 옷 속의 이가 굶어 죽을까봐 일부러 옷 속에 다시 넣어주었고, 굶어죽도록 배가 고파도 풀도 뜯어먹지 못했다. 채소에도 생명이 있다고 여겨 오래된 것의 즙만 먹었다.

제 무제齊武帝가 그를 자기 아들 자림子琳의 스승으로 삼았고 강필은 충심을 다해 보살폈다. 얼마 후 방계 출신의 명제明帝가 등극했는데 의심이 많아 종친 왕족들을 많이 죽였고 이때 자림도 함께 죽였다. 강필은 피눈물로 통곡하면서 끝까지 장사를 다 지내고 떠났다. 강필이 죽자 세상 사람들은 그를 효필孝泌로 추앙했다.

불우한 환경에서도 학업을 계속하려고 노력한 인물들과 그 태도를 일컫는 비슷한 성어가 많다.

손강영설孫康映雪·영설독서映雪讀書는 겨울밤에 내린 하얀 눈빛에 기대 글을 읽었다는 진晉나라 손강孫康의 고사에 유래했고, 형설지공螢雪之功·차윤성형車胤盛螢은 차윤車胤이라는 사람이 반딧불에 의지해 책을 읽었다는 말이다. 폐침망식廢寢忘食은 먹는 것도 잊고 잠도 포기한 채 학업에 몰두한다는 말이고, 주경야독晝耕夜讀은 낮에는 밭을 갈고 밤에 글을 읽는 부지런한 삶을 비유한 것이다.

213 예미도중 曳尾塗中

진흙탕 속에서 꼬리를 끌고 살다

曳 끌 **예** | **尾** 꼬리 **미** | **塗** 진흙 **도** | **中** 가운데 **중**

출전《장자莊子》〈추수〉편

초나라 임금이 사신을 보내 장자에게 정치를 맡아줄 것을 부탁했다. 사신이 도착했을 때 강가에서 낚시를 하고 있던 장자는 뒤도 돌아보지 않은 채 물었다.

"초나라에는 신귀神龜라는 3천년 묵은 거북이 등딱지가 묘당 안에 있다지요? 듣건대 왕께서 그것을 비단에 싸서 호화로운 상자에 귀히 받들어 모신다더군요. 그런데 그 거북은 죽어서 뼈를 남긴 채 귀한 대접을 받기를 원하겠소? 아니면 살아서 진흙 속에 꼬리를 끌고 다니기를 원하겠소寧其生而曳尾塗中乎?"

사신이 대답했다.

"그거야 당연히 살아 진흙 속에서 꼬리를 끌고 다니기를 바라겠지요."

장자가 말했다.

"그렇다면 어서 돌아가시오. 나도 진흙 속에서 꼬리를 끌고 다니고 싶소이다."

장자는 잠시 부귀를 누리고 권력투쟁의 제물이 되기보다는 차라리 벼슬이 없는 평민의 몸으로 욕심 없이 살기를 원한 것이다.

예미도중曳尾塗中은 진흙탕 속에서 꼬리를 끌고 사는 것이 죽은 뒤의 호강보다 좋다는 말로, 부귀하지만 속박 받는 삶보다는 가난하지만 자유로운 삶이 좋다는 말이다.

214 오리무중 五里霧中

짙은 안개 속에서 갈피를 못 잡다

五 다섯 **오** | 里 마을 **리** | 霧 안개 **무** | 中 가운데 **중**

출전《후한서後漢書》〈장해전張楷傳〉

후한 중기 때 학자 장패張霸는 시중의 고문관을 지냈는데, 환관과 황실 외척의 세도에 염증을 느끼고 권문세가와 인연을 끊고 고고하게 살다가 70세에 세상을 떴다. 그의 아들 장해張楷 역시《춘추》,《고문상서》등에 정통한 학자로 따르는 제자가 100명에 달하고 세도가들도 그와 가까이하려고 했다. 그러나 그 역시 부친과 마찬가지로 때 묻은 자들과 섞이기 싫어서 시골로 들어가 숨어 살았다. 조정에서 여러 차례 예를 갖춰 그를 초빙했지만 병을 핑계 삼아 끝내 벼슬길에 나오지 않았다.

그런데 장해는 학문뿐만 아니라 도술에도 능해서 5리 안개를 만드는 것으로 유명했다. 관서의 배우裴優라는 사람도 도술로 3리에 걸친 안개를 만들 수 있었지만, 5리 안개를 배우고자 장해를 찾았다. 하지만 장해는 5리 안개 속에 자취를 감추고서 만나주지 않았다. 그래서 오리무중五里霧中이란 말이 생겨났다.

그 후 배우는 안개를 일으켜서 나쁜 짓을 하다가 채포되자 장해에게 도술을 배웠다고 둘러댔고 이 바람에 장해는 2년간 억울한 옥살이를 해야 했다. 나중에야 무죄임이 밝혀졌고, 환제桓帝 때 다시 조정의 부름을 받았으나 역시 나아가지 않고 70세로 세상을 떴다.

오리무중은 깊은 안개 속에 들어서면 방향을 알 수 없고 길을 찾기도 힘든 것처럼 무슨 일에 대해 상황을 알 수 없고 갈피를 못 잡는 상황을 지칭하는 말이다. 오늘날은 '범인의 행방이 오리무중이다'와 같이 쓴다.

215 오우천월 吳牛喘月

오나라 소는 달만 봐도 숨을 헐떡인다

吳 나라이름 **오** ı 牛 소 **우** ı 喘 숨찰 **천** ı 月 달 **월**

출전《세설신어世說新語》〈언어편言語編〉

진 무제晉武帝의 상서령尙書令으로 만분滿奮이라는 사람이 있었다.

어느 날, 그가 왕을 알현하러 갔을 때, 무제는 그에게 북쪽 창가를 앉기를 권했다. 그쪽에는 밖이 훤히 비치는 유리병풍이 놓여 있었다. 원래 기질이 약해 조금만 찬바람을 쐐도 감기에 걸리는 만분은 바람이 새지 않는데도 난색을 표했다. 왕이 이를 보고 웃자 황공해진 만분은 얼른 창가로 가서 앉으면서 다음과 같이 해명했다.

"남쪽 오吳나라의 물소들은 더위를 매우 싫어해서 여름이 되면 물속에 들어가 놀거나 나무 그늘에서 쉬기를 좋아합니다. 가장 두려워하는 것은 한낮의 뜨거운 태양입니다. 어쩌다 밤에 밝은 달이라도 보게 되면 그것이 태양인 줄 알고 숨을 헐떡이게 됩니다. 저도 오나라의 소가 달을 보고 숨을 헐떡이는 것과 같은 경우입니다臣猶吳牛, 見月而喘."

오우천월吳牛喘月은 지레짐작으로 공연한 일에 겁을 먹고 걱정함을 비유한 말로, 어떤 일에 한 번 혼이 나면 비슷한 것만 봐도 겁을 낸다는 뜻이다. 우리 속담 '자라 보고 놀란 가슴 솥뚜껑만 봐도 놀란다.'와 같은 말이다.

216

오월동주 吳越同舟

오나라 사람과 월나라 사람이 한배를 타다

吳 오나라 **오** | 越 월나라 **월** | 同 한 가지 **동** | 舟 배 **주**

출전《손자》〈구지九地편〉

'오吳나라 사람과 월越나라 사람은 서로 미워하지만 한배를 타고 강을 건너다가 풍우를 만나게 되면 왼손과 오른손처럼 서로 돕게 된다夫吳人與越人相惡也, 當其同舟而濟, 遇風, 其相救也如左右手.'

춘추시대 중국 남쪽의 오와 월은 영토가 인접하고 산수山水가 이어져 있었지만 대대로 분쟁이 끊이지 않았다. 그래서 양국의 백성들은 서로를 원수 대하듯 해서 우연히 마주치기라도 하면 말다툼을 하거나 욕지거리를 주고받고 심하게는 사생결단 싸움을 벌이기도 했다.

어느 날 두 나라의 경계인 강에서 오나라 사람과 월나라 사람 십여 명이 한 배를 타고 있었다. 서로를 무시하고 배척하는 바람에 분위기가 썩 좋지 않았다. 그런데 배가 강 한복판에 이르렀을 때 갑자기 하늘이 어두워지고 바람이 거세졌다. 그리고 비가 억수같이 퍼붓더니 거센 물살이 배에 들이닥쳤다. 배 안은 금세 아수라장이 됐고 뱃사공은 묶어둔 돛을 펼치려고 했지만 풍랑에 몸도 제대로 가누지 못했다. 당장에라도 배가 뒤집힐 듯한 위기의 순간이 되자 오나라 월나라 할 것 없이 모두가 돛대로 달려들었다. 풍랑에 맞선 그들은 결국 힘을 합해서 돛을 펼쳤고 요동치던 배도 점차 안정을 되찾았다.

이 고사에서 유래한 오월동주吳越同舟는 묵은 원한이 있는 사이라도 똑같이 힘든 상황에 처하게 되면 서로 도와서 위기를 해결한다는 말이다.

217 오일경조 五日京兆

닷새 동안의 경조윤, 매우 짧은 관직

五 다섯 **오** | 日 날 **일** | 京 서울 **경** | 兆 억조 **조**

출전《한서漢書》〈장창전張敞傳〉

한 선제漢宣帝 때 경조윤을 지낸 장창張敞은 중랑장 양운楊惲과 친구였다. 양운은 청렴하고 실력이 있었지만 모함을 받아 면직되었고 얼마 후 대역무도 죄로 처형되었다. 조정에서는 그의 친구 장창도 쫓아내야 한다고 주장했지만 선제가 받아들이지 않았다.

장창 수하에 도적 잡는 일을 하는 서순絮舜이라는 관리가 있었는데, 그는 대신들이 상주한 일을 알고는 장창이 곧 면직되리라 예상했다. 그래서 어떤 사건을 조사하라는 장창의 명을 받고도 따르지 않았다. 그는 만류하는 주위 사람들에게 이렇게 말했다.

"경조윤을 위해 할 만큼 했소. 그 양반은 이제 길어봐야 닷새짜리 부윤인데 무슨 일을 할 수 있겠소今五日京兆耳, 安能復案事?"

장창은 이 말을 듣고 즉시 부하들을 시켜 서순을 붙잡아 가두게 했다.

마침 그때는 12월이 며칠 안 남은 때였는데, 당시 한나라의 형법은 12월마다 사형을 집행하고 있었다. 형리가 밤낮으로 서순의 사건을 조사하여 사형을 언도하고 즉시 집행하게 되었다.

사형을 집행하기 전에 장창이 서순에게 말했다.

"닷새 동안의 경조윤이 어떠하냐? 12월도 다 끝나려 하는데, 너는 더 살 수 있을 것 같으냐五日京兆竟何如? 冬月已盡, 延命乎?."

오일경조五日京兆는 닷새 동안의 경조윤이라는 뜻으로, 재임 기간이 매우 짧은 관직을 일컫는다.

218

오조사정 烏鳥私情

까마귀처럼 지극한 효심

烏 까마귀 오 | 鳥 새 조 | 私 사사 사 | 情 뜻 정

출전《진정표陳情表》

진晉나라 이밀李密이 쓴 〈진정표陳情表〉에서 유래했다.

이밀은 태어난 지 6개월 만에 아버지를 여의고 4세 때 어머니도 개가하여 조모인 유씨劉氏 손에 자랐으므로 할머니에 대한 효심이 지극했다. 진나라 무제武帝 : 사마염가 이밀을 태자세마太子洗馬 관직에 임명했을 때 90을 넘긴 조모 유씨가 병석에 있었다. 이밀은 자신이 조모를 봉양해야 해서 관직을 맡을 수 없는 사정을 글로 써 무제에게 올렸는데, 이것이 〈진정표〉다. 이밀은 글의 말미에서 이렇게 말했다.

"조모가 아니었으면 오늘날의 제가 있을 수 없고, 조모께서도 제가 아니면 여생을 편히 마칠 수 없습니다. 신臣 올해 44세고 조모 유씨는 96세니, 신이 폐하께 충성을 바칠 날은 길고 조모를 봉양할 날은 짧습니다. 부디 까마귀가 먹이를 물어다 늙은 어미를 먹여 은혜를 갚듯이, 조모가 돌아가시는 날까지 봉양할 수 있게 배려해주시기를 간청드립니다烏鳥私情, 願乞終養. 신의 고충은 촉蜀땅뿐 아니라 양주梁州와 익주益州 사람들도 잘 알고 있습니다. 원컨대 폐하께서 제 어리석은 정성을 불쌍히 여기시어 신의 뜻을 굽어 살펴주십시오. 모친의 여생을 지킬 수 있게 해주시면 소신 살아서는 마땅히 목숨 바쳐 폐하를 섬기고, 죽어서도 결초보은을 잊지 않겠나이다."

무제는 이밀의 지극한 효심에 감동하여 임명의 뜻을 거두고 그에게 조모를 잘 봉양하도록 노비와 식량까지 하사해주었다.

이 〈진정표〉는 제갈량諸葛亮의 〈출사표出師表〉와 함께 명문으로 꼽힌다. 그래서 〈출사표〉를 읽고 눈물 흘리지 않는 자 충신이 아니요, 〈진정표〉를 읽고 눈물을 흘리지

않는 자 효자가 아니라는 말이 생겨날 정도였다.

오조사정烏鳥私情, 오조지정烏鳥之情은 까마귀가 모이를 물어다 늙은 어미의 은혜를 갚듯이 자식이 지극한 효심으로 부모를 섬기는 것을 비유한 고사성어다.

219 온고지신 溫故知新

옛 것을 익히고 새로운 것을 알아야한다

溫 익힐 **온** | 故 옛 **고** | 知 알 **지** | 新 새 **신**

출전《논어論語》〈위정편〉

공자는 스승의 자격에 대해 이렇게 말했다.

"옛 것을 익히고 새로운 것을 알면 스승이 될 수 있다溫故而知新, 可以爲師矣."

여기서 말하는 옛 것은 태평성대였던 주周나라 때의 여러 문물과 제도를 가리킨다. 당시의 혼란한 세상을 바로잡는데 이전 시대의 훌륭한 문물과 정신을 배우고 본받는 것이 선행돼야함을 강조한 것이다.

온고지신溫故知新은 과거의 전통과 역사, 학문을 먼저 충분히 익히고 그 바탕 위에서 새로운 것을 배워야한다는 말이다. 비슷한 말로 옛 법을 본받아 새로운 것을 만들어낸다는 법고창신法古創新이 있다.

옛 것과 새로운 것의 관계에 대한 이분법적 시각은 대립과 단절만을 부를 뿐이다. 구세대와 신세대 또한 지혜롭지 못한 구분법이다. 올챙이 없는 개구리가 있을 수 없고 개구리 없는 올챙이도 존재할 수 없는 법이다.

220 와신상담 臥薪嘗膽

가시나무 위에서 자고 쓸개를 맛본다

臥 엎드릴 **와** | 薪 섶나무 **신** | 嘗 맛볼 **상** | 膽 쓸개 **담**

출전《사기史記》〈월세가越世家〉·《십팔사략十八史略》

국경을 맞댄 오吳와 월越은 서로 앙숙지간이었다. BC 496년, 오왕 합려闔閭가 대군을 몰아 침공했지만 월왕 구천勾踐에게 크게 패하고 화살까지 맞았다. 합려는 이 상처가 악화되어 결국 목숨을 잃고 마는데, 죽기 전에 아들 부차夫差에게 반드시 복수를 해달라는 유언을 남겼다.

이에 부차는 부왕의 복수를 잊지 않기 위해 아침저녁으로 가시나무 땔나무 위에 누워 자면서 경비병들에게 이렇게 외치게 했다.

"부차야! 너는 구천이 네 아버지를 죽였다는 사실을 잊어서는 안 된다夫差, 而忘越人之殺而父邪."

부차는 그렇게 복수를 맹세하며 때가 오기만을 기다렸다.

부차의 이런 복수심을 알고 구천이 먼저 공격을 감행했다. 그러나 오히려 크게 패해서 회계산會稽山에서 포위당했고 결국 부차의 신하가 되겠다는 굴욕적인 항복을 했다.

부차가 살려준 덕분에 겨우 목숨을 연명한 구천은 오에 점령당한 고국으로 돌아왔는데, 스스로 몸과 마음을 채찍질하며 지난 치욕을 상기했다. 그는 항상 쓸개를 곁에 매달아 두고 앉아서나 누워서나 음식을 먹을 때도 그 쓸개를 맛보며 이렇게 말했다.

"너는 회계산의 치욕을 잊었느냐女忘會稽之恥邪?"

치욕을 잊지 않았던 구천은 다시 군사를 일으켜 오나라를 공격했고 마침내 수도까지 점령하고 부차를 굴복시켰다. 구천은 부차를 살려 귀양을 보냈으나 부차가 깨끗이 자결함으로써 구천이 최후의 승사가 되었다.

와신상담臥薪嘗膽은 거친 나무 위에서 자고 쓰디쓴 쓸개를 맛본다는 뜻으로, 목표를 이루기 위해 온갖 고난을 참고 견디며 심신을 단련함을 말한다. 실패를 맛보거나 어려운 상황에 맞닥뜨렸을 때 좌절하지 않고 끝까지 최선을 다하는 굳은 의지를 상징한다. 비슷한 말로 절치부심切齒腐心, 발분망식發憤忘食, 자강불식自强不息이 있다.

221

완벽귀조 完璧歸趙

화씨벽옥이 조나라로 돌아가다

完 완전할 **완** | 璧 옥 **벽** | 歸 돌아갈 **귀** | 趙 조나라 **조**

출전《사기史記》〈인상여열전〉

전국시대 조趙나라 혜문왕惠文王이 화씨지벽和氏之璧이라는 진귀한 벽옥璧玉을 얻었는데, 이 소문을 들은 진 소왕秦昭王이 이를 빼앗을 욕심에 벽옥을 자신의 15성과 바꾸자고 제안했다. 혜문왕은 소왕의 속내를 짐작했지만 거절했다가는 강대국인 진의 미움을 받을까 염려되었다. 이에 무현繆賢이라는 신하가 자신의 식객 중에 인상여藺相如가 재주가 있으니 불러보자고 제안했다.

혜문왕을 알현한 인상여가 말했다.

"소신이 벽옥을 갖고 진으로 가서 소왕이 약속을 지키면 벽옥을 내어주고, 그렇지 않으면 반드시 벽옥을 온전히 보존하여 돌아오겠습니다完璧歸趙."

그렇게 해서 진으로 간 인상여가 벽옥을 보여주자 소왕은 "과연 훌륭하구나!" 하고 감탄하면서도 15성에 대해서는 일언반구도 없었다. 이를 예상했던 인상여가 말했다.

"제가 가지고 온 벽옥은 세상에 둘도 없는 진귀한 보물임에 틀림없습니다만 작은 흠집이 있으니 그것을 일러드리겠습니다."

그 말에 소왕이 무심코 보물을 내어주었고, 화씨지벽을 받아 든 인상여는 즉시 큰 기둥 앞으로 다가서며 소리쳤다.

"우리 조나라는 신의를 지키기 위해 보물을 갖고 왔으니 소왕께서는 약속대로 15성을 내주시오. 안 그러면 이 보물을 기둥에 던져 부숴버리고 나도 머리를 부딪쳐 자결하겠소!"

깜짝 놀란 소왕은 벽옥이 깨어질까 두려워서 임시변통으로 성을 내주겠노라 약속했다.

이에 인상여는 닷새 안에 약속을 지키면 벽옥을 주겠다고 말하고는 몰래 사람을 시켜서 벽옥을 조나라로 빼돌렸다. 이로써 벽옥은 온전한 상태로 다시 조나라로 돌아온 것이다.

완벽귀조完璧歸趙는 줄여서 완벽完璧이라고 하는데, 화씨지벽이 처음의 온전한 상태로 조나라로 돌아간 것과 마찬가지로, 원래의 물건을 조금도 상하지 않은 완전한 상태로 주인에게 되돌려지는 것을 말한다.

222 완화자분 玩火自焚

불을 가지고 놀다가 자신을 태워버리다

玩 희롱할 완 | 火 불 화 | 自 몸 자 | 焚 탈 분

출전《춘추좌씨전春秋左氏傳》〈은공隱公 4년조〉

위衛나라 장공莊公의 첩이 아들을 낳자 이름을 주우州吁라고 했다. 주우는 어려서부터 부왕의 총애를 받으면서 툭하면 무력으로 해결하려고 했다. 얼마 후 장공이 죽고 환공桓公이 즉위했지만 주우는 그 환공을 죽이고 스스로 왕위에 올랐다. 그러나 불만을 품은 대신들과 백성들은 그에 동조하지 않았고, 이에 주우는 이웃 정鄭나라를 쳐서 위엄을 내세우려고 했다.

이 무렵 송宋나라에서는 상공이 즉위했는데, 정나라에서는 송에서 도망쳐온 공자 풍馮을 거둬주고 그를 도와 군주에 앉히려고 했다. 주우는 이를 빌미 삼아 송나라와 진陳, 채蔡 등과 연합하여 정나라를 공격했다. 그러나 4국 연합군이 맹공을 퍼부었음에도 정을 공략하지 못하고 물러났다. 이 소식을 듣고 노魯나라 은공隱公이 대부大夫 중중衆仲에게 물어보았다.

"주우가 뜻을 이루겠는가?"

중중은 다음과 같이 대답했다.

"신은 덕으로써 남을 복종시켰다는 말은 들어봤어도 무력으로 기꺼이 복종시켰다는 말은 들어보지 못했습니다. 힘으로 남을 복종시키는 것은 마치 실마리를 찾지 않고 엉킨 실타래를 정리하는 것처럼 상황을 점점 더 그르치게 됩니다. 주우가 무력으로 정벌을 진행하면 많은 사람들이 반발하고 심복들도 등을 돌릴 테니 뜻을 이루기 힘들 것입니다. 무릇 무력이란 불을 가지고 노는 것과 같아서 절제할 줄 모르면 장차 자신을 태워버리고 말 것입니다夫兵, 猶火也. 弗, 將自焚也."

훗날 4국 연합군은 재차 정을 공격했지만 이번에도 승리하지 못했다. 그리고 중중의 예견대로 주우는 백성들의 추대를 받지 못했을 뿐 아니라 얼마 못가서 피살되고 말았다.

완화자분玩火自焚은 불을 가지고 놀다가 자신을 태워버린다는 말로, 무모하게 일을 벌이다가 도리어 자신이 해를 입게 됨을 비유한 고사성어다.

223

요동지시 遼東之豕

요동의 돼지, 견문이 얕고 어리석음

遼 멀 **요** | 東 동녘 **동** | 之 어조사 **지** | 豕 돼지 **시**

출전《후한서後漢書》〈주부朱浮전〉

동한東漢 말 주부朱浮라는 사람이 있었다. 그는 전쟁에 나가 약간의 무공을 세웠는데, 당시는 이런 사람들이 아주 많아서 특별한 일도 아니었지만 그는 대단한 것으로 착각하고 항상 자랑하고 다녔다.

이 주부가 한번은 요동에 갔다가, 검은 돼지가 머리털이 흰 새끼를 낳은 것을 보고는 매우 희귀하다고 생각했다. 그는 이 새끼돼지를 황제한테 바쳐서 환심을 사보려고 하동河東으로 가져갔다. 그런데 막상 그곳에 도착해보니 머리털이 흰 돼지는 물론 몸 전체가 흰 돼지가 엄청나게 많았다. 주부는 가져간 새끼돼지를 바라보며 자신의 행동에 크게 부끄러움을 느꼈다. 맥없이 발길을 되돌린 그는 그 후 다시는 자신의 공을 내세우지 않았다.

요동지시遼東之豕, 요동시遼東豕는 요동의 돼지라는 말로, 견문이나 학식이 얕은 사람이 우연히 흔치 않은 광경을 보고 기이하게 여기고 특별한 일로 해석하는 경우를 말한다. 지식이 얕고 어리석은 사람을 조롱하는 말이다.

224

요령부득 要領不得

사물의 중요한 부분을 잡을 수 없음

要 허리 **요** ι 領 목 **령** ι 不 아닐 **불** ι 得 얻을 **득**

출전《사기史記》〈대원열전大宛列傳〉·《한서漢書》〈장건전張騫傳〉

기원전 2세기, 한 무제漢武帝가 전국을 통일했지만 만리장성 바깥은 세력이 미치지 못하고 있었다. 특히 서북쪽의 흉노족匈奴族은 큰 근심거리였는데 거리가 너무 멀어서 쉽게 칠 수도 없었다. 이에 무제는 흉노에게 근거지를 빼앗기고 사막 서쪽 밖으로 밀려나 있던 월지月氏와 힘을 합쳐 흉노를 공격할 계획을 세웠다. 그리고 이 임무를 수행할 사자로 장건張騫을 임명했다.

기원전 138년 장건은 100여 명의 수행원을 이끌고 대 원정에 나섰다. 그러나 그들은 감숙성을 벗어나기 무섭게 흉노에게 붙잡혔고, 그 후 10년 동안 흉노와 함께 살게 되었다. 그동안 그곳에서 결혼도 하고 아들까지 낳았지만 사신으로서의 임무는 한시도 잊지 않고 있었다.

장건은 포로로 붙잡힌 지 10년 만에 처자를 거느리고 서방으로 탈출하는데 성공했다. 그는 천산산맥을 넘고 강거국康居國을 거쳐서 아무르 강 북쪽에 있는 월지 궁궐에 도착했다. 장건이 월지 왕에게 한 무제의 뜻을 전했지만 왕의 반응은 의외로 부정적이었다.

"우리는 서쪽으로 옮겨온 이래로 기름진 땅에서 평화롭게 살고 있소. 백성들은 이제 묵은 원한을 씻기 위한 전쟁을 바라지 않소."

그러나 장건은 포기하지 않고 당시 월지의 속국인 대하국大夏國까지 찾아가서 월지를 움직여 보려고 했다. 그러나 끝내 아무 성과도 거두지 못했다. 사마천은 이 일을 두고 '끝내 사명인 월지의 요령을 얻지 못하고要領不得 체류 1년 만에 귀국길에 올랐다'고 기록했다.

장건은 귀국 도중에 또다시 흉노에게 붙잡혀 1년 넘게 억류됐고, 겨우 탈출에 성공하여 무려 13년 만에 장안으로 돌아오니 기원전 126년의 일이다.

장건은 그 후 박망후博望侯에 봉해져 서역 개척 사업에 힘쓰게 되는데, 그의 대장정은 중국 역사에 귀한 자산으로 기록되었고 그로 인해 서역과의 교역이 싹트게 되었다. 중앙아시아의 명마와 보석, 석류·비파·수박·포도 같은 과일이 들어오고, 중국의 비단과 금이 수출되는 실크로드가 열리게 된 것이다.

《사기史記》의 장건의 고사에서 유래한 요령부득要領不得은 사물의 중요한 부분을 잡을 수 없다는 뜻이다.

225 요산요수 樂山樂水

산을 좋아하고 물을 좋아한다

樂 좋아할 요 | 山 메 산 | 樂 좋아할 요 | 水 물 수

출전《논어論語》〈옹야雍也〉편

《논어論語》〈옹야雍也〉편에 '지혜로운 사람은 물을 좋아하고, 어진 사람은 산을 좋아한다. 지혜로운 사람은 움직이고, 어진 사람은 고요하다. 지혜로운 사람은 즐겁게 살고, 어진 사람은 장수한다智者樂水, 仁者樂山. 智者動, 仁者靜. 智者樂, 仁者壽'라는 구절이 있다.

지혜로운 사람은 사리에 밝아 물이 흐르듯 막힘이 없으므로 물을 좋아한다. 또한 지적 욕구를 충족하기 위해 돌아다니기를 좋아하며 그런 것들을 즐기며 산다. 이에 비해 어진 사람은 의리를 중히 여겨 그 중후함이 산과 같아서 산을 좋아한다고 했다. 또 어진 사람은 대부분 고요한 성격으로 매사에 집착함이 없어 오래 산다고.

요산요수樂山樂水의 원래 뜻은 이와 같지만 오늘날에는 보통 산수의 경치를 좋아하는 것을 말한다.

226

욕개미창 欲蓋彌彰

허물은 덮고자 할수록 더욱 드러난다

欲 하고자할 **욕** | 蓋 덮을 **개** | 彌 더욱 **미** | 彰 드러날 **창**

출전《좌씨전左氏傳》〈소공 31년조〉

공자는《춘추》에서 노魯나라 소공昭公 31년에 일어난 일들을 기록했는데, 그 가운데 '겨울에 흑굉黑肱이 남濫 땅을 가지고 투항했다冬, 黑肱以濫來奔'라는 구절이 있다. 주나라 대부 흑굉이 노나라에 항복함으로써 그가 다스리던 남 땅도 노나라의 영토가 된 일을 기록한 것이다.《좌씨전》은 이 일을 다음과 같이 설명했다.

'《춘추》의 필법에 따르면 원래 흑굉처럼 지위가 낮은 사람과 자잘한 일들은 기록하지 않지만, 이 일을 기록한 것은 노나라의 영토가 변동된 것과 관련돼 있기 때문이다. 이름을 신중히 하지 않을 수 없음이 이와 같으니, 이름이 나더라도 나지 않음만 못한 경우가 있다. 땅을 지니고 군주를 배반한 일에 대해서는 그 지위가 낮다 할지라도 반드시 그 땅과 함께 이름을 언급해야 한다. 이는 불의를 행한 기록이 사라지지 않게 하기 위함이다. 이런 까닭에 군자는 움직일 때 예를 생각하고, 이익을 위해 어긋나지 않으며, 의로움에 후회될 행동은 삼가야 한다. 어떤 이는 명성을 추구했으나 기록하지 않고, 어떤 이는 잘못을 덮으려 했으나 오히려 더욱 드러나게 했으니, 이는 불의한 자를 징벌하기 위함이다或求名而不得, 或欲蓋而名章, 懲不義也.'

의롭지 못한 일이나 그런 행위를 저지른 사람은 흑굉처럼 지위가 낮더라도 후세에 교훈을 삼기 위해 반드시 기록했다는 말이다.

욕개미창欲蓋彌彰은 허물은 감추면 감출수록 오히려 더욱 드러나게 마련이라는 고사성어다.

227 욕속부달 欲速不達

너무 서두르다 오히려 일이 진척되지 못함

欲 하고자 할 **욕** | 速 빠를 **속** | 不 아닐 **불** | 達 다다를 **달**

출전《논어論語》〈자로子路〉편

《논어論語》〈자로子路〉편에는 자하子夏가 거보莒父라는 고을의 지방관이 되어 스승에게 어떻게 다스려야 할지를 묻는 대목이 있다. 공자는 자하의 물음에 대해 다음과 같이 말했다.

"일을 빨리 하려 하지 말고 작은 이익에 눈을 주지 말거라. 빨리 하려고 하면 일이 잘 이루어지지 않고欲速則不達, 작은 이익을 탐하면 큰일을 이룰 수 없느니라."

공자는 자하가 눈앞의 성과와 작은 이익에 집착하는 성격을 갖고 있는 것을 알고 그렇게 말해준 것이다.

욕속欲速은 빠르게 행동하는 것이 아니라 성과에 급급한 마음을 일컫는 것이고, 욕속부달欲速不達은 서두르다가 도리어 목적에 도달하지 못함을 뜻한다. 우리 속담에도 '급할수록 돌아가라'는 말이 있는데, 모두 조급한 심리를 경계하는 말이다.

너무 서두르다가 오히려 일이 진척되지 않는 것이 욕속부달이고, 너무 좋게 하려다 그대로 놔둠만 못한 결과를 낳는 것이 욕교반졸欲巧反拙이다.

228 용두사미 龍頭蛇尾

머리는 용이나 꼬리는 뱀, 시작은 좋았으나 갈수록 나빠짐

龍 용 **룡** | **頭** 머리 **두** | **蛇** 뱀 **사** | **尾** 꼬리 **미**

출전《전등록傳燈錄》

옛날 용흥사라는 절에 진존자陳尊者라는 승려가 있었다. 그는 부처님께 불공드리는 일을 마치면 지푸라기로 짚신을 삼아서 한 켤레씩 산길의 나뭇가지에 걸어두었다. 때마침 한 행인이 의아해하고 물어보았다.

"스님께선 왜 짚신을 삼아 매다는 겁니까?"

진존자가 대답했다.

"먼 길 가는 사람들 중에는 짚신이 필요한 사람도 있을 게 아니오? 그 사람의 아픈 발을 편하게 해주려고 이러는 것이오."

행인은 진존자의 마음씀씀이에 크게 감동했다.

진존자가 하루는 처음 보는 승려와 상대방의 도력을 알아보는 선문답을 나누게 되었다. 진존자가 한 마디 하자 상대 승려는 버럭 소리부터 질렀다. 이에 진존자는 속으로 '이거 난리 났구나. 도력이 정말 큰스님인가 보군'하고 생각했지만, 이윽고 그 승려가 또다시 큰 소리를 내자 달리 생각했다.

'겉보기엔 용의 머리처럼 그럴싸해 보이지만, 실제로는 뱀의 꼬리 같은 사람인지도 모르겠군.'

진존자가 그 승려에게 말했다.

"그렇게 큰 소리를 쳤으면 뭣 때문에 그랬는지 마무리를 지어야지요!"

그 말에 그 승려는 슬그머니 시선을 피한 채 엉거주춤 자리를 떠버렸다. 다들 자신이 목청을 높이면 대단한 인물인 줄 알고 슬금슬금 피했는데 진존자 만은 그러지 않

았던 것이다. 승려의 뒷모습을 지켜보며 사람들 모두 용두사미龍頭蛇尾가 따로 없다고 조롱했다.

용두사미는 머리는 용이나 꼬리는 뱀이라는 뜻으로, 시작은 좋았으나 갈수록 나빠지는 상황을 일컫는 말이다. 계구우후鷄口牛後의 반대말이다.

229 우공이산 愚公移山

어리석은 사람이 산을 옮기다

愚 어리석을 **우** | 公 존칭할 **공** | 移 옮길 **이** | 山 뫼 **산**

출전《열자列子》〈탕문湯問〉편

태행산太行山과 왕옥산王屋山은 사방이 7백나 되는 큰 산으로 원래는 기주의 남쪽, 하양의 북쪽에 있었다.

산 밑에는 90이 다 된 우공愚公이라는 노인이 살고 있었는데, 가로 막은 두 산 때문에 큰 불편을 겪고 있었다.

어느 날 우공은 식구들을 한 자리에 모아놓고 말했다.

"우리가 힘을 합쳐서 두 산을 옮겼으면 한다. 그러면 길이 생겨서 다니기가 좋을 것이다."

식구들 모두 말도 안 된다고, 불가능한 일이라고 반대했지만 가장인 우공의 뜻을 꺾을 수 없어 곧 온 가족이 공사에 착수했다. 우공과 아들 손자가 지게에 흙을 짊어지고 발해 바다에 갔다버리고 돌아오는데 꼬박 1년이 걸렸다.

이를 본 이웃 사람 지수가 비웃었다.

"다 늙어서 이제 머잖아 죽을 사람이 왜 그런 무모한 짓을 합니까?"

이에 우공은 말했다.

"내가 죽으면 내 아들이, 아들이 죽으면 손자가 계속 할 것이오. 그동안 산은 깎여나갈 것이고 더 높아지지는 않을 테니 언젠간 길이 나지 않겠소?"

멀리서 이 말을 듣고 당혹해한 자가로 있었으니 바로 두 산을 지키던 산신들이었다. 그들은 큰일 났다고 생각하고 즉시 옥황상제를 찾아가 고했다. 그런데 옥황상제는 오히려 우공의 노력과 정성을 가상히 여겼다. 그래서 산 하나를 삭동 땅에, 다른 하나는 옹남 땅으로 옮겨주었다.

우공이산愚公移山은 어리석은 사람이 산을 옮긴다는 말로, 한 가지 일을 끝까지 밀고 나가면 언젠가는 목표를 이룰 수 있다는 노력의 우직함을 상징하는 말이다.

230 우정팽계 牛鼎烹鷄

소 삶는 큰 솥에 닭을 삶다

牛 소 우 | 鼎 솥 정 | 烹 삶을 팽 | 鷄 닭 계

출전《후한서後漢書》〈문원열전文苑列傳〉

후한後漢 때 진류陳留 지방에 변양邊讓이라는 사람이 있었는데 변설에 능하고 재주가 좋았다. 이에 대장군 하진何進이 그를 불러 쓰려 했지만 순순히 따르지 않을까 염려되었다. 그래서 징병을 명분삼아 변양을 불러서 사령관史令官에 임명했다. 이에 조정의 의랑議郎인 채옹蔡邕은 변양의 재목됨을 알아보고 이렇게 말했다.

"옛말에 '소를 삶을 솥에 닭을 삶아 물을 많이 부으면 국물이 묽어져서 맛이 없고, 물을 적게 부으면 익지 않아서 먹을 수가 없다函牛之鼎以烹鷄, 多汁則淡而不可食, 少汁則熬而不可熟'고 했습니다. 이는 큰 그릇을 용도에 맞지 않게 작은 일에 사용하는 것은 옳지 못함을 이르는 것입니다. 소 삶는 데 쓸 큰 솥을 다른 데 쓸 것이 염려되니 장군께서 잘 살피셔서 변양이 재주를 떨칠 기회를 주십시오."

채옹의 말을 듣고 하진은 변양을 더 높은 관직에 천거했다.

우정팽계牛鼎烹鷄는 소를 삶는 큰 솥에 닭을 삶는다는 말로, 큰 인재를 알맞은 곳에 쓰지 못하고 소소한 일을 맡기는 경우를 일컫는 고사성어다.

231 월조대포 越俎代庖

제사를 담당하는 사람이 음식을 만듦

越 넘을 **월** | 俎 도마 **조** | 代 대신할 **대** | 庖 부엌 **포**

출전《장자莊子》〈소요유편逍遙遊篇〉

《장자莊子》〈소요유편逍遙遊篇〉에는 요堯임금과 기산에 숨어 살던 은자隱者 허유許由의 대화가 실려 있다.

요임금은 다음과 같은 비유를 하며 허유에게 천하를 맡아줄 것을 부탁했다.

"일월日月이 밝은데 등불을 태우면 그 빛이 헛되지 않소? 때맞춰 비가 오는데 여전히 물을 대고 있으니 그 물이 무슨 소용이오? 부디 나를 대신해서 나라를 다스려주시오."

하지만 허유는 거절하면서 말했다.

"임금께서 잘 다스리고 계신데 제가 왜 필요합니까. 할미새가 제아무리 양껏 먹는다 해도 기껏해야 그 작은 배만 채우면 됩니다. 제겐 천하가 아무 쓸모없고 흥미도 없습니다. 요리가 서툴다고 시동이나 신주가 술 단지와 고기그릇을 들고 그를 대신할 수는 없는 법입니다庖人雖不治庖, 尸祝不越樽俎而代之矣. 마찬가지로 제가 폐하의 직무를 대신할 수 없고, 설사 대신하더라도 잘될 리가 없습니다."

허유는 이렇게 말하고 곧장 깊은 산속으로 들어가서 다시 나오지 않았다.

이 이야기는 노자사상을 철학으로 완성한 장자사상의 일면을 잘 보여준다. 권력을 탐하는 사람들에게는 최고 권력이 세상 모든 것을 가질 수 있는 수단이 되겠지만, 이것이 단박에 거절할 수 있는 있는 사람은 흔치 않다. 허유의 말은 세상에는 다 자신에 맞는 직분이 있고 지혜가 있는 사람이라고 해서 모두 왕이 되기를 바라지는 않는다는 것을 보여준다.

월조대포越俎代庖는 자신의 직분을 넘어 다른 사람의 일을 대신하는 것을 말하며, 월조지혐越俎之嫌이라고도 한다.

232 월하노인 月下老人

달빛 아래 노인이 인연을 맺다

月 달 월 | 下 아래 하 | 老 늙을 노 | 人 사람 인

출전《진서晉書》〈예술전藝術傳〉·《속유괴록續幽怪錄》

당나라 때 위고韋固라는 젊은이가 송성宋城 땅에 도착하여 한 허름한 여관에 묵었다. 그날 밤 휘영청 밝은 달 아래 한 노인月下老人이 자루에 기대앉아 커다란 책을 뒤적이고 있었다. 위고가 물어보았다.

"무슨 책을 보고 계십니까?"

노인이 말했다.

"이것은 세상 혼사에 관한 책인데, 여기 적혀 있는 남녀의 이름을 자루 안에 있는 빨간 끈赤繩으로 한번 묶어놓으면 아무리 원수지간이라도 필시 맺어지는 것이지."

그 말을 들은 위고가 호기심을 갖고 물어보았다.

"그럼 제 배필은 어디 있습니까?"

노인이 말했다.

"이곳 송성에 있네. 북문에서 채소를 파는 노파가 안고 있는 아이가 바로 자네 짝일세."

그 말을 듣고 난 위고는 속으로 참 재미있는 노인이라고 생각하고 별로 귀담아 듣지 않았다.

그로부터 14년 후, 위고는 상주相州의 관리가 되어 그 고을 태수의 딸과 혼인을 했다. 신부는 위고보다 나이가 한참 어린 17세였다. 어느 날 위고는 문득 예전 송성에서의 일이 떠올랐고, 부인에게 그 월하노인이 했던 말을 들려주었다. 그러자 부인은 깜짝 놀라는 것이었다.

"사실 전 태수의 친딸이 아니에요. 아버지가 송성에서 관리를 하다가 돌아가시고 유모가 북문 근처에서 채소장사를 하면서 돌봐주셨는데 아이가 없었던 태수께서 저를 양녀로 삼아주신 거예요."

중매에 관한 또 다른 이야기는《진서》〈색담전〉에 실려 있다.

진晉나라에 색담이란 점쟁이가 있었는데 천문과 꿈 해몽에 밝았다. 어느 날 영호책令狐策이라는 사람이 이상한 꿈을 꾸고 그를 찾아왔다.

"나는 얼음 위에 서 있고氷上人 밑에 누군가가 있어 그와 이야기를 나누었는데 통 생각이 나지 않습니다."

색담이 꿈 해몽을 해주었다.

"얼음 위는 양陽이요 그 밑은 음陰이올시다. 이 꿈은 당신이 중매를 서게 된다는 뜻이고, 혼사는 아마도 얼음이 풀릴 무렵에 성사될 것이오."

과연 영호책은 며칠 후 태수로부터 그 아들과 장張씨 딸을 중매해달라는 부탁을 받았고, 일이 잘 돼서 얼음이 녹는 이른 봄날에 혼례가 치러졌다.

이 두 이야기에서 유래하여 사람들은 중매인을 가리킬 때 월하노인月下老人 또는 빙상인氷上人이라 하고 둘을 합쳐서 월하빙인月下氷人이라 하게 되었다.

233 위재단석 危在旦夕

아침저녁으로 위험이 닥칠 정도로 상황이 매우 급박함

危 위태할 **위** | **在** 있을 **재** | **旦** 아침 **단** | **夕** 저녁 **석**

출전《삼국지三國志》〈오서吳書〉〈태사자전太史慈傳〉

동한東漢 말, 농민들이 봉기하자 북해상 공융孔融이 황건적의 우두머리 관해官亥에게 포위되어 매우 위급한 상황이 되었다. 이때 동래東萊 사람 태사자太史慈의 어머니는 한때 공융의 도움을 받은 적이 있었기에 아들에게 말했다.

"내가 한때 그에게 큰 도움을 받았는데, 그가 지금 어려움에 처했다고 하니 마땅히 네가 그를 도와야 할 것이다."

이에 태사자가 한밤중에 포위망을 뚫고 도창성都昌城에 잠입하여 공융을 만나 말했다.

"제가 군사를 데리고 나가 적들을 물리치겠습니다."

그러나 공융은 외부의 구원을 기다리자고 말했다. 하지만 며칠이 지나도록 구원병은 오지 않았고 포위망은 점점 좁혀오고 있었다. 공융은 평원상平原相 유비劉備에게라도 연락을 취하려고 했지만 성안에 포위된 사람들은 한 명도 빠져나갈 수 없었다. 바로 이때 태사자가 홀로 나가게 해달라고 부탁했다. 공융이 수심에 찬 목소리로 말했다.

"지금 이 성은 물 한 방울도 새나가지 못할 정도로 포위돼 있소. 그대가 용맹하다고는 하지만 아마 힘들 것이오."

태사자가 말했다.

"공융께서 옛날에 제 모친을 구해주셨기에 어머니께서 은혜를 갚기 위해 저를 보내신 것입니다. 분명 나갈 방도가 있을 것입니다."

공융은 마지못해 허락해주었다.

행장을 꾸린 태사자는 이튿날 날이 밝자 두 명의 기마병을 데리고 성문 밖으로 돌진했다. 성을 포위한 병사들이 깜짝 놀라고 병마兵馬가 소란스러워졌다. 이에 태사자는 성 아래의 진지에서 활을 쏘아 병사 둘을 쓰러뜨리고 다시 성으로 돌아왔다. 이튿날 아침에도 나가보니 성을 포위한 병사들 중에는 엎드려 있거나 누워있는 자들이 있었다. 태사자는 두 차례 더 활을 쏘고 다시 성으로 돌아왔다. 사흘 째 되던 날에도 똑같이 했는데 병사들은 아예 일어서지도 않았다. 이에 태사자는 다급히 말을 채찍질하고 돌진하여 포위망을 뚫었다.

평원에 도착한 태사자가 유비에게 말했다.

"지금 관해의 반란으로 공융의 북해가 포위되어 고립무원의 상태가 되었는데 그 위급함이 조석에 있습니다孤窮無援 危在旦夕. 장군께서는 인의仁義의 명성을 가지신 분으로서 공융은 밤낮으로 장군을 기다리고 있습니다. 저는 죽음을 무릅쓰고 구원을 요청하러 온 것이니 이제 장군만이 북해를 구하실 수 있습니다."

그 말을 들은 유비가 엄숙하게 대답했다.

"공융께서 세상에 유비라는 자가 있다는 것을 알고 계시다니, 이는 나를 높이 쳐주신 것이 아닌가."

유비는 즉시 3천의 정병을 내어 태사자와 함께 구원에 나섰고, 성을 포위하고 있던 관해의 군사들은 유비군이 들이친다는 소식을 듣고 모두 퇴각해버렸다.

위재단석危在旦夕은 아침저녁으로 위험이 다가온다는 뜻으로, 고립무원 상태가 되어 상황이 매우 급박함을 말한다.

234 유방백세 流芳百世

명성과 공적이 후세에 길이 전해짐

流 흐를 **류** | 芳 향내날 **방** | 百 일백 **백** | 世 세대 **세**

출전《진서晉書》〈환온전桓溫傳〉

환온桓溫은 선성宣城 태수 환이桓彝의 아들로 자는 원자元子다. 동진 명제明帝의 사위가 되어 북방 이민족을 평정하는 공을 세워 실권자가 되었다.

그는 오랫동안 권력을 손에 쥐자 스스로 황제가 되고 싶은 욕심이 싹텄다. 어느 날 그는 베개를 쓰다듬으며 "꽃다운 이름을 후세에 전하지 못한다면, 더러운 이름인들 만세에 남길 수 있겠는가不能流芳後世, 不足復遺臭萬載邪?"라고 탄식했다.

그는 또 왕돈王敦의 무덤을 지나면서도 "본받을 만한 사람이야可人"라고 말했다. 왕돈은 명문가 출신으로 원제元帝 때 반란을 일으킨 인물이었다. 환온의 야심을 엿볼 수 있는 대목이다.

아니나 다를까. 훗날 환온은 제위에 있던 사마혁司馬奕을 폐위시켜 동해왕東海王으로 삼고, 사마욱司馬昱을 간문제簡文帝로 옹립했다. 그리고 스스로 황제가 되려는 야심을 감추지 않았지만 사안謝安의 저지로 뜻을 이루지 못한 채 병사하고 말았다.

유방백세流芳百世는 훌륭한 명성이나 공적이 후세에 길이 전해지는 것을 일컫는 고사성어로 흔히 유방流芳이라고 한다. 더러운 이름이 오래도록 전해짐을 뜻하는 유취만년遺臭萬年이라는 말도 여기서 유래했다.

235 유비무환 有備無患

준비가 철저하면 나중에 근심이 없다

有 있을 **유** | **備** 갖출 **비** | **無** 없을 **무** | **患** 근심 **환**

출전《서경書經》·《좌씨전左氏傳》

진晉나라 도공悼公에게는 사마위강司馬魏絳이라는 신하가 있었는데 법을 엄히 적용하기로 소문났다.

한번은 도공의 동생 양간楊干이 군법을 어기자 사마위강이 그의 마부를 대신 잡아다 목을 친 일이 있었다. 분한 양간이 형에게 달려와 호소했다.

"위강 놈의 눈에 지금 뵈는 것이 없나 봅니다. 감히 제 마부를 목 베어 우리 왕실을 능욕했습니다."

이 말을 들은 도공이 자초지종을 살피지 않고 대뜸 사마위강을 잡아오라 명하는데, 이때 양설이라는 신하가 위강을 편들고 나섰다.

"위강은 충신으로 그가 그런 일을 했다면 반드시 까닭이 있을 것입니다."

이 말을 듣고 도공이 찬찬히 그 내막을 알아보았고 그 일로 위강은 더욱 신임을 받게 되었다.

몇 년 후 정나라가 송宋나라를 침공하자 송이 진나라에 구원을 요청했다. 도공은 즉시 노魯, 제齊, 조曹 등 12개국에 사신을 보내 연합군을 편성하고, 사마위강의 지휘로 정나라를 포위하여 결국 항복을 받아내고 상호 불가침조약을 맺게 되었다.

한편 초楚나라는 정나라가 북방과 화친을 맺은 것에 불만을 품고 정나라를 침공했다. 초의 군대가 막강함을 안 정나라는 곧 초나라와도 화친을 맺었다. 이런 정나라의 태도에 화가 난 12국이 다시 정을 쳤으나 이번에도 진의 주선으로 화의를 맺자 정나라는 도공에게 감사의 뜻으로 값진 보물과 궁녀를 진상해왔다. 도공이 이것을 다시 사마위강에게 주려고 했지만 위강은 극구 사양하면서 말했다.

"평안할 때 위기를 생각하십시오. 그러면 대비를 하게 되고, 대비가 되어 있으면 근심이 사라지게 됩니다居安思危. 思則有備, 有備則無患."

유비무환有備無患은 평소 준비가 철저하면 나중에 근심이 없다는 말이다.

236 유지경성 有志竟成

올바른 뜻을 세우고 노력을 계속하면 성취할 수 있다

有 있을 **유** | 志 뜻 **지** | 竟 마침내 **경** | 成 이룰 **성**

출전《후한서後漢書》〈경엄전耿弇傳〉

후한後漢 광무제光武帝와 그 수하 장수 경엄耿弇의 이야기에서 유래했다.

경엄은 원래 선비였으나 무관들이 무용을 자랑하는 모습을 보고나서 자신도 무인이 되어 공을 세우고 싶었다. 그래서 유수劉秀 : 광무제가 병사를 모집한다는 소식을 듣고 찾아가 그 수하가 된 뒤 여러 전투에서 승리를 거두었다.

그가 장보張步의 군대를 치러갔을 때의 일이다. 당시 장보의 군대는 공략이 쉽지 않은 상대였다. 경엄은 곧 수세에 몰리고 말았다. 다급해진 경엄은 정예병을 이끌고 직접 공격에 나섰다. 어지러운 공방전 속에 적의 화살이 날아왔고, 경엄은 화살을 다리에 맞아 피를 철철 흘렸다. 이를 안 부하가 잠시 퇴각한 다음 전열을 가다듬어 다시 공격하자고 했지만 경엄은 고개를 흔들었다.

"신하로써 어찌 적을 섬멸하지 못하여 주군께 골칫거리를 남겨드리겠는가?"

그러고는 계속해서 부대를 지휘하여 장보를 공격했다. 그의 악착같은 공격에 마침내 장보도 꼬리를 내리고 도망쳤다.

유수는 경엄이 부상을 당하고서도 분전하여 적을 물리친 것을 매우 기뻐했다.

"장군이 전에 남양에서 천하를 얻을 큰 계책을 건의할 때에는 아득하여 실현될 가망이 없어보였거늘, 뜻이 있는 자는 마침내 성공하는구려將軍前在南陽, 建此大策, 常以爲落落難合, 有志者事竟成也."

유지경성有志竟成은 뜻을 올바르게 세우고 그것을 이루기 위해 꾸준히 노력하면 언젠가는 성취하게 된다는 말이다.

237 은감불원 殷鑑不遠

은나라의 거울은 멀리 있지 않다

殷 은나라 은 | 鑑 거울 감 | 不 아닐 불 | 遠 멀 원

출전《시경詩經》〈대아편大雅篇〉

하夏나라 걸왕桀王의 폭정이 극에 달하자 상商의 지도자 탕湯이 군사를 일으켜 하를 멸하고 상을 세웠다. 기원전 14세기 상왕 반경盤庚은 수도를 은殷으로 옮겼고, 이때부터 상나라를 은나라라고도 한다. 그러나 은의 주왕紂王은 주지육림의 방탕한 생활을 하다가 기원전 11세기 중엽 서백후西伯侯의 아들인 발發에게 나라를 잃고 만다. 서백후는 은이 멸망하기 전에 주왕에게 시 한편을 써서 간언했다.

"넘어지는 일이 일어나면 가지와 잎은 해가 없어도 뿌리부터 먼저 끊어진다. 은나라의 거울은 멀리 있지 않다. 전대인 하나라에 있다殷鑑不遠 在夏后之世."

하나라 걸왕과 은나라 주왕은 혁명으로 패망한 왕이라는 공통점과 함께 둘 다 걸주桀紂로 불리는 폭군들이었다. 걸왕은 말희의 환심을 사기 위한 사치와 환락으로 국정을 내팽개쳤고, 600년 후 주왕도 달기와 함께 주지육림에 빠져 살다가 간하는 신하는 포락지형에 처했다. 폭정을 만류한 구후九侯와 악후鄂侯는 처형되고, 나중에 주 문왕周文王이 되는 서백은 유폐되었다. 서백이 주왕에게 간한 시는 하나라 걸왕의 전철을 밟지 말라는 충고였다.

238 음수사원 飮水思源

물을 마시며 그 근원을 생각하다

飮 마실 음 | 水 물 수 | 思 생각할 사 | 源 근원 원

출전《유자산집庾子山集》

남북조시대 북주北周에 유신庾信이라는 문인이 있었는데, 자字는 자산子山이었다. 그는 서기 554년 양 원제梁元帝의 명으로 사신이 되어 서위西魏 장안長安에 도착했다. 그런데 그가 고국을 떠나 있는 사이에 양나라가 서위에게 멸망하고 말았다. 유신은 당시 문단文壇에서 그 명망이 높았기 때문에, 서위의 군주는 그를 장안에 잡아두고 대관大官으로 삼았다.

유신은 북조北朝에서 머무는 28년 동안 고향을 그리워했는데, 자신의 심경을 유자산집庾子山集 칠권의 징주곡徵周曲에서 다음과 같이 읊었다.

과일을 먹을 때는 그 열매를 맺은 나무를 생각하고落其實者思其樹,
물을 마실 때는 그 물의 근원을 생각하네飮其流者懷其源.

음수사원飮水思源은 물을 마실 때 그 근원을 생각한다는 말로, 근본을 잊지 않음을 비유한 말이다.

239 읍참마속 泣斬馬謖

울면서 마속의 목을 베다

泣 울 **읍** | **斬** 벨 **참** | **馬** 말 **마** | **謖** 일어날 **속**

출전《삼국지三國志》〈촉서〉〈마량전〉

촉한의 제갈량諸葛亮이 위나라를 공격할 때의 일이다. 제갈량의 공격을 받은 조예曹叡는 사마의司馬懿를 내보내 막게 했다. 제갈량은 위군을 물리칠 계책이 충분했지만 꼭 한 곳 촉군의 식량을 옮기는 가정街亭이 불안했다. 이곳을 빼앗긴다면 촉군은 독 안에 든 쥐 신세가 되고, 더군다나 상대는 노련한 사마의였다. 제갈량이 가정을 누구한테 맡길지 고민하고 있을 때 그의 참모 마속馬謖이 자청하고 나섰다.

"승상, 제가 가서 그곳을 지키겠습니다. 위군은 그림자도 얼씬못하게 할 테니 제게 맡겨주십시오."

마속은 젊지만 재주가 뛰어나고 장래가 기대되는 인물이었다. 재갈량이 선뜻 결단을 내리지 못하자 마속이 재차 간청했다.

"오랫동안 병법을 연구해온 제가 가정 하나 못 지키겠습니까? 만약 패한다면 군법에 따라 처벌받겠으니 맡겨주십시오."

"자네 각오가 그렇다면 한번 맡겨 보겠네. 허나, 만에 하나라도 실패한다면 자네의 목숨을 거둘 걸세."

그러고는 자신의 방책을 일러주었다.

"가정은 삼면이 절벽이라 산기슭에 진을 치면 위군이 함부로 접근하지 못할 것이네."

얼마 후 군사를 몰고 가정에 도착한 마속은 그곳 지형을 살펴보며 이렇게 생각했다.

'적군을 끌어들여 역공을 펼치기에 좋은 지형이로군. 그렇다면 산기슭이 아니라 산꼭대기에다 진을 쳐야겠어. 이번에 큰 공을 세워 승상께 내 실력을 보여드리자.'

마속은 제갈량의 지시를 어기고 산 정상에 진을 쳤다.

그러나 얼마 지나지 않아 그의 생각은 완전히 빗나갔음이 드러났다. 사마위의 위군이 산기슭을 포위하고 식수를 끊어버리자 마속의 촉군은 완전히 궁지에 몰려버린 것이다. 마속이 뒤늦게 군사를 이끌고 하산했지만 이미 길목을 지키고 있던 위군에게 공격을 당해 크게 패하고 말았다.

간신히 목숨을 건져 탈출한 마속에게는 지엄한 군령을 어긴 처벌이 기다리고 있었다.

"마속은 뛰어난 참모입니다. 그가 없으면 나라에 큰 손실이니 승상께서 한번만 용서해주십시오."

휘하 장수들이 처벌을 면해달라고 사정했지만 재갈량은 이렇게 말했다.

"마속이 아까운 인재임을 모르는 바 아니지만 군법은 누구에게나 공정해야 하오. 그를 용서하면 군령이 서지 않아 더 큰 손실을 입게 되는 것이오."

마속이 처형장으로 끌려갈 때 제갈량은 소매에 얼굴을 묻은 채 엎드려 통곡했고 이를 본 주위 군사들도 함께 울음을 터뜨렸다.

읍참마속泣斬馬謖은 울면서 마속의 목을 친다는 말로, 공정한 업무처리와 법 적용을 위해 사사로운 정을 포기함을 뜻한다.

240

의문의려 倚門倚閭

부모의 자식을 기다리는 간절한 마음

倚 기댈 **의** | 門 문 **문** | 倚 기댈 **의** | 閭 이문 **려**

출전《전국책戰國策》〈제책齊策〉편

BC 284년, 연燕나라가 제나라 도성 임치臨淄를 공격했고 민왕은 황급히 피신했다. 왕손가는 민왕이 피신했다는 말을 듣고 황급히 뒤쫓았지만 결국 찾지 못하고 집으로 돌아왔다. 그 어머니가 물었다.

"연나라가 쳐들어왔는데 너는 어찌하여 왕을 모시지 않느냐?"

"저는 왕이 어디 있는지 모르겠습니다."

왕손가의 말에 어머니가 크게 화를 내며 말했다.

"네가 아침에 나가 밤늦게 돌아올 때면 나는 문 앞에 서서 네가 돌아오기를 기다렸고, 네가 저녁에 나가 돌아오지 않으면 나는 마을 어귀에 나가 너를 기다렸다女朝出而晩來, 則吾倚門而望, 女暮出而不還, 則吾倚閭而望. 그런데 너는 왕을 모시는 몸으로 왕이 어디 있는지도 모르면서 어찌 집에 돌아올 수 있단 말이냐."

이에 왕손가가 다시 민왕의 행방을 알아보니, 이미 초楚나라 장군 요치淖齒에게 살해당한 후였다. 왕손가는 즉시 사백여 군사를 규합해서 요치의 거처로 쳐들어가 그를 주살해버렸다.

의문의려倚門倚閭는 출타한 자식이 돌아오기를 기다리는 부모의 간절한 심정을 비유한 말이다. 의문지망倚門之望·의려지망倚閭之望·의려지정倚閭之情 모두 같은 말이다.

241

이대도강 李代桃僵

자두나무가 복숭아나무 대신 쓰러지다

李 오얏 **리** | 代 대신할 **대** | 桃 복숭아 **도** | 僵 넘어질 **강**

출전《악부시집樂府詩集》

《악부시집樂府詩集》에 실린 〈계명鷄鳴〉이라는 시에서 유래한 말로, 자두나무가 복숭아나무를 대신하여 벌레들에 갉아 먹혀 희생하는 것을 형제간의 우애에 빗대어 노래했다.

옛날 어떤 집의 다섯 형제가 모두 조정의 대신大臣이 되었다. 형제는 겉으로는 우애가 좋은 것 같았지만 사실은 서로 다투고 시기했다. 그래서 그 중 한 형제가 관직에서 쫓겨나 귀양을 가게 되었음에도 나머지 형제들은 은근히 그 불행을 즐기는 눈치였다. 이 형제들이 금장식으로 치장한 말이 끄는 꽃수레를 타고 고향에 올 때면 길거리는 늘 구경꾼으로 붐볐다.

어느 날, 관직에서 쫓겨난 그 형제의 집 우물가에 있던 자두나무가 갑자기 말라죽었다. 죽은 자두나무에는 아무 이상이 없었지만, 옆에 있던 복숭아나무의 뿌리는 벌레들에게 모두 갉아 먹혀있었다. 이에 관직을 잃은 그 형제가 소리치며 울었다.

"복숭아나무 우물가에서 자라고, 자두나무 그 옆에서 자랐네. 벌레가 복숭아나무 뿌리를 갉아먹으니, 자두나무가 복숭아나무 대신 죽었네. 나무들도 대신 희생하거늘, 형제는 또 서로를 잊는구나桃生露井上, 李樹生桃旁. 蟲來齧桃根, 李樹代桃僵. 樹木身相代, 兄弟還相忘."

여기서 유래한 이대도강李代桃僵은 자두나무가 복숭아나무를 대신하여 쓰러진다는 말로, 병법에 응용되어 작은 것을 희생하여 더 큰 승리를 거두는 전략을 뜻한다. 이른바 내 살을 내주고 적의 뼈를 취하는 것으로써, 병법 36계 중 11번째 적전계敵戰計다.

242 이란격석 以卵擊石

계란으로 바위 치기

以 써 이 | 卵 알 란 | 擊 부딪칠 격 | 石 돌 석

출전《묵자墨子》〈귀의貴義편〉

묵자墨子가 노魯나라를 떠나 북쪽 제齊나라 가는 길에 한 점쟁이를 만났다. 점쟁이는 묵자에게 북으로 가는 것은 불길하다고 말했다. 묵자는 터무니없는 소리라고 무시하고 계속 북으로 올라가 치수淄水에 도착했다. 그러나 이때 불어난 치수의 물살이 너무 빨라서 건널 수가 없었다. 그래서 어쩔 수 없이 발걸음을 돌려야만 했다.

되돌아오는 묵자를 본 점쟁이가 거만을 떨면서 묵자의 심사를 건드렸다. 제나라에 가지도 못한 판국에 점쟁이의 비웃음까지 받게 되자 화가 난 묵자는 다음과 같이 말했다.

"당신의 말은 아무 근거도 없는 미신일 뿐이오. 당신의 말을 믿는다면 천하에 길을 걸을 수 있는 사람은 아무도 없을 것이오. 그런 말로 나를 비난하는 것은 마치 계란으로 바위를 치는 것과 같소以其言非吾言者, 是猶以卵投石也. 천하의 계란을 다 깨뜨린다 해도 바위는 끄떡없을 것이오."

이란격석以卵擊石은 계란으로 바위치기란 말로, 손해만 볼 뿐 아무런 이익도 없는 어리석은 행위를 일컫는다.

243 이시목청 耳視目聽

귀로 보고 눈으로 듣다

耳 귀 이 | 視 볼 시 | 目 눈 목 | 聽 들을 청

출전《열자列子》〈중니仲尼편〉

진陳의 대부大夫가 노魯나라에 초청되어 숙손씨叔孫氏를 만났다. 숙손씨가 노나라에는 공자라는 성인이 있다고 말하자, 진의 대부도 자기 나라에도 성인이 있다고 응수했다.

"그는 노자의 제자인 항창자亢倉子인데, 도를 깨우쳐 귀로도 보고 눈으로도 들을 수 있다고 합니다老聃之弟子有亢倉子者, 得聃之道, 能以耳視而目聽."

이 소식을 들은 노魯나라 왕은 얼마 후 상경上卿의 예禮로 항창자를 초청하여 그 능력이 사실인지를 물어보았다.

항창자가 대답했다.

"소문 퍼뜨리기를 좋아하는 사람들이 망언을 한 것입니다. 저는 귀와 눈을 사용하지 않고서도 보고 들을 수 있지만, 귀와 눈의 용도를 바꿀 수는 없습니다."

노나라 왕이 더 이상히 여겨 그 말이 무슨 뜻이냐고 물었다.

"몸이 마음과 합하고, 마음이 기운과 합하고, 기운이 정신과 합하고, 정신이 무無와 합하는 수양을 쌓으면 감각작용이나 지각작용에 의하지 않고서도 자연히 알 수 있게 되는 것입니다."

이시목청耳視目聽은 도가수련의 한 단계로서 눈과 귀의 도움 없이 정신만으로도 보고 듣는 것이 가능하게 된 상태를 말한다. 이시耳視는 직접 보지 않고 소문을 들어서 알아차림을 뜻하고, 목청目聽은 직접 듣지 않고 표정을 보고 알아차림을 뜻하니, 즉 눈치가 매우 빠르고 총명한 사람을 일컫는 말이다.

244 이심전심 以心傳心

마음에서 마음으로 진리를 전하다

以 써 **이** | 心 마음 **심** | 傳 전할 **전** | 心 마음 **심**

출전《오등회원五燈會元》

송나라 사문 보제普濟가 쓴《오등회원五燈會元》에는 석가모니가 제자 가섭迦葉에게 말이 아닌 마음으로 불교의 진수를 전하는 이야기가 나온다.

어느 날 석가모니가 영취산靈鷲山에 제자들을 모아놓고 설법을 하는데, 때마침 하늘에서 꽃비가 내렸다. 석가세존이 말없이 손가락으로 연꽃 한 송이를 집어 들고拈華 약간 비틀어 보였다. 제자들은 세존의 그 행동을 알 수가 없었다. 그러나 가섭만은 그 뜻을 깨닫고 빙그레 웃었다微笑. 그제야 세존이 빙그레 웃으며 가섭에게 말했다.

"나에게는 정법안장正法眼藏 : 인간이 원래 갖추고 있는 마음의 덕과 열반묘심涅槃妙心 : 번뇌를 벗어나 진리에 도달한 마음, 실상무상實相無相 : 불변의 진리, 미묘법문微妙法門 : 진리를 깨치는 마음, 불립문자 교외별전不立文字 教外別傳 : 언어나 경전에 따르지 않고 이심전심으로 전하는 오묘한 진리이 있다. 이것을 너에게 주마."

이렇게 해서 깨달음의 진수는 가섭에게 전해졌다.

이심전심以心傳心은 불교의 심오한 진리를 깨닫게 해주는 말로, 말이나 글이 아닌 마음과 마음으로 전했다고 한데서 유래했다.

245 이용후생 利用厚生

풍요로운 경제와 행복한 의식주생활

利 이로울 **리** | **用** 쓸 **용** | **厚** 두터울 **후** | **生** 날 **생**

출전《서경書經》〈대우모편大禹謨篇〉

《서경書經》〈대우모편大禹謨篇〉에 우禹가 순舜임금에게 한 말이 나온다.

"임금이시여, 정치는 백성을 보양保養하는데 있으니, 물·불·쇠·나무·흙과 곡식들을 잘 다스리시고, 또 덕을 바로 잡고 쓰임을 이롭게 하며 삶을 두터이 함을 잘 조화시키십시오正德利用厚生, 惟和."

이용利用은 장인匠人이 그릇을 만들고 장사가 재물을 운반하는 것을 일컫고, 후생厚生은 옷을 입고 고기를 먹어 추위에 떨지 않고 굶주리지 않는 것을 말한다. 즉 백성이 사용하는 기구를 편리하게 하고 의식을 풍족하게 해서 생활을 윤택하게 함을 일컫는다.

《춘추좌씨전春秋左氏傳》〈문공文公 7년조〉에도 '수水·화火·금金·목木·토土·곡穀 여섯 가지가 나오는 것을 육부六府라 하고, 백성의 덕을 바르게 하는 정덕正德과 백성들이 쓰기 좋게 하는 이용利用과 백성들의 생활을 풍족하게 하는 후생厚生 이것을 삼사라 한다正德利用厚生, 謂之三事'라는 대목이 있다.

18세기 조선의 실학의 흐름에는 박지원, 박제가, 홍대용 등이 주축이 된 이용후생 학파가 형성된다. 상공업과 생산 기구, 기술의 발전에 주안점을 둬 중상학파重商學派라고도 하며, 개혁의 방향을 청나라의 신문물에서 찾았기에 북학파北學派라고도 했다.

246 이화구화 以火救火

불로써 불을 구한다, 도움을 주려다 오히려 폐해를 조장함

以 써 이 | 火 불 화 | 救 구할 구 | 火 불 화

출전 《장자莊子》〈인간세人間世〉

안회顔回가 위衛로 가겠다고 스승에게 하직인사를 하러 왔다.

"위왕이 독재를 행해 국권을 남용하고 백성들 가운데 죽은 사람이 많다고 합니다. 스승님께서는 잘 다스려지는 나라를 떠나 어지러운 나라로 가라, 의사 집에 환자가 몰려들기 마련이라고 하셨기에 저는 이를 따르려는 것입니다."

그러나 공자는 위로 가봐야 뜻을 펼치기 힘들 것이라고 만류했다.

"만약 위왕이 어진 사람을 좋아하고 어리석은 자를 싫어하는 군주라면 어찌 너를 중용하겠느냐? 그는 왕의 권세로 너를 누르고 능숙한 말솜씨로 이기려고 할 것이다. 그러면 너는 눈앞이 캄캄해지고 얼굴빛이 새파래질 것이며, 입은 변명하기에 바빠지고 태도가 비굴해질 것이며 마음도 흔들리게 될 것이다. 이는 불을 끄려고 불을 더하고 물을 막으려고 물을 들이 붓는 것과 같으니, 이런 것을 더욱 늘이는 것이라 한다是以火救火, 以水救水, 名之曰益多. 너는 처음부터 그의 독선을 따르게 되어 끝없이 계속될 것이다. 너의 충언은 받아들여지지 않고 결국 포악한 사람에게 죽게 될 것이 틀림없다. 옛 걸왕桀王은 관룡봉關龍逢을 죽였고, 주왕紂王은 비간比干을 죽였다. 모두 스스로를 잘 수양하고 백성들을 위했지만 신하로서 군주의 뜻을 어긴 사람들이었다. 그래서 군주가 그 행동을 이유로 제거한 것이다."

이화구화以火救火란 불로써 불을 구한다는 뜻으로, 폐해를 구해준다는 것이 오히려 폐해를 조장하는 경우나 역효과를 부르는 경우를 말한다. '섶을 안고 불을 끄려한다'는 포신구화抱薪救火와 같은 말이다.

247 인과응보 因果應報

행한 대로 결실을 얻음

因 인할 **인** | 果 열매 **과** | 應 응할 **응** | 報 갚을 **보**

출전《법원주림法苑珠林》〈유무삼매경惟無三昧經〉편

당나라 불교선집《법원주림法苑珠林》의〈유무삼매경惟無三昧經〉편에 다음과 같은 구절이 있다.

'선을 생각하는 자는 선한 과보를 얻고, 악을 생각하는 자는 악한 과보를 얻는다一善念者, 亦得善果報, 一惡念者, 亦得惡果報.'

불교에서는 생사가 윤회하는 현상 이면에 인과관계가 있다고 본다. 따라서 현재에 일어나는 모든 현상은 과거 행위의 결과이고, 지금 행하는 모든 것은 다가올 미래에 그 결과로서 일어난다는 것이다. 원인과 결과가 과거·현재·미래 삼세三世에 호응하여 나타나므로 과거에 선한 일을 했으면 현재에 좋은 보답을 받게 되고, 현재에 나쁜 짓을 행하면 미래에 그 죄에 대한 대가를 받게 된다는 것이다.
인과응보因果應報는 원인과 결과는 상응하여 갚는다는 뜻으로, 원인과 결과는 서로 맞물려 있다, 뿌린 대로 거둔다는 말이다. 비슷한 말로 종두득두種豆得豆, 자업자득自業自得, 양호유환養虎遺患, 자작자수自作自受, 출이반이出爾反爾등이 있다.

248 인금구망 人琴俱亡

사람과 거문고가 함께 죽다

人 사람 **인** | 琴 거문고 **금** | 俱 함께 **구** | 亡 망할 **망**

출전《세설신어世說新語》〈상서傷逝편〉

동진東晋의 유명한 서예가 왕희지王羲之의 다섯째 아들 왕휘지王徽之 : 字 子猷와 일곱째 아들 왕헌지王獻之 : 字 子敬는 사이가 좋았는데, 둘 다 병에 걸려 동생 자경이 먼저 세상을 떠났다.

형 자요가 곁에 있는 사람들에게 말했다.

"어찌 자경의 소식은 없는 것입니까? 그 애가 벌써 죽은 건 아닙니까?"

그러면서도 조금도 울거나 슬퍼하지는 않았다.

얼마 후 자요는 수레를 몰고 동생의 빈소로 찾았고, 동생의 관棺 위에 올라가 평소 동생이 좋아했던 거문고를 꺼내 타보았다. 그러나 현의 음률이 맞지 않자 거문고를 집어던지며 소리쳤다.

"자경아, 자경아, 너와 거문고가 함께 죽었구나子敬, 子敬, 人琴俱亡!"

그러면서 한참을 애통해하다가 혼절했는데, 한 달쯤 후 그 자요마저 죽고 말았다.

인금구망人琴俱亡은 인금병절人琴并絕이라고도 하는데, 가까운 이의 죽음에 대한 깊은 애도哀悼를 형용하는 말이다.

249 인면도화 人面桃花

복사꽃처럼 어여쁜 얼굴

人 사람 **인** | 面 얼굴 **면** | 桃 복숭아 **도** | 花 꽃 **화**

출전《본사시本事詩》·《태평광기太平廣記》

《본사시本事詩》·《태평광기太平廣記》 등에 실려 있고, 원元나라 때《최호알장崔護謁漿》이라는 잡극雜劇으로도 만들어졌다.

당나라 때 하북성 안평현에 최호崔護라는 잘 생긴 젊은이가 있었다.

최호가 진사進士시험을 앞둔 청명절淸明節에 홀로 장안의 남쪽을 거닐다가 복사꽃이 만발한 한 농가를 발견했다. 그는 물이라도 한 그릇 얻어먹으려고 그 집 대문을 두드렸고, 뜻밖에도 복사꽃처럼 어여쁜 처녀가 나와 응대를 해주는 것이었다. 잘생긴 최호와 그 여인은 서로 마음이 끌렸다.

최호는 그녀를 마음에 새겨두고 이듬해 청명절에 다시 그 집을 찾아갔다. 그러나 복사꽃은 예전처럼 만발했지만 그 집 대문은 굳게 잠겨 있고 인적도 끊겨 있었다. 최호는 안타까운 마음에 그 집 대문에 시 한 수를 적어놓았다.

'지난해 오늘 이 문안엔 고운 얼굴 복사꽃 서로 붉게 비추었지人面桃花相映紅. 그 고운 그 얼굴은 어딜 가고 복사꽃만 봄바람에 웃음 짓네.'

인면도화人面桃花란 첫눈에 반한 뒤 다시 만나지 못해 그리워하는 여인을 비유한 말이다. 최호의 시에서는 복사꽃처럼 어여쁜 여인의 모습을 형용했으나, 나중에는 사랑하는 사람을 다시 만나지 못하는 경우, 또는 경치는 변함없지만 그 경치를 함께 즐기던 연인은 곁에 없는 경우를 비유하는 말로도 쓰였다.

250

인면수심 人面獸心

얼굴은 낯 거죽을 하고 있으나 그 심성은 짐승과 같음

人 사람 **인** | 面 낯 **면** | 獸 짐승 **수** | 心 마음 **심**

출전《한서漢書》〈흉노전匈奴傳〉

흉노는 서한西漢 때 중국의 북방에 살던 유목민족이다. 그 당시 한漢나라는 흉노와는 비교가 안 될 정도로 사회적으로 안정되어 있었고 경제적으로도 풍족했으므로 흉노족은 번번이 한나라를 침범했다. 수십만의 기마병들이 수시로 국경지대에 출몰하여 가축을 약탈하고 저항하는 백성들을 살육했던 것이다. 이에 기원전 133년 한 무제武帝가 흉노 정벌에 나서 수년 동안 전투를 치러서 오랑캐의 침공을 막아냈다. 당시의 역사가 반고班固는 흉노족의 잔악함에 대해 다음과 같이 묘사했다.

'오랑캐는 매우 탐욕스럽게 사람과 재물을 약탈하는데, 얼굴은 비록 사람 같으나 그 성질이 흉악하여 마치 짐승과 같다人面獸心.'

여기서 유래한 인면수심人面獸心은 원래 한족이 흉노족을 멸시하여 쓰던 말이지만, 나중에는 성질이 잔인하고 흉악한 짐승 같은 사람을 일컫는 말로 바뀌었다. 얼굴은 낯 거죽을 하고 있으나 그 심성은 짐승 같다는 말로, 사람의 도리를 지키지 못하고 배은망덕하거나 행동이 흉악하고 음탕한 사람을 비유하는 표현이다.

251 일각여삼추 一刻如三秋

잠깐이 삼 년처럼 느껴질 정도로 간절한 마음

一 한 **일** | 刻 새길 **각** | 如 같을 **여** | 三 석 **삼** | 秋 가을 **추**

출전《시경詩經》〈왕풍王風〉

《시경詩經》〈왕풍王風〉 편에 남녀의 애틋한 사랑을 그린 채갈采葛이라는 시詩가 있다.

그대가 칡을 캐러 가서 하루를 못 봐도 석 달이나 된 듯하고彼采葛兮一日不見 如三月兮,
그대가 대쑥을 캐러 가서 하루를 못 봐도 아홉 달이나 된 듯하고彼采蕭兮 一日不見 如三秋兮,
그대가 약쑥을 캐러 가서 하루를 못 봐도 세 해나 된 듯하네彼采艾兮 一日不見 如三歲兮.

옛날 중국에서는 일주야一晝夜를 일백각一百刻으로 나누었는데, 절기節氣나 주야晝夜에 따라 약간씩 달랐다. 예컨대 동지에는 낮이 45각 밤이 55각이고, 하지 때는 낮이 65각, 밤 35각이었다. 춘분과 추분에는 낮이 55각 반, 밤은 44각 반이었다. 청나라 때 이르러서 시종時鐘으로 시간을 나타내게 되었고 오늘날은 15분을 일각一刻이라고 한다.
옛사람들이 말하는 일각은 매우 짧은 시간을 일컫는 말이다. 일각여삼추나 일각삼추一刻三秋 모두 이 시의 일목삼추一日三秋에서 유래된 것이다.
일각여삼추一刻如三秋는 서로 떨어져 있는 짧은 시간이 삼년같이 느껴질 정도로 기다리는 마음이 간절함을 뜻한다.

252 일구지학 一丘之貉

한 언덕의 오소리, 서로 한통속인 부류

一 한 **일** | 丘 언덕 **구** | 之 어조사 **지** | 貉 오소리 **학**

출전《한서漢書》〈양창전楊敞傳〉

양운楊惲은《사기史記》를 쓴 사마천司馬遷의 외손자로, 그의 부친도 한 소제漢昭帝 밑에서 승상을 지냈다. 명문가 출신답게 일찍이 조정에 출사한 그는 청렴했고 다른 사람의 결점이나 실수를 용납하지 않았다. 그러나 그러는 사이에 교만한 태도를 보임으로써 남의 미움을 샀는데, 특히 선제宣帝가 총애하던 대장락戴長樂은 익명의 고소를 당하자 양운부터 의심했다. 그래서 즉시 양운을 비방하는 글을 올렸다.

"양운은 흉노에서 항복한 자들로부터 선우單于가 살해되었다는 말을 듣고 이렇게 말했습니다. '못난 군주는 신하가 나라를 다스릴 방책을 내놓아도 받아주지 않아 스스로 몸 둘 곳을 없게 만든다. 이는 마치 진秦이 소인을 기용하고 충신을 주살하여 망한 것과 같으니, 대신을 신임했더라면 진이 망할 일도 없었을 것이다. 예나 지금이나 어리석은 군주는 한 언덕에 모여 사는 오소리와 다를 것이 없다古與今如一丘之貉.' 양운이 망국의 예를 들어 폐하를 비방했으니 이는 신하된 도리가 아닙니다."

글을 받아 본 선제는 불같이 화를 내며 양운과 대장락 모두 관직에서 내쫓아버렸다.

고향으로 돌아온 양운은 친구에게 편지를 보내 자신의 답답함을 호소했는데, 얼마 후 이 사실이 선제에게 발각되어 결국 허리를 잘리는 형벌에 처해지고 말았다.

이 일화에서 유래한 일구지학一丘之貉은 부정적인 의미에서 서로 다를 것이 없는 똑같은 부류, 한통속의 나쁜 무리를 일컫는다.

253 일국삼공 一國三公

한 나라에 임금이 셋이나 됨

一 한 일 | 國 나라 국 | 三 석 삼 | 公 공변될 공

출전《좌씨전左氏傳》〈희공僖公 5년조〉

춘추시대 진 헌공晉獻公의 여희驪姬가 아들을 낳았다. 여희는 이 아들을 헌공의 후계자로 세우기 위해 태자 신생申生을 모함했다. 이에 신생은 스스로 목숨을 끊고 헌공의 또 다른 아들 중이重耳와 이오夷吾도 각각 포蒲와 굴屈로 피신했다.

헌공은 대부大夫 사위士蔿를 시켜서 중이와 이오에게 축성을 명했다. 이에 사위는 땔나무를 써서 대충대충 축성했다. 이오가 이 사실을 헌공에게 고하자 왕이 사위를 불러서 꾸짖었다. 그러자 사위는 머리를 조아리며 이렇게 말했다.

"신이 듣기에 상喪을 당하지 않고도 슬퍼하면 반드시 우환이 닥쳐오고, 전쟁이 없는데도 축성을 하면 반드시 적에게 이용된다고 했습니다. 적에게 이용될 성을 쌓으면서 어찌 신중할 수 있겠습니까? 벼슬을 하면서 명을 따르지 않는 것은 불경이요, 적에게 이용될 성을 쌓는 것은 불충이니, 불충하고 불경하면서 어찌 임금을 섬기겠습니까?《시경詩經》에 이르기를 '덕을 생각하면 나라가 안녕하고, 적장자는 성과 같다'고 했습니다. 임금께서 덕을 닦고 적장자를 굳건히 세우시면 어떤 성이 이보다 튼튼하겠습니까?"

사위는 이때 헌공 앞을 물러 나와서, '여우가죽옷 갈래갈래 찢어지듯이 한 나라에 세 임금이 있으니 내 누굴 따라야할꼬狐尨茸, 一國三公, 吾誰適從!'라는 시를 읊었다.

여기서 삼공은 헌공과 두 공자 중이와 이오를 가리키며, 떠받들 윗사람이 많은 것을 여우가죽옷에 여우털이 난잡한 모양에 비유한 것이다.

일국삼공一國三公은 윗사람이 많아서 누굴 따라야 할지 모를 때를 비유한 말이다.

254 일궤십기 一饋十起

한 끼 식사에 열 번을 일어나다

一 한 **일** | 饋 먹일 **궤** | 十 열 **십** | 起 일어날 **기**

출전《회남자淮南子》〈범론훈氾論訓〉

우禹임금은 자신에게 도道를 가르칠 사람은 와서 북을 울리고, 의義로써 깨우치려는 사람은 와서 종을 치며, 어떤 일을 고하려는 사람은 방울을 흔들고, 근심을 말하고 싶은 사람은 경쇠를 치며, 소를 다툴 일이 있는 사람은 찾아와 작은 북을 치라고 했다.

이에 우임금은 어진 사람들을 맞기 위해 식사 한 번 하는 동안 열 번을 일어났으며一饋而十起, 한 번 머리 감을 때 세 번이나 머리를 움켜쥐고 나가 천하의 백성을 위로했다. 우가 이럴진대 선善을 다하거나 충忠을 보이기 꺼리는 자가 있다면 이것은 온전히 그 자의 몫일 것이다.

일궤십기一饋十起란 일이 몹시 바빠서 한 끼 밥을 먹다가도 여러 차례 일어나야 함을 말한다. 통치자가 백성들을 위한 정치에 대단한 열성을 보임을 상징하는 말이다.

비슷한 의미로《사기史記》〈주공周公〉편에도 '한 끼 밥을 먹다가도 세 번이나 삼키던 밥을 뱉고 찾아온 선비를 접대했다一飯三吐哺起以待士'는 대목이 있고,《좌전左傳》에도 '숙무가 목욕 중에 임금이 오신다는 말을 듣고 반가움에 머리를 싸매고 뛰쳐나왔다叔武將沐 聞君之喜 捉髮走出'는 문장이 있다.

255

일단일표 一簞一瓢

지극히 소박하고 청빈한 삶

一 한 **일** | 簞 대광주리 **단** | 瓢 박 **표**

출전《논어論語》〈옹야雍也편〉

《논어論語》〈옹야雍也편〉에 다음과 같은 대목이 있다.

"참으로 현명하도다, 안회顔回여. 한 그릇의 밥에 한 쪽박의 물一簞食一瓢飮을 마시며 누추한 마을에서 사는 것을 다들 견디지 못하고 걱정하는데, 안회 너는 그 즐거움을 바꾸지 않는구나. 참으로 현명하도다, 안회여!"

안회는 공자가 가장 아끼던 제자로 안연顔淵이라고도 한다. 총명한 머리로 학업에 매진했고, 사람을 대함에 있어서 늘 진지했다. 집안이 가난해서 공자는 제자에게 벼슬에 나가라고 권유했지만 그는 가난한 생활에 만족하는 안빈낙도安貧樂道의 삶을 즐겼다. 그러다가 29세에 머리가 백발이 되었고 32세의 짧은 나이로 생을 마쳤다.

공자는 애제자의 요절을 두고 "하늘이 나를 없애는 것이다. 하늘이 나를 없애는 것이야!"라고 애통해했다.

일단일표一簞一瓢는 단사표음簞食瓢飮이라고도 하는데, 지극히 소박하고 적은 음식으로 유지하는 청빈한 삶을 일컫는다.

256 일망타진 一網打盡

무리를 한꺼번에 때려잡다

一 한 **일** | 網 그물 **망** | 打 칠 **타** | 盡 다할 **진**

출전《송사宋史》〈인종기仁宗紀〉

송宋나라 인종仁宗 대의 조정은 한기韓琦, 범중엄范仲淹, 구양수歐陽脩, 사마 광司馬光, 장재張載, 정호程顥등의 뛰어난 인재들이 임금을 보좌했다. 그러나 인재가 많았던 반면에 이론과 주장도 너무 많아서 자주 충돌을 일으켰다. 더군다나 이들은 서로 당파黨派를 이루어 교대로 정권을 차지했다.

두연杜衍이라는 강직한 신하가 재상으로 있을 때다. 당시에는 임금이 조서를 내릴 때 신하들과 상의하지 않고 독단적으로 하는 경우가 많았는데 두연은 이것이 잘못이라고 생각했다. 이에 그는 임금의 조서가 내려오면 수십 장이 쌓이기를 기다렸다가 말없이 되돌려 보냈다. 그의 이런 행동은 성지聖旨를 부정하는 짓이라고 비난받았고, 인종 역시 자신의 생각이 무시되었기 때문에 기분이 몹시 나빴다.

그런데 때마침 두연의 사위 소순흠蘇舜欽이 공금을 유용하는 사건이 일어났다. 국고금으로 제사를 지내고 관청 손님을 초대해 기녀를 낀 주연을 연 것이다. 이에 두연의 반대파인 왕공진王拱辰이 그를 탄핵하고 체포하여 취조하자 여러 명의 연루자가 나왔다. 이들을 모두 하옥시킨 왕공진이 기뻐하며 말했다.

"나는 한 그물로 하나도 남김없이 모두 붙잡았다吾一網打去盡矣."

일망타진一網打盡은 한꺼번에 때려잡는다는 말로, 예나 지금이나 범인 검거에 쓰이는 말이다.

257 일명경인 一鳴驚人

새가 한 번 울면 사람이 놀란다

一 한 **일** | 鳴 새가 울 **명** | 驚 놀랠 **경** | 人 사람 **인**

출전《사기史記》〈골계열전滑稽列傳〉

제齊나라 위왕威王은 서른이 안 된 나이에 즉위했는데, 국정을 등한시하고 날마다 술판을 벌였다. 그래서 밤 새 먹고 마셨고 이튿날 조정에 나갈 즈음에야 침소에 드는 일이 잦았다. 이렇게 3년이 지나자 국정은 혼란스러웠고 국경 분쟁도 많아져 나라의 꼴이 말이 아니었다. 뜻있는 신하들은 이대로 두면 나라가 망할 것을 염려했지만 감히 왕에게 충언할 엄두를 내지 못했다.

이때 대부大夫 순우곤이 왕을 배알하고 용기를 냈다.

"나라에 큰 새가 한 마리 있는데, 이 새가 지난 3년간 날지도 않고 울지도 않습니다. 무슨 새인지 아십니까?"

왕은 곧 순우곤의 말뜻을 알아듣고 이렇게 말했다.

"이 새는 비록 날지 않지만 한 번 날면 하늘을 가린다. 또한 울지 않지만 한 번 울면 천하가 놀란다此鳥不飛則已 一飛沖天 不鳴則已 一鳴驚人."

순우곤이 물러났고, 왕은 곧 들고 있던 술잔을 집어던졌다.

이튿날 왕은 신하들과 함께 순시에 나섰다. 일행은 먼저 즉묵卽墨으로 갔다. 논밭이 잘 경작되고 있었고 작황도 순조로워 백성의 얼굴이 여유로웠다. 왕이 그곳의 대부를 불러 말했다.

"그대가 이만큼 잘하는데도 그대를 비난하는 소리가 높은 것은 내 측근에게 뇌물을 주지 않았기 때문일 것이다."

왕은 그에게 1만 호의 봉토를 하사했다.

그 다음 찾아간 아阿는 논밭이 황폐하고 백성의 낯빛 또한 어두웠다. 왕이 대부를 불러 꾸짖었다.

"상황이 이런데도 그대를 칭찬하는 소리가 귀가 따가운 것은 내 측근에게 뇌물을 주었기 때문일 것이다."

궁으로 돌아온 왕은 전국 72현의 현령을 소집하여 신상필벌을 단행했는데, 특별히 아의 대부는 그 잘못을 물어 솥에 삶아 죽이는 팽형烹刑에 처하고, 그를 칭찬한 자도 같은 죄로 처단했다. 그 후로 제나라는 잘 다스려지고 백성의 생활도 안정되었다.

왕이 순우곤의 간언을 받아들여 생활 태도를 바꾸고 국정을 적극적으로 챙기는 한편, 외치外治에도 활발히 임해서 옛 영토를 회복하는 등 36년 간 나라를 잘 통치했다.

이 고사에서 유래한 일명경인一鳴驚人은 새가 한 번 울면 사람이 놀란다는 뜻으로, 평소에는 과묵하던 사람이 갑자기 사람을 놀라게 할 만한 일을 해냄을 비유한 말이다.

258 일모도원 日暮途遠

날은 저물고 갈 길은 멀다

日 날 **일** | 暮 저물 **모** | 途 길 **도** | 遠 멀 **원**

출전《사기史記》〈오자서열전伍子胥列傳〉

춘추시대 오자서伍子胥는 초楚나라 사람이었는데, 그의 부친 오사伍奢와 형 오상伍常이 소부 비무기費無忌의 참언으로 평왕平王에게 죽임을 당했다. 이에 오자서는 가까스로 오吳나라로 탈출하여 훗날의 복수를 기약하게 된다.

우여곡절 끝에 오나라의 행인行人이 된 오자서는 오왕 합려를 설득해 초나라를 공격하게 했다. 오자서가 직접 군사를 이끌고 초의 수도를 함락했지만, 원수인 평왕은 이미 죽고 없었고 후계자 소왕昭王의 행방도 묘연했다. 이에 분노한 오자서는 평왕의 무덤을 파헤치고 그 시신을 꺼내 300번이나 채찍질을 가한 후에야 멈추었다. 이를 두고 옛 친구 신포서申包胥가 그의 행동을 비난하며 말했다.

"일찍이 신하로서 평왕을 섬겼던 그대가 지금 그 시신을 욕되게 하니 천리天理에 이보다 어긋난 일이 또 있겠는가?"

오자서가 말했다.

"해는 지고 갈 길은 멀어 도리에 어긋난 행동을 할 수밖에 없었네吾日暮途遠 故倒行而逆施之."

이 고사에서 유래한 일모도원日暮途遠은 할 일은 많은데 시간이 없음을 비유한 말이다.

259 일목난지 一木難支

대세가 기울어 혼자 힘으로는 감당할 수 없음

一 한 **일** | 木 나무 **목** | 難 어려울 **난** | 支 지탱할 **지**

출전《세설신어世說新語》〈임탄편任誕篇〉·《문중자文中子》〈사군事君〉편

진晉나라의 임개任愷와 화교和嶠는 친구 사이로 함께 벼슬을 했다. 그러다가 임개가 권세를 잃게 되자, 어떤 사람이 화교에게 물었다.

"당신들은 가까운 친구인데 어째서 임개가 몰락하는 것을 보고서도 도와주지 않는 것이오?"

이에 화교가 대답했다.

"임개는 북하문北夏門처럼 스스로 무너지려 하는 것이니, 나무 하나로는 지탱할 수 없는 일이오非一木所能支."

그의 말은 임개가 신중하지 못해서 몰락을 자초한 것으로써, 무너지는 성문을 기둥 하나로 떠받칠 수 없듯이 자기 혼자 힘으로는 그를 도울 수 없다는 뜻이다.

또 남북조시대의 송宋나라 순제順帝 때, 소도성蕭道成이 정권을 장악하고 충신들을 죽이며 전횡을 일삼았다. 이에 두 대신 원찬袁粲과 제동齊東이 그를 척살할 계획을 세웠으나 사전에 발각되었다. 소도성은 즉시 원찬을 잡아들이라 명했고, 이 소식을 접한 원찬은 아들 원최袁最에게 말했다.

"큰 건물이 무너지려 할 때 기둥 하나로는 지탱할 수 없는 법大廈將顚, 非一木所支也. 허나 나는 명예와 절의를 위해 죽음을 다해 지킬 수밖에 없다."

결국 원찬 부자는 모두 죽음으로써 최후를 맞았다.

일목난지一木難支는 이미 대세가 기울어져 혼자 힘으로는 감당할 수 없다는 말로, 일주난지一柱難支와 같은 말이다.

260 일반천금 一飯千金

작은 은혜를 잊지 않고 크게 보답하다

一 한 **일** | 飯 밥 **반** | 千 일천 **천** | 金 쇠 **금**

출전《사기史記》〈회음후淮陰侯열전〉

한신韓新은 젊은 시절 끼니를 제대로 챙겨 먹지 못할 정도로 가난했다. 한때는 알던 정장亭長의 집에서 신세를 진 일이 있었는데, 정장의 아내는 제 식구만 챙겨 먹이고 한신에게는 밥을 주지 않았다.

정장의 집을 떠난 한신은 성 밖에서 물고기를 낚아 연명했는데 허탕을 치는 날이 많았다. 이를 알고 냇가에서 빨래를 하던 노파가 그를 불쌍히 여겨 자신의 도시락밥을 내주었는데, 그런 일이 수십 일 동안 계속되었다. 한신은 고마운 마음에 연신 허리를 굽혀 인사했다.

"어르신, 제가 나중에 꼭 이 은혜를 갚겠습니다."

노파는 그럴 때마다 화를 내며 말했다.

"대장부가 먹을 것을 구하지 못하니 딱해서 이러는 것이지 무슨 보답을 바라겠나."

그런 한신이 나중에 유방劉邦이 항우項羽를 멸하고 한나라를 세우는 데 큰 공을 세워 초왕楚王에 봉해졌다. 자신의 봉토에 이른 한신은 맨 먼저 예전의 빨래하던 그 노파를 찾아 맛있는 음식을 대접하고 천금을 하사했다.

이 고사에서 유래한 일반천금一飯千金은 작은 은혜도 잊지 않고 크게 보답하는 것을 비유하는 말로, 일반지은一飯之恩이라고도 한다.

261

일발천균 一髮千鈞

한 가닥의 머리털로 삼만 근의 물건을 매어 끈다

一 한 **일** | 髮 터럭 **발** | 千 일천 **천** | 鈞 서른 근 **균**

출전《한서》〈매승전枚乘傳〉

서한西漢 때 사부辭賦에 능한 매승이라는 문인이 있었다. 매승은 오吳 지방의 신하였는데, 오왕이 모반을 꾀하자 한 가지 비유를 들어 그를 설득하고자 했다.

"한 가닥의 머리털에 매달린 삼 만근 무게의 물건이 끝없이 높다랗게 매달려 있고夫以一縷之任系千鈞之重, 上懸無極之高, 아랫부분은 바닥이 없는 깊은 못에 드리워져 있다고 합시다. 제아무리 아둔한 사람도 상황이 지극히 위태로움을 알 수 있을 것입니다. 만약 윗부분이 끊기면 다시 이을 수가 없고, 아랫부분이 깊은 못으로 떨어지면 다시 끌어올릴 수 없습니다. 왕께서 지금 모반을 꽤하시는 것은 이렇듯 위태로운 일입니다."

그러나 오왕은 그 충고를 받아주지 않았고, 이에 매승은 그곳을 떠나 양梁나라로 가서 효왕의 문객이 되었다. 그 후 한 경제漢景帝 때 오왕이 여섯 제후국을 규합하여 반란을 일으켰지만 실패하고 말았다. 한 경제는 매승의 재능을 높이 사 홍농도위弘農都尉에 임명했지만 그는 병을 핑계로 나아가지 않았다. 뒤이어 무제武帝가 즉위해 다시 매승을 초빙했지만 이때 매승은 이미 너무 늙어서 상경하는 도중에 죽고 말았다.

일발천균一髮千鈞은 한 가닥의 머리털로 3만근이나 되는 무거운 물건을 매어 끈다는 말로, 상황이 극도로 위험에 처해 있음을 비유한 말이다. 천균일발千鈞一髮, 위기일발危機一髮이라고도 한다.

262 일부중휴 一傳衆咻

스승이 가르치는데 옆에서 많은 사람들이 떠들어 댄다

一 한 **일** | 傳 스승 **부** | 衆 무리 **중** | 咻 떠들 **휴**

출전《맹자孟子》〈등문공하〉〈대불승장戴不勝章〉

전국시대 송宋나라 대부 대불승戴不勝이 강왕을 도와 어진 정치를 펼쳐보려고 설거주薛居州를 시켜서 왕을 보필하게 했다. 이 소식을 접한 맹자가 대불승을 찾아가 물어보았다.

"초楚나라 대부가 자기 아들에게 제齊나라 말을 가르치려 하는데, 제나라 사람을 시켜 가르치는 것이 낫겠습니까, 초나라 사람을 시켜 가르치는 것이 낫겠습니까?"

"그야 아무래도 제나라 사람을 시켜서 가르치는 것이 좋겠지요."

대불승의 대답에 맹자가 말했다.

"한 명의 제나라 사람이 그를 가르치고 뭇 초나라 사람이 그에게 떠들어댄다면一齊人傳之 衆楚人咻之 비록 매일 회초리를 치며 제나라 말을 가르치더라도 배우지 못할 것입니다. 설사 그를 몇 년 동안 제나라의 번화한 곳에 데려다두고 가르치려한다고 해도 말이오."

맹자는 대불승 혼자의 힘으로는 어진 정치를 실현하기 힘들 것으로 판단한 것이다. 여기서 유래한 일부중휴一傳衆咻는 한 스승이 가르치는데 옆에서 많은 사람들이 떠들어댄다면 아무리 열심히 가르치더라도 성과가 없다는 뜻이다. 환경의 영향 때문에 하는 일이 성과가 없거나, 공부를 하는데 이것저것 간섭만 하는 등 학습 환경이 좋지 못함을 비유한 말이다. 말 많은 집은 장맛도 쓴 법, 주위의 방해가 많으면 이루기가 힘들다. 이와 반대되는 마중지봉麻中之蓬은, 하찮은 풀이라도 삼밭에서 자라면 그 영향으로 잘 자라듯이 사람도 좋은 환경에서 자라면 훌륭해진다는 말이다.

263 일엽장목 一葉障目

나뭇잎 하나가 눈을 가린다

一 한 **일** | 葉 잎 **엽** | 障 막을 **장** | 目 눈 **목**

출전《갈관자鶡冠子》〈천칙天則〉편

《갈관자鶡冠子》〈천칙天則〉 편에 다음과 같은 문장이 있다.

무릇 귀는 듣는 것을 주관하고, 눈은 보는 것을 주관한다. 그러나 나뭇잎 하나가 눈을 가리면 태산이 보이지 않고一葉蔽目, 不見太山, 두 알의 콩이 귀를 막으면 우레 소리가 들리지 않는다.

일엽폐목 불견태산一葉蔽目, 不見太山은 단편적이고 지엽적인 일에 현혹되어 문제의 본질이나 전모를 놓치기 쉬움을 경계한 말이다. 일엽폐목一葉蔽目, 일엽장목一葉障目도 같은 말이다.

《소림笑林》에 이 성어와 관련한 재미있는 이야기가 있다.

초楚나라의 한 가난한 서생이 《회남자淮南子》를 읽다가, '사마귀가 매미를 잡을 때 그 몸을 숨기는 나뭇잎을 얻으면 은신隱身하는 데 이용할 수 있다'라는 글귀를 보았다. 그래서 그는 나무 밑에서 그런 나뭇잎을 찾았다.

얼마 후 서생은 사마귀가 나뭇잎 뒤에 숨어서 매미를 잡을 기회를 노리는 것을 보고 그 나뭇잎을 땄다. 그러나 그 나뭇잎을 떨어뜨리는 바람에 먼저 바닥에 떨어져 있던 낙엽과 구분할 수가 없게 되었다. 그는 하는 수 없이 근처에 있던 모든 나뭇잎을 쓸어 담아 가지고 집으로 돌아왔다.

집으로 돌아온 그는 나뭇잎을 한 장 한 장을 들어 자기 눈을 가리면서 아내에게 물어보았다.

"내가 보이는가?"

아내는 처음에는 물을 때마다 "보입니다."라고 대답했지만, 남편이 온종일 똑같은 질문을 하자 나중에는 귀찮아져서 되는 대로 "안 보입니다."라고 대답했다. 그러자 서생은 뛸 듯이 기뻐하며 그 나뭇잎을 들고 시장으로 갔다. 그리고는 사람들이 뻔히 지켜보는 데서 남의 물건을 훔치다가 붙잡혀 관아로 끌려갔다. 그를 심문한 관리는 이야기를 듣고 나서 껄껄 한바탕 웃고는 미친놈 취급하며 그냥 풀어주었다.

264 일이관지 一以貫之

하나의 이치로써 모든 것을 꿰뚫다

一 한 일 | 以 써 이 | 貫 꿸 관 | 之 어조사 지

출전 《논어論語》 〈위령공편衛靈公篇〉, 〈이인편里仁篇〉

공자가 자공에게 물었다.

"사賜야, 너는 내가 많이 배워서 그것들을 모두 기억하는 줄로 아느냐?"

"그렇습니다만, 아닌가요?"

"아니다. 나는 단지 하나로 꿸 뿐이다一貫之道.

그런데 공자의 이 말을 명확하게 이해한 사람은 제자들 가운데 증자曾子뿐이었다.

공자가 말했다.

"삼參아, 나의 도는 하나로써 꿰었느니라."

증자가 대답했다.

"옳습니다."

스승이 나간 뒤 제자들이 증자에게 물어보았다.

"스승께선 무얼 말씀하신 것인가?"

증자가 대답했다.

"선생님의 도는 충忠과 서恕일 뿐이다."

충은 중中과 심心의 합체어로서, 글자의 모양에서 알 수 있듯이 '속에 있는 마음'이라는 뜻이다. 이것은 인仁이며 성性인데, 남을 나처럼 사랑한다는 의미에서 '인'이라 하고 살려는 마음이라는 의미에서 '성'이라 한다. 그리고 서는 다른 사람의 마음을 자기의 마음과 같이 생각하는 일이다. 속에 있는 마음인 충이 밖으로 나타날 때는 서로 나타난다. 즉, 일이관지一以貫之는 공자의 사상과 행동이 하나의 원리로 통일

되어 있다는 뜻이다. 그것은 인이며, 증자가 충서로 해석한 것은 충성과 용서가 곧 인을 달성하는 길이었기 때문이다.

그러나 오늘날에는 '처음부터 끝까지 변함없이'라는 뜻으로 쓰이기고, '한 번에 끝까지'라는 변형된 형태로 쓰이기도 한다. '초지일관初志一貫'이나 '일관一貫되다' 같은 표현이 그것이다.

265 일일천리 一日千里

하루에 천 리를 달린다, 발전 속도가 매우 빠름

一 한 **일** | 日 해 **일** | 千 일천 **천** | 里 마을 **리**

출전《후한서後漢書》〈왕윤王允전〉

왕윤王允은 헌제獻帝 때 사도司徒를 지낸 사람으로, 젊어서부터 학업에 몰두하고 무예도 연마했다. 그의 동향同鄕인 곽림종郭林宗은 왕윤의 총명함과 학문하는 태도를 칭찬하며 이렇게 말했다.

"왕윤의 학문은 매우 빨리 발전하고 있는데王生一日千里 장차 제왕을 보필하여 대사大事를 이룰 것이다."

왕윤이 사도로 있을 때 동탁董卓이 전권을 휘두르며 방탕하고 포악한 행동을 일삼았다. 왕윤은 겉으로는 동탁에게 순종했지만, 몰래 여포呂布를 부추겨 미인계를 써서 동탁을 죽이려고 했다. 하지만 56세 때 동탁의 부하들에 의해 살해당하고 말았다.

일일천리一日千里라는 말은 원래《사기史記》〈진본기秦本紀〉에 등장한다. 서주西周 시기 주나라 목왕穆王 휘하에 조보造父라는 마부가 있었는데, 그가 모는 말이 하루에 천릿길을 달릴 수 있었다고 한다. 따라서 일일천리란 처음에는 말이 매우 빠르게 달리는 것을 뜻했으나 지금은 진보나 발전의 속도가 매우 빠름을 비유하는 말로 쓰인다.

266 일자천금 一字千金

글자 한 자에 천금, 글이나 시문이 매우 빼어남

一 한 **일** | 字 글자 **자** | 千 일천 **천** | 金 쇠 **금**

출전《사기史記》〈여불위열전편呂不韋列傳篇〉

여불위呂不韋의 집은 평소 식객이 1만 명이나 되었다. 당시 위魏나라에는 신릉군信陵君, 초楚나라에는 춘신군春申君, 조趙나라에는 평원군平原君, 제齊나라에는 맹상군孟嘗君이 있어 모두 뜻있는 선비를 존중하고 빈객 맞기를 서로 경쟁하듯 했다. 이에 여불위는 진秦이 강대함에도 불구하고 그들만 못한 것을 부끄러워했다. 그래서 그 역시 여러 인사들을 초빙하고 빈객을 후대하기 시작하자 그 수가 어느새 3천 명에 달했다.

이때 각 제후 밑에는 논객論客들이 많았는데, 그 중에 순경荀卿 같은 사람은 자신의 학설을 저서로 발간하여 자랑했다. 여불위도 자기 빈객들로 하여금 저마다 견문한 바를 저술·편집하게 하여 팔람八覽, 육론六論, 십이기十二紀 등으로 모으니 총 26권 20만 자가 넘었다. 그리고 이 책은 천지, 만물, 고금에 관한 모든 것을 망라했다고 하여 그 이름을 《여씨춘추呂氏春秋》라 했다. 여불위는 이 책을 수도 함양咸陽의 성문 앞에 진열하고 여러 선비들과 빈객들을 초청한 다음 이렇게 말했다.

"여기에 한 글자라도 덧붙이거나 깎을 수 있는 자는 상금으로 천금을 내리겠소."

여기서 일자천금一字千金이라는 말이 생겨났다. 여불위가 그렇게 위세를 떨쳤음에도 누가 상금을 받아갔다는 기록이 없는 것으로 보아 권력자의 자기과시나 인재확보를 위한 행사였던 것으로 보인다.

267 일장춘몽 一場春夢

인생의 부귀영화가 꿈처럼 사라짐

一 한 일 | 場 마당 장 | 春 봄 춘 | 夢 꿈 몽

출전《후청록侯鯖錄》

송대 최고의 문장가 소동파蘇東坡는 1097년부터 3년간 해남海南 창화昌化에서 유배생활을 했다.

그는 어느 날 커다란 표주박을 메고 콧노래를 흥얼거리며 산책하다가 한 노파를 만났다.

노파는 소동파의 모습을 보고 깜짝 놀라고 안타까워하며 말했다.

"지난날의 부귀영화는 그저 한바탕 꿈에 불과하구나一場春夢."

노파는 그 당시 문장으로 천하를 놀라게 했던 사람이 지금은 그저 초라한 행색으로 시골길을 걷고 있는 것을 보고 인생의 허무함을 느낀 것이었다.

일장춘몽은 인생의 부귀영화가 꿈처럼 덧없이 사라지는 것을 의미하며, 철저한 계획과 준비 없이 막연히 먼 미래의 꿈만 꾼다면 인생이 허무하게 끝날 수밖에 없다는 뜻으로 많이 사용된다. 한치 앞도 내다볼 수 없는 인생이지만 한결 같이 노력하는 자세가 필요하다는 의미를 내포하고 있다. 비슷한 말로 한단지몽邯鄲之夢, 노생지몽盧生之夢, 황량일몽黃粱一夢, 여옹침呂翁枕이 있다.

268 일전쌍조 一箭雙雕

화살 한 대로 새 두 마리를 맞추다

一 한 **일** | 箭 화살 **전** | 雙 쌍 **쌍** | 雕 수리 **조**

출전《북사北史》

북주北周 사람 장손성張孫晟은 어려서부터 총명하고 영민했으며, 출사해서는 군사에 관한 지식이 풍부했고 특히 활 쏘는 재주가 남달랐다.

장손성이 사신으로 돌궐突厥에 갔을 때, 돌궐왕 섭도攝圖는 그의 재주를 아끼고 존경하여 사냥을 나갈 때마다 항상 동반하게 했다. 그를 본 돌궐 사람들은 이렇게 말했다.

"장손성의 활시위 소리는 벽력과도 같고, 말 타고 질주하는 모습은 마치 번개와 같다."

그날도 함께 사냥을 나갔는데, 섭도가 문득 하늘을 보니 새 한 마리가 비호처럼 날아가 다른 새가 물고 있는 먹잇감을 빼앗으려고 했다. 섭도가 급히 장손성에게 화살 두 대를 주면서 말했다.

"두 마리를 동시에 쏘아보시오."

그러나 장손성에게는 화살 한 대면 충분했다. 말이 떨어지기가 무섭게 장손성의 손을 떠난 화살 한 대가 새 두 마리를 한꺼번에 꿰어버린 것이다.

일전쌍조一箭雙雕는 화살 한 대로 두 마리 새를 맞춘다는 뜻으로 일석이조一石二鳥와 같은 말이고, 일거양득一擧兩得, 일거양획一擧兩獲과도 통한다.

269 일침황량 一枕黃粱

밥 짓는 사이 영화로운 한 생을 꿈꾸다

一 한 **일** | 枕 베개 **침** | 黃 누를 **황** | 粱 기장 **량**

출전《침중기枕中記》

옛날 노생盧生이라는 가난한 사람이 있었는데, 우연히 한단邯鄲의 여관에서 만난 여옹呂翁이라는 도사에게 자신의 고단한 처지를 이야기했다. 때마침 여관 주인은 기장을 삶고 있었다. 그의 사연을 듣고 난 도사는 노생에게 베개를 하나를 꺼내주면서 그걸 베고 자보라고 했다. 노생은 곧 잠이 들어 꿈을 꾸었다.

꿈속에서 노생은 한 부잣집의 아리따운 딸과 혼인하여 재상宰相이 되었다가, 다시 조국공趙國公에 봉해졌다. 그리고 여든이 넘도록 온갖 부귀영화를 누렸다.

얼마 후 꿈에서 깨어난 노생은 여관 주인이 여전히 기장을 삶고 있는 것을 보았고, 옆에서 도사가 조용히 미소 지으면서 말했다.

"인생이란 본래 그런 것이오."

일침황량一枕黃粱은 노생이 한단에서 여옹의 베개를 빌려 잠을 청했다가 여관 주인이 기장으로 밥을 짓는 사이에 한 생의 영화로운 삶을 꿈꾸었다는 말로, 부귀영화의 무상함과 허황됨을 상징한다. 노생지몽老生之夢, 황량일몽黃粱一夢, 한단지몽邯鄲之夢 모두 같은 말이다.

270 일패도지 一敗塗地

한 번 싸움에 패해 땅에 떨어지다

一 한 일 | 敗 패할 패 | 塗 더럽힐 도 | 地 땅 지

출전《사기史記》〈고조본기高祖本記〉

진秦나라 2세 황제 즉위 원년元年, 진승陳勝이 봉기하여 스스로 왕이 되고 국호를 장초張楚라 했다. 이에 여러 군현에서도 지방관을 죽이고 진승에 호응했다. 이때 패현沛縣의 현령도 백성을 이끌고 진승에 호응하려고 소하蕭何와 조참曹參을 불러 상의했다.

소하와 조참이 말했다.

"진의 관리인 현령이 반란에 가세한다면 백성들이 따르지 않을 것입니다. 차라리 폭정과 부역을 피해 유방劉邦을 따라간 백성들을 불러 모으십시오. 그들의 힘을 빌리면 모두 복종할 것입니다."

이에 현령은 번쾌에게 유방을 불러오게 했고, 얼마 후 유방이 100여 명의 무리를 이끌고 나타나자 현령은 그들이 모반을 일으킬까 걱정되었다. 그래서 성문을 걸어 잠그고 소화와 조참을 죽이려고 했다. 그러나 두 사람은 이미 성벽을 넘어 유방에게 달아난 후였다.

유방은 성안의 장로들에게 비단 폭에 천하의 정세를 설명한 글을 써서 화살로 쏘아 보냈다. 그러자 장로들이 백성들과 함께 현령을 죽이고 유방을 맞아들였다. 그리고는 그에게 패현의 현령이 돼줄 것을 부탁했고 유방은 다음과 같이 말했다.

"천하가 어지러워 각지의 제후들이 일어나고 있다. 지금 마땅한 장수를 찾지 못한다면 한 번에 패하여 땅에 묻힐 것이다天下方擾 諸侯竝起 今置將不善 一敗塗地. 나는 나의 안전을 위해 이런 말을 하는 것이 아니다. 내 능력이 부족해서 그대들의 부형이나

자제들의 생명을 보장할 수 없음을 두려워하는 것이다. 이는 중대한 일이다. 요컨대 다시 사람을 고르는 것이 좋을 것이다."

그러나 결국 유방은 현령이 되었고 그는 이것으로 한나라 건국의 기틀을 닦았다.

이 고사에서 유래한 일패도지一敗塗地는 한 번 싸움에 패하여 땅에 떨어진다는 말로, 패해서 다시는 일어설 수 없음을 뜻한다.

271

일폭십한 一曝十寒

하루 햇볕을 쬐고 열흘간 춥다

一 한 **일** | 曝 쬘 **폭** | 十 열 **십** | 寒 찰 **한**

출전《맹자孟子》〈고자상告子上〉

전국시대 당시 각국에 유세遊說가 성행했는데, 맹자도 그 세객說客 중 한 명이었다. 그는 일찍이 여러 나라를 유세했고, 제나라에서는 선왕宣王의 객경客卿을 지내기도 했다.

맹자가 제나라에 있을 때, 선왕이 통치에 별 업적이 없고 일처리가 경솔하고 참언을 쉽게 믿는 것을 보았다. 맹자는 이렇게 말했다.

"왕이 지혜롭지 못한 것을 이상하게 여기지 말아야 한다. 천하에 아무리 쉽게 자라는 생물이 있다 해도 하루만 햇볕을 쬐고 열흘간 차게 하면一日暴之十日寒之 자라날 생명체가 없다. 내가 왕을 만나보긴 해도 그 기회가 드물고, 내가 물러나면 그를 차게 하는 자들이 몰려드니 내가 싹을 트게 해준다 한들 무엇이 되겠는가?"

일폭십한一曝十寒은 무슨 일에 대해 일관성이 없어 자주 끊김을 비유한 말로, 일을 꾸준하지 못하고 중단됨이 많음을 뜻한다.

272 임인유현 任人唯賢

인품과 능력만으로 사람을 임용함

任 맡길 **임** | 人 사람 **인** | 唯 오직 **유** | 賢 어질 **현**

출전《한비자韓非子》〈외저설좌하外儲說左下편〉

제齊나라에 내란이 발생하여 양공襄公이 피살되었다. 이듬해 양공의 두 동생 공자公子 규糾와 소백小白이 귀국하여 서로 왕위를 다퉜고, 그 결과 환공桓公으로 즉위한 소백이 규를 죽이고 측근인 관중을 체포하라 명했다.

붙잡혀 압송되던 관중이 제나라 변방에 이르렀을 때, 변방을 지키는 관원에게 먹을 것과 마실 것을 부탁했다. 그러자 관원은 환공이 관중을 중용할 것으로 생각하고 매우 정중히 대하면서 슬쩍 물어보았다.

"만약 제나라에 도착해서 중용되면 저한테 무슨 보답을 하시겠습니까?"

관중이 대답했다.

"만약 당신의 말대로 된다면, 나는 현명하고 재능이 있는 사람을 임용할 것이요任人唯賢. 그렇다면 내가 당신에게 어떤 보답을 할 것 같소?"

그 말에 관원은 말문이 막히고 말았다.

임인유현任人唯賢은 오직 인품과 능력만을 보고 사람을 뽑는다는 말이다.

273

임중도원 任重道遠

임무가 무겁고 갈 길은 멀다

任 맡길 **임** | 重 무거울 **중** | 道 길 **도** | 遠 멀 **원**

출전《논어論語》〈태백편泰伯篇〉

증자曾子가 말했다.

"선비는 도량이 넓고 의지가 강건하지 않으면 안 되니 임무가 막중하고 갈 길이 멀기 때문이다. 인仁의 실현을 자신의 임무로 삼았으니 이 또한 막중하지 않은가? 죽은 뒤에야 그만둘 것이니 이 또한 멀지 않은가?士不可以不弘毅 任重而道遠. 仁以爲己任 不亦重乎 死而後已 不亦遠乎."

임중도원任重道遠은 주어진 임무가 무겁고 갈 길은 멀다는 뜻으로, 큰일을 맡아 책임이 무겁고 막중한 임무를 수행하기 위해서는 도량이 넓고 그 뜻이 굳세어야함을 강조한 말이다.

274 쟁선공후 爭先恐後

앞서기를 다투고 뒤처지는 것을 두려워함

爭 다툴 쟁 | 先 먼저 선 | 恐 두려워할 공 | 後 뒤 후

출전《한비자韓非子》〈유로喩老편〉

춘추시기, 진晋나라에 왕자기王子期라는 유명한 마부가 있었다. 이에 조趙나라 대부 양주襄主는 그에게서 말 다루는 기술을 배우고 나서 그와 마차 달리기 시합을 했다. 하지만 양주는 세 번이나 말을 바꾸었음에도 모두 지고 말았다. 크게 실망해 불평하는 양주에게 왕자기가 한마디 해주었다.

"말을 제어함에 있어 제일 중요한 것은 말의 몸과 수레가 일치돼야 하고, 또 부리는 사람과 말의 마음이 일치해야 합니다. 대부께서는 저를 앞지르려고 초조해하고, 또 앞서 달릴 땐 제가 뒤쫓지 않을까 걱정하셨습니다君後則欲逮臣, 先則恐捷于臣. 앞서든 뒤서든 내내 저한테 신경을 쓰시니 어떻게 제대로 달릴 수 있겠습니까?"

쟁선공후爭先恐後는 앞서기를 다투고 뒤처지는 것을 두려워한다는 뜻으로, 격렬한 경쟁을 비유한 말이다.

275 적자지심 赤子之心

갓난아이처럼 순진무구한 마음

赤 붉을 **적** | 子 아들 **자** | 之 갈 **지** | 心 마음 **심**

출전《맹자孟子》〈이루하離婁下〉

맹자가 말했다.

"대인이란 그 갓난아이 때의 마음을 잃지 않는 사람이다大人者 不失其赤子之心者也."

적자지심赤子之心은 갓난아이의 마음처럼 거짓이 없는 순진무구한 마음 또는 임금에게 일편단심一片丹心으로 충성을 다하는 백성의 마음을 뜻한다.

적자赤子는 갓 태어난 아이의 몸이 붉은색을 띠기 때문에 갓난아이를 일컫는 말이다. 적赤에는 붉은 색이라는 뜻 이외에도 아무 것도 없는 상태, 옷을 걸치지 않고 알몸을 드러냄이라는 뜻이 있다. 적빈赤貧이란 극빈極貧을, 적수赤手란 맨손을, 적지赤地는 불모지를 뜻한다.

맹자는 갓난아이 때의 순수한 마음을 잃지 않은 사람을 대인大人이라 했는데, 이는 사람의 마음이 선량하고 순결함을 비유한 것이다. 이와는 달리 성악설性惡說을 주장한 순자荀子는 적심赤心을 변치 않는 마음, 즉 일편단심으로 표현했고,《서경書經》에서는 적자를 백성으로 표현했다.

276 전거복후거계 前車覆後車誡

앞의 수레가 엎어지면 뒤의 수레가 경계한다

前 앞 **전** | 車 수레 **거** | 覆 엎어질 **복** | 後 뒤 **후** | 車 수레 **거** | 誡 경계 **계**

출전《한서漢書》〈가의전賈誼傳〉

"속담에, 관리로서 직무를 익히지 못할 때는 지난 예를 조사해보라는 말이 있다. 또 앞의 수레가 엎어지면 뒷 수레에 경계가 된다고도 했다前車覆後車誡. 하·은·주의 삼대는 오래도록 번영했는데, 바로 지난 일을 알고 있었기 때문이다. 그런데도 그 번영을 배워서 얻지 못하는 사람은 성인의 지혜를 따르지 않는 사람이다."

전한前漢 문제文帝 때 낙양에 가의賈誼라는 사람이 있었는데, 대단한 수재로 20세 때 박사가 되었고 이듬해에 태중대부太中大夫가 되었다. 가의는 왕을 도와 수시로 정사에 대한 의견을 제시했는데, 그 내용 중 일부인 위의 내용은 다음과 같은 문장으로 이어진다.

"또 진秦나라는 허망하게 멸망했는데 왜 그랬는지는 그 수레바퀴 자국을 보면 알 수 있다. 그런데도 그 바퀴 자국을 피하지 않는다면 뒤에서 오는 수레는 곧 엎어지고 말 것이다. 무릇 나라의 존망과 다스림과 혼란의 열쇠가 바로 여기에 있다."

전거복후거계는 앞의 수레가 엎어지면 뒤의 수레가 경계한다는 뜻으로, 선인들의 실수나 과오가 후대에 경계가 된다는 말이다.

277

전전긍긍 戰戰兢兢

두려움에 벌벌 떨며 몸을 움츠린다

戰 싸울 **전** | **戰** 싸울 **전** | **兢** 삼갈 **긍** | **兢** 삼갈 **긍**

출전《시경詩經》〈소아편小雅篇〉

《시경詩經》〈소아편小雅篇〉의 소민小旻에 다음 문장이 있다.

감히 맨손으로 범을 잡지 못하고, 감히 걸어서 황하를 건너지 못한다.
사람들은 그 하나는 알지만, 그 밖의 것들은 알지 못한다.
두려워서 벌벌 떨며戰戰兢兢, 조심하기를 마치 깊은 연못에 임한 것같이 하고, 살얼음 밟듯이 해야 하네.

악정을 한탄한 이 시가 지어진 시기는 서주西周 말기였다. 씨족 봉건사회가 붕괴되고 왕정이 쇠락하여 주공周公의 법이 제대로 지켜지지 않던 때로 천하가 위태로운 시기였다. 따라서 대부분의 사람들은 눈앞의 이득과 손해에만 매달려 그것이 뒤에 큰 재앙이 될 것을 알지 못했다. 다만 조심성 있는 사람들만이 그 악정의 시기를 깊은 연못가에 있는 것처럼 또는 살얼음을 밟는 것처럼 불안해하며 경계한다는 뜻이다.

《논어論語》〈태백편泰伯篇〉에도 이 시구가 인용된다.
증자가 병이 있어 제자들을 불러놓고 말했다.
"내 발을 펴고 내 손을 펴라. 《시경詩經》에서는 '매우 두려운 듯이 조심하고, 깊은 연못에 임한 것같이 하고, 얇은 얼음을 밟은 것같이 하라'고 했다. 지금 이후로 나는 그것을 면함을 알겠다."

《시경詩經》과 《논어論語》의 전전긍긍은 스스로 자신을 반성하며 두려워하는 좋은 의미의 두려움을 말한다. 그러나 오늘날에는 그 뜻이 부정적 의미로 이해된다. 즉 잘못을 저질러놓고 발각될까 두려워하거나 어떤 사건의 여파가 자신한테까지 미칠까봐 불안해하는 경우에 쓰이니 말이다.

278 정신이출 挺身而出

위급할 때 용감하게 앞장서서 나아감

挺 뽑을 **정** | **身** 몸 **신** | **而** 말 이을 **이** | **出** 날 **출**

출전《구당서舊唐書》〈경군홍전敬君弘傳〉

이연李淵이 당唐을 건국하자 그의 세 아들 건성建成, 세민世民, 원길元吉이 후계 다툼을 벌였다. 맏아들 건성은 황태자로 등극했지만 부친의 신임이 두터운 동생 세민에게 황위 계승권을 빼앗길까 두려웠다. 그래서 원길과 연합하여 세민을 모살하려고 했다. 하지만 이를 눈치 챈 세민은 심복 방현령房玄齡과 대책을 세우고 선수를 치기로 했다. 그래서 현무문玄武門에 복병을 두고 건성이 입조入朝할 때 기습해 살해하고 원길도 함께 죽였다. 그러자 건성과 원길의 수하 풍립馮立과 사숙방謝叔方이 세를 규합하여 세민을 공격했다. 그래서 현무문을 지키는 경군홍敬君弘과 치열한 격전을 치렀다.

《구당서舊唐書》〈경군홍전敬君弘傳〉에, '경군홍이 앞장서서 전투에 나섰다君弘挺身出戰'고 기록돼 있다. 경군홍은 "일이 어떻게 될지 모르니 사태를 살펴보고 병력의 전열을 이룬 다음 싸워도 늦지 않다"는 주위 만류를 뿌리치고 용맹하게 진군하여 적과 맞섰다. 나중에 태종太宗이 된 이세민은 그의 공을 치하하며 좌둔위대장군左屯衛大將軍으로 삼았다.

정신이출挺身而出은 위급한 일을 당했을 때 용감하게 앞장서는 것을 말한다.

279 정중지와 井中之蛙

우물 안 개구리, 식견이 좁음

井 우물 **정** | 中 가운데 **중** | 之 의 **지** | 蛙 개구리 **와**

출전《장자莊子》〈추수편秋水篇〉

황하黃河의 신 하백河伯은 홍수로 강물이 불어나자 천하의 훌륭함이 모두 자신에게 모였다고 생각하고 좋아했다. 그래서 으쓱대며 강 흐름을 따라 처음으로 바다까지 나가 보았다. 그러다가 북해에 이르러 그 창망대해를 접하고는 그 방대함에 기가 눌렸다.

"허, 물이 이렇게 많고 드넓다니!"

이때 북해의 신 약若이 말했다.

"우물 안에 살고 있는 개구리에게 바다를 이야기해도 알지 못하는 것은, 개구리가 좁은 곳에서 살고 있기 때문이오井蛙不可以語於虛也, 拘於虛也. 또 여름 벌레에게 얼음을 말해도 알지 못하는 것은, 그들이 여름만을 굳게 믿고 있기 때문인 것이오. 식견이 좁은 사람에게 도를 말해봐야 알지도 못하거니와, 그들의 상식에 구속되어 있기 때문에 무리인 것이오. 이제는 당신도 좁은 개울에서 나와 큰 바다를 보고 비로소 자신의 초라함을 깨달았으니 이제는 더불어 큰 진리에 대해 말할 수 있을 것이오."

장자는 말한다.

"도道의 높고 큼이나 대소귀천大小貴賤은 정해진 것이 아니다. 따라서 사람들은 그 구별을 잊고 도에 따라야 한다."

'정중지와'는 '부지대해不知大海'와 한 구를 이룬다. 즉, '우물 안 개구리는 바다를 말해도 알지 못한다井中之蛙 不知大海'로 쓴다. '정와井蛙' 또는 '정저와井底蛙'라고도 한다.

280

정훈 庭訓

가정의 가르침

庭 뜰 **정** | 訓 가르칠 **훈**

출전《논어論語》〈계씨季氏편〉

공자의 제자 진항陳亢이 공자의 아들인 백어伯魚에게 물었다.

"아버님께 다른 말씀이라도 들은 것이 있습니까?"

"아직 없습니다."

백어가 대답했다.

"아버지께서 제가 종종걸음으로 뜰을 지나는 것을 보시더니 저에게 '시를 배웠느냐?' 라고 물으시기에, '아직 안 배웠습니다.' 라고 대답했습니다. 그러자 '시詩를 배우지 않으면 말을 할 수가 없느니라.' 라고 하셨습니다. 그래서 저는 물러나와 시를 공부했습니다. 다른 날, 역시 제가 종종걸음으로 뜰을 지나는데 '예禮를 배웠느냐?' 하고 물으시기에 저는 '아직 안 배웠습니다.' 라고 대답했습니다. 아버지께서 '예를 배우지 않으면 남의 앞에 나설 수가 없느니라.'라고 하시기에 저는 예를 공부했습니다. 제가 아버지께 들은 것은 이 두 가지뿐입니다."

이처럼 공자의 아들은 뜰을 걷다가 아버지로부터 가르침을 받았는데, 이를 일러 정훈庭訓이라 한다. 정훈이란 곧 집안에서의 가르침을 뜻한다.

281 제인확금 齊人攫金

앞 뒤 가리지 않고 자기 이익만 챙긴다

齊 나라이름 **제** | 人 사람 **인** | 攫 붙잡을 **확** | 金 쇠 **금**

출전《여씨춘추呂氏春秋》〈거유去宥편〉

제齊나라의 어떤 사람은 매우 탐욕스럽고 재물財物을 좋아해서 어떻게 하면 부자가 될 수 있을까 궁리하는 것이 하루 온종일 일과였다.

어느 날 그는 의관衣冠을 잘 차려 입고 시장에 구경 나갔다가 금金을 파는 상인을 발견하고 매우 기뻐했다. 그는 갑자기 그 상인에게 달려들어 금을 한 움큼 움켜쥐고 도망치기 시작했다攫其金而去. 놀란 상인이 소리쳤다.

"도둑이야! 저 놈이 내 금을 훔쳐간다!"

금을 훔쳐 도망가던 그 사람은 얼마 가지 않아 순찰을 돌던 포졸에게 붙잡혔다. 포졸이 그에게 대낮에 남의 금을 훔친 까닭을 캐 묻자 그는 뻔뻔하게도 이렇게 대답했다.

"금을 한 움큼 집어들었을 때, 금만 보았지 사람은 보지 못했소."

제인확금齊人攫金은 앞 뒤 가리지 않고 자기 이익만 챙기는 것을 말한다.

282 조강지처 糟糠之妻

가난할 때 고생을 함께 한 아내

糟 지게미 **조** | 糠 겨 **강** | 之 어조사 **지** | 妻 아내 **처**

출전《후한서後漢書》〈송홍전宋弘傳〉

후한後漢 광무제光武帝에게는 일찍이 과부가 된 누이가 하나 있었는데, 재혼시킬 요량으로 은근히 속내를 떠보니 평소 자기한테 껄끄러운 직언을 서슴지 않는 송홍宋弘을 마음에 둔 듯했다. 광무제는 '하필 그 친구인가?' 하고 기가 찼지만, 누이를 위해 한번 의중을 떠보기로 했다. 그래서 어느 날 조촐한 술상을 마련해놓고 송홍을 불렀다. 그리고 몇 번 술잔을 기울이다가 넌지시 떠보았다.

"속담에 '신분이 고귀해지면 친구를 바꾸고, 부유해지면 아내를 버린다.'고 하지 않던가. 짐이 보기에는 그것도 인지상정인 것 같은데, 자네 생각은 어떤가?"

대답 여하에 따라서는 지금의 아내를 밀어내고 자기 누이동생을 밀어 넣을 생각으로 한 질문이었다. 그러나 송홍은 아무 영문도 모른 채 이렇게 대답했다.

"황공하오나 폐하, 신의 생각은 조금 다릅니다. 가난하고 천할 때의 친구일수록 잊지 말아야 하고, 고생할 때 지게미와 쌀겨로 끼니를 함께 한 아내는 결코 내치지 말아야 한다糟糠之妻 不下堂고 생각합니다."

그 말을 들은 광무제는 더 이상 할 말을 잊고 말았다.

283

조삼모사 朝三暮四

아침에 세 개 저녁에 네 개를 줌

朝 아침 **조** | **三** 석 **삼** | **暮** 저물 **모** | **四** 넉 **사**

출전《열자列子》의 〈황제黃帝편〉·《장자莊子》〈제물론齊物論〉

송宋나라 저공狙公은 원숭이를 아주 좋아해서 한두 마리 기르다보니 나중에는 큰 무리를 이루게 되었다. 그는 오랫동안 원숭이들과 교감하다보니 그들의 뜻을 이해할 수 있었고 원숭이들도 저공의 마음을 헤아릴 수 있었다. 그런데 너무 많은 원숭이를 기르다보니 먹이인 도토리를 대는 일이 갈수록 힘들어졌다.

그는 원숭이들의 먹이를 제한하고 싶었지만, 원숭이들이 자기를 따르지 않게 될까 두려워서 먼저 그들을 속여서 이렇게 말했다.

"이제부터 너희한테 주는 도토리를 아침에 세 개, 저녁에 네 개씩 주면朝三而暮四 어떻겠니?"

그 말에 원숭이들이 일제히 반발하고 나섰다.

그러자 저공은 어쩔 수 없다는 듯이 "그럼 아침에 네 개, 저녁에 세 개씩 주겠다."고 했다. 이에 원숭이들은 모두 박수를 치며 좋아라했다.

조삼모사朝三暮四란 원숭이에게 아침에는 세 개, 저녁에는 네 개의 도토리를 주는 것을 말한다. 눈앞의 차이만 있을 뿐 그 결과는 같음을 모르는 어리석음을 비유한 말로, 주로 간사한 잔꾀로 상대방을 현혹하고 농락한다는 말로 쓰인다.

284 조제모염 朝虀暮鹽

냉이와 소금으로 끼니를 때울 정도로 궁핍한 생활

朝 아침 **조** | 虀 냉이 **제** | 暮 저물 **모** | 鹽 소금 **염**

출전《한유漢愈》〈송궁문送窮文〉

당唐나라 한유漢愈의 문장 중에 〈송궁문送窮文〉은 한유가 자신에게 곤란을 주는 다섯 가지의 일들을 귀신으로 묘사하면서 이것들을 추방하고 싶은 마음을 해학적으로 풀어 쓴 것이다.

한유가 궁귀窮鬼에게 세 번 절하고 나서, 이제는 제발 자기 곁을 떠나줄 것을 간청했다. 그러자 가난귀신은 한참을 고민하더니 이렇게 말했다.

"저와 선생님이 함께 산지가 어느덧 사십 년이 되었습니다. 저는 선생님이 어릴 적에도 선생님을 어리석다 여기지 않았고, 선생님이 남쪽으로 귀양 갔을 때도 전 낯선 고장에 익숙하지 못해서 그곳의 여러 귀신들에게 속임을 당하고 능멸 당했습니다. 태학에서 공부하신 사년 동안 아침에는 냉이 나물을 먹고 저녁에는 소금으로 반찬하며大學四年 朝虀暮鹽 오직 저만이 선생님을 보살펴드렸고 지금껏 단 한 번도 배신한 적이 없습니다. 그런데 이제 와 절 버리시렵니까?"

조제모염朝虀暮鹽은 냉이와 소금만으로 끼니를 해결할 정도로 몹시 궁핍한 생활을 일컫는다.

285 종남첩경 終南捷徑

종남산이 출세의 지름길

終 끝날 **종** | 南 남녘 **남** | 捷 빠를 **첩** | 徑 지름길 **경**

출전《신당서新唐書》〈노장용전盧藏用傳〉

당나라 때 노장용盧藏用이라는 서생은 진사에 합격했지만 관리로 등용되지 않자 장안長安 인근의 종남산에 들어가 은거했다. 당시에는 세상과 거리를 둔 은자隱者에 대해 명리에 초연한 고매한 선비로 여기는 풍조가 있었고 조정에서도 그런 은자를 불러 관리로 등용하기도 했다. 노장용도 은자로 행세한 지 얼마 지나지 않아 이름을 얻게 되었고 마침내 조정의 고위 관리로 등용되었다.

그 무렵 천대산天臺山에 사마승정司馬承幀이라는 도사가 있었는데 진정한 은자로 명성이 높으면서도 조정의 부름을 여러 번 사양했다.

이 사마승정이 또다시 황제의 부름을 받아 하산했다가 관직을 고사하고 장안에 며칠 머문 뒤에 천대산으로 돌아가려고 했다. 그때 노장용이 그를 배웅하여 성 밖으로 나왔다가 종남산을 가리키며 말했다.

"참으로 훌륭한 정취가 있는 산입니다."

그 말은 종남산도 은거하기 좋은 곳인데, 굳이 먼 천대산으로 돌아갈 필요가 있겠느냐는 말이었다. 그 말에 사마승정은 차갑게 웃으며 대답했다.

"내가 보기에 종남산은 단지 관리가 되는 지름길일 뿐이오以僕觀之, 仕宦捷徑耳."

그 말에 노장용은 속으로 매우 부끄러워했다.

여기서 유래한 종남첩경終南捷徑은 출세의 지름길을 비유한 말로, 편법적인 수단을 동원하여 목적을 달성하는 것을 비판한 것이다.

286 주낭반대 酒囊飯袋

먹고 마실 줄만 아는 무능한 사람

酒 술 **주** | 囊 주머니 **낭** | 飯 밥 **반** | 袋 자루 **대**

출전《유설類說》

당唐이 멸망하고 송宋이 들어서기 전까지 70년간의 5대10국시기는 혼란이 극심하여 무능한 자들도 높은 지위에 오를 수 있었다. 마은馬殷이 그런 경우로, 그는 원래 무안武安 절도사 유건봉劉建鋒 휘하에서 작은 부대를 이끌던 지휘관에 불과했었다. 그런데 유건봉이 부하에게 살해되자 몇몇의 추대로 엉겁결에 절도사가 되었고 그 후 점점 세력이 커졌다. 나중에는 주온朱溫이 황위를 찬탈해 후량後梁을 세우고 마은을 초왕楚王에 봉해서 지금의 호남성과 광서성 동북부 일대를 다스리게 했다.

왕이 된 마은은 날마다 음주가무를 즐기며 도에 넘치는 사치스러운 향락을 즐겼다. 또 그 자식들도 부친의 후광으로 권세를 누리면서도 문무를 게을리 하고 낭비를 일삼았다. 이를 두고 사람들은 마은을 가리켜 술이나 마실 줄 알고 밥만 축내는 주낭반대酒囊飯袋라고 조롱했다.

주대반낭酒袋飯囊이라고도 하는 이 말은 먹고 마실 줄만 알았지 아무짝에도 쓸모없는 무능한 사람을 일컫는다.

287 주산불수 酒酸不售

술이 쉬어서 팔리지 않음

酒 술 주 | 酸 실 산 | 不 아닐 불 | 售 팔 수

출전《한비자韓非子》〈외저설우상外儲說右上편〉

춘추시대, 송宋나라에 술을 만들어 파는 장씨莊氏라는 사람이 있었다. 그는 매우 양심적이어서 되를 속이지도 않았고 손님에게도 매우 친절했으며, 술 빚는 솜씨도 훌륭했다. 그런데도 이상하게 장사가 잘 되지 않았다. 가게 앞에 술도가임을 알리는 깃발을 높이 세워두었지만 빚은 술이 팔리지 않아 쉬어버리는 일이 비일비재했다. 속이 상한 장씨가 하루는 마을의 양천이라는 유식한 노인을 붙잡고 장사가 잘 안 되는 까닭에 대해 물어보았다.

이에 가게를 한 바퀴 둘러보고 난 노인이 말했다.

"당신네 집의 개가 너무 사납기 때문이오."

"그게 무슨 소리신지?"

장씨는 술장사와 개가 무슨 상관인지 이해가 되지 않았다.

양천 노인이 다시 말했다.

"사나운 개가 술 사러 오는 사람들을 보고 짖어대고, 특히 아이들이 술심부름을 왔다가도 개한테 놀라 달아나는 판인데 술이 팔리겠소? 당연히 술이 시어질 수밖에."

주산불수酒酸不售란 경영 방법이 좋지 않거나 일처리가 잘못되었음을 비유한 말이다.

288

주중적국 舟中敵國

군주가 부덕하면 한 배를 탄 사람들도 적이 된다

舟 배 주 | 中 가운데 중 | 敵 원수 적 | 國 나라 국

출전《사기史記》〈손자오기열전孫子吳起列傳〉

전국시대, 위魏나라 장군 오기吳起는 문후文侯를 모시고 진秦을 쳐서 5개의 성을 빼앗았다. 문후는 용병에 능하고 부하들의 신망이 높은 그에게 서하西河를 맡겨 진과 한韓을 방어하게 했다. 문후가 죽자 오기는 그 아들 무후武侯를 섬겼다.

한번은 무후가 오기와 함께 배를 타고 서하를 둘러본 일이 있었다. 강의 중류에 이르렀을 때 무후가 오기를 돌아보며 말했다.

"강산이 이렇게 험준하고 아름다우니 우리 위나라의 보배로다!"

그 말을 들은 오기는 다음과 같은 말로 무후를 깨우쳤다.

"나라의 보배는 군주의 덕에 있는 것이지 강산의 험준함에 있지 않습니다. 옛날 삼묘씨三苗氏의 나라는 왼쪽에 동정호가 있고 오른쪽에 팽려호가 있어 험준했지만 군주가 덕을 닦지 않아 우禹 임금에게 망하고 말았습니다. 또 은나라 주왕紂王의 거처는 왼쪽에 맹문산이 있고 오른쪽에 상산이 있었으며, 남쪽으로는 황하가 도도하여 험준했지만 역시 덕이 부족하여 결국 무왕武王에게 죽고 말았습니다. 만약 군주께서 덕을 닦지 않으신다면 이 배 안에 함께 타고 있는 사람들이 모두 적국의 편이 될 것입니다若君不修德, 舟中之人盡爲敵國也."

주중적국舟中敵國은 군주가 덕을 닦아 올바른 정치를 펼치지 못하면 자기편도 언제고 적으로 돌변할 수 있음을 비유한 고사성어다.

289 주지육림 酒池肉林

술이 연못을 이루고 고기가 숲을 이룬다

酒 술 **주** | **池** 못 **지** | **肉** 고기 **육** | **林** 수풀 **림**

출전《사기史記》〈은본기殷本紀〉

《사기史記》〈은본기殷本紀〉에는 상商나라 마지막 군주 주왕紂王의 방탕한 모습이 기록되어 있다.

주왕은 본래 지혜와 용기를 겸비한 현명한 임금이었으나 달기妲己라는 요부에 빠져 극악한 폭군이 되고 말았다. 그는 잔혹한 형벌을 고안해내어 자신을 반대하는 관리나 백성들을 불태워 죽이면서 쾌락을 느꼈다. 그는 향락을 위해 높이가 천척千尺에 달하고 둘레가 삼리三里나 되는 궁궐을 만들라 명하고 백성들을 7년 동안 노역에 시달리게 했다. 그래서 화려한 궁궐이 완성되자 각지의 준마駿馬와 명견名犬, 미녀美女들을 수집하여 자신의 쾌락을 위한 도구로 삼았다. 또 그는 술로 연못을 만들고 고기 덩이를 걸어 숲을 이루게以酒爲池, 懸肉爲林한 다음 젊은 남녀들로 하여금 발가벗은 채 서로를 희롱하고, 음탕한 음악에 맞춰 춤추게 하며 광란의 잔치를 즐겼다.

주지육림酒池肉林은 술로 연못을 만들고 고기로 숲을 이룬다는 말로, 지극히 사치하고 방탕한 퇴폐향락을 일컫는다.

290

죽두목설 竹頭木屑

대나무 조각과 나무 부스러기도 쓰일 때가 있음

竹 대 죽 | 頭 머리 두 | 木 나무 목 | 屑 가루 설

출전 《진서晉書》 〈도간전陶侃傳〉·《세설신어世說新語》 〈정사政事〉편

도간陶侃은 도연명陶淵明의 증조부로, 명제明帝 때 정서대장군征西大將軍에 올랐다. 그는 군사 방면에 뛰어났고 매사에 힘써 모범을 보였다. 일찍이 홀어머니 슬하에서 어렵게 자랐기 때문에 높은 벼슬에도 불구하고 항상 검소하고 절약했다.

그가 한번은 큰 배를 만드는 공사를 감독했는데, 날마다 직접 현장에 나가 일의 진척을 살폈다. 그는 이때 공사에 쓰다 남은 나무 부스러기와 대나무 조각을 모두 수거해 잘 보관해두라고 지시했다木屑及竹頭悉令擧掌之. 사람들은 쓸모없는 것들은 왜 모아두라는 건지 의아해했다.

해가 바뀌어 신년을 축하하는 모임이 열렸는데, 쌓인 눈이 녹아서 청사 앞이 진창이 되었다. 이때 도간은 전에 보관해둔 톱밥과 나무부스러기를 꺼내다 진창을 덮어 사람들이 다니기 좋게 했다.

또 환온桓溫이 촉蜀을 정벌하려고 급하게 병선兵船을 만들 때는 널빤지는 많았지만 대나무못이 부족했다. 이 소식을 들은 도간은 보관해두었던 대나무 조각들을 보내서 못으로 사용하게 했다. 그의 모든 일처리는 이처럼 치밀함이 있었다.

죽두목설竹頭木屑은 대나무 조각과 나무 부스러기처럼 쓸모없다고 생각하기 쉬운 것들도 소홀히 않고 요긴하게 활용하는 것, 또 하찮은 물건도 유용하게 쓰이는 것을 말한다.

291

죽마고우 竹馬故友

죽마를 함께 타던 소꿉동무

竹 대 죽 | 馬 말 마 | 故 옛 고 | 友 벗 우

출전《세설신어世說新語》〈품조편品藻篇〉·《진서晉書》〈은호전殷浩傳〉

진晉나라 은호殷浩는 성품이 어질고 학문에도 박학다식해서 젊어서《노자老子》와《역경易經》을 즐겨 읽었다. 하지만 조정에 나아가기 싫어서 10년 가까이 출사하지 않았다. 하지만 당시 간문제簡文帝는 연이어 공신을 잃는 변을 당해 어진 신하를 찾다가 은거 중인 은호를 불러들였고, 은호는 결국 조정의 청을 뿌리치지 못하고 건무장군建武將軍 양주자사揚州刺史가 되어 벼슬길로 나아갔다.

그런데 이것은 당시에 세력이 커지고 있던 환온桓溫을 견제하기 위한 간문제의 계책이었다. 은호와 환온은 서로 반목하게 되었고, 중간에서 왕희지王羲之가 나서서 두 세력을 화해시키려고 했지만 은호가 거절했다.

이 무렵, 5호16국五胡十六國 중 하나인 후조後趙 석계룡石季龍이 죽었고 호족 간에 내분이 일어났다. 진나라는 이 기회를 노려 중원을 회복하려했고 은호가 오주군사五州軍事로 출병했는데, 허무하게도 말에서 떨어지는 바람에 제대로 한번 붙어보지도 못한 채 물러났다. 이에 환온이 은호를 탄핵하여 서인으로 강등시키고 변방으로 귀양을 보냈다. 그러면서 환온은 이렇게 말했다.

"은호는 어릴 적 나와 함께 죽마를 타고 놀던 옛 친구다竹馬故友. 내가 죽마를 버리면 언제나 은호가 가지고 갔다. 그러니 그가 내 밑에 있는 것은 당연한 일이다."

은호는 결국 변방의 귀양지에서 쓸쓸하게 생을 마감하고 말았다.

죽마는 대나무로 만든 아이들의 장난감 말로, 죽마고우는 어릴 적 소꿉친구를 말한다. 같은 말로 기죽지교騎竹之交, 죽마지호竹馬之好가 있다.

292 줄탁동기 啐啄同機

알에서 깨기 위해서는 새끼와 어미닭이 안팎에서 서로 쪼아야함

啐 떠들 **줄** | **啄** 쫄 **탁** | **同** 같을 **동** | **機** 기회 **기**

출전《벽암록碧巖錄》

줄탁동기啐啄同機는 원래 중국의 민간에서 쓰던 말인데, 송대宋代 불서佛書《벽암록碧巖錄》에 기록되면서 불가의 중요한 공안公案이 되었다.

화두話頭라고도 하는 공안은 깨달음을 위한 물음의 요체이자 수수께끼다. 선승禪僧들은 하나의 공안에 일생을 매달리기도 한다. 몇 자 안 되는 공안에도 그 속에는 깨달음의 오묘한 이치가 숨어 있어 그 뜻을 말로 표현하는 데는 한계가 있다.

공안은 일단 깨닫기만 하면 더하거나 뺄 것이 없이 그 뜻이 명백해진다. 그러나 이 깨달음을 표현하기 위해 문자의 뜻에 얽매이는 순간 깨달음은 순식간에 날아가 버리고 다시 관념에 빠져버린다. 선종에서는 이런 관념의 세계를 용납하지 않는다. 그래서 공안은 최소한의 언어만을 사용한다.

줄탁동기는 이런 깨우침과 관련된 공안이다. 알 속에서 자란 병아리는 부리로 껍질 안쪽을 쪼아 알을 깨고 세상으로 나오려고 하는데, '줄'은 바로 병아리가 알 껍질을 깨기 위해 쪼는 것을 가리킨다. 어미닭은 품고 있는 알 속의 병아리가 부리로 쪼는 소리를 듣고 밖에서 알을 쪼아 새끼가 알을 깨는 행위를 도와주는데, '탁'은 어미닭이 알을 쪼는 것을 말한다.

여기서 알 껍질을 쪼아 깨려는 병아리는 깨달음을 향해 나아가는 수행자요, 어미닭은 수행자에게 깨우침의 방법을 일러주는 스승인 것이다. 그런데 병아리와 어미닭이 동시에 알을 쪼기는 하지만, 어미닭이 전적으로 병아리를 세상 밖으로 나오게 하는 것은 아니다. 어미닭은 단지 알을 깨고 나오는 데 작은 도움만 줄 뿐 결국 알을

깨고 나오는 것은 병아리 자신인 것이다. 이는 스승은 깨우침의 계기만 제시할 뿐이고, 나머지는 제자가 스스로 노력하여 깨달음에 도달해야함을 의미한다. 또 깨달음에도 때가 있어 깨달아야 할 때 깨닫지 못하면 헛일이라는 뜻도 담겨 있다. 줄탁동시啐啄同時·줄탁지기啐啄之機라고도 한다.

293 중심성성 衆心成城

여럿이 단결하면 성처럼 견고해짐

衆 무리 **중** | 心 마음 **심** | 成 이룰 **성** | 城 성 **성**

출전《국어》

주周나라 경왕景王은 시장에서 유통되던 소액의 돈을 없애고 고액의 돈을 주조했는데, 이 과정에서 백성들이 큰 손해를 입게 되어 원성이 자자했다. 그럼에도 불구하고 경왕은 2년 후 또다시 민간에 남은 동전을 수집하여 큰 종鐘을 만들려고 했다. 이에 대해 단목공單穆公과 악사樂師인 주구州鳩는 그 종이 좋은 소리를 내지도 못할 뿐더러 백성들에게 고통만 안겨준다는 이유로 반대했지만 경왕은 무시하고 강행하여 마침내 거대한 종을 완성해냈다.

평소 아첨이 몸에 밴 악공樂工들은 종소리가 매우 훌륭하고 듣기 좋다고 아부했다. 그러자 경왕은 기분이 좋아져서 종 주조에 반대했던 주구를 불러 으스댔다.

"종소리가 매우 듣기 좋은데, 그대가 괜한 염려를 한 것이 아닌가?"

이에 주구가 충심으로 간언했다.

"왕께서 거대한 종을 만드는 일은 백성들이 모두 찬성해야 그 소리가 조화로운 것입니다. 그런데 지금은 백성들을 힘들게 하고 그들의 재산을 축나게 함으로써 다들 임금에 대해 원망을 품고 있으니 이것을 어찌 조화롭다 하겠습니까? 백성들이 찬성하는 일은 성공하지 못하는 경우가 드물고, 백성들이 싫어하는 일은 실패하지 않는 경우가 드문 법입니다. 이것이 바로 항간에서 '여러 사람의 마음이 하나로 뭉치면 성을 이루고, 여러 사람의 입에 오르면 쇠도 녹는다衆心成城, 衆口煉金'라고 말하는 이치입니다."

그러나 경왕은 주구의 간언을 받아주지 않았고, 이듬해 경왕이 죽자 그 종소리가 듣기 좋다고 말하는 사람은 아무도 없었다.

중심성성衆心成城은 여러 사람이 일치단결하면 성처럼 견고해질 수 있다는 말로, 다수의 말은 큰 힘을 지닌다는 중구삭금衆口鑠金도 여기서 유래했다.

294 중원축록 中原逐鹿

중원의 사슴을 쫓다

中 가운데 **중** | **原** 근원, 들, 벌판 **원** | **逐** 쫓을 **축** | **鹿** 사슴 **록**

출전《사기史記》〈회음후열전편淮陰侯列傳篇〉

한 고조漢高祖 11년, 조趙나라 재상이었던 진희陳豨가 대代에서 난을 일으켰다. 이에 고조 유방이 직접 군사를 몰고 정벌에 나섰고, 이 틈을 노려 진희와 내통하던 회음후 한신韓信이 장안長安에서 군사를 일으키려고 했다. 하지만 이 계획은 사전에 발각되어 여후呂后와 소하蕭何에게 진압 당했다.

난을 평정하고 돌아온 유방이 여후에게 물었다.

"한신이 죽기 전에 무슨 말을 했소?"

"괴통蒯通의 말을 듣지 않은 것이 분하다고 했습니다."

괴통은 유방이 항우項羽와 천하를 다툴 때, 제나라의 옛 땅을 평정한 한신에게 독립을 권했던 책사였다.

얼마 후 유방 앞에 끌려 나온 괴통은 조금도 두려워하지 않고 말했다.

"그때 한신이 나의 말을 들었다면 오늘날 폐하의 힘으로도 어쩌지 못했을 것입니다."

유방은 화를 내며 괴통을 삶아 죽이려고 했다. 이에 괴통은 억울하다면서 큰 소리로 말했다.

"신은 삶겨 죽을 만한 죄를 짓지 않았습니다. 진秦의 기강이 무너지고 천하가 어지러워지자 각지의 영웅호걸들이 들고 일어났습니다. 진나라가 사슴[鹿:제위]을 잃음으로써 천하가 모두 이것을 쫓았습니다[逐]. 그 중 키가 크고 발 빠른 걸물傑物:고조 유방이 이것을 잡았습니다. 옛날 도척의 개가 요堯임금을 보고 짖은 것은 요가 나빠서가 아니라 개란 동물이 원래 주인이 아니면 짖기 때문입니다. 그 당시 신은 오직 한신만 알고 폐하를 몰랐기 때문에 짖었던 것입니다. 폐하처럼 군사를 일으켜 천하를 노린 자는 많았습니다. 모두 힘이 모자라 그 뜻을 이루지 못했을 뿐입니다. 그런데 천하가 평정된 지금 난세에 폐하와 마찬가지로 천하를 노렸다고 해서 삶아 죽이려는 것은 도리에 어긋나는 것입니다."

그 말에 한 고조 유방은 더 이상 할 말을 잊고 괴통을 그냥 놓아주었다.

중원축록中原逐鹿은 중원의 사슴을 쫓는다는 뜻으로, 제위를 두고 다툼을 비유하는 말이다.

295 증삼살인 曾參殺人

증삼이 사람을 죽이다

曾 일찍 **증** | 參 석 **삼** | 殺 죽일 **살** | 人 사람 **인**

출전《전국책戰國策》〈진책秦策〉

증자曾子가 노魯나라 비費에 있을 때의 일이다.

이곳 사람 중에 증자와 이름과 성이 같은 사람이 있었는데 하루는 그가 살인을 저질렀다. 그러자 사람들이 증자의 어머니에게 달려와 말했다.

"증삼이 사람을 죽였습니다."

그러나 증자의 어머니는 말했다.

"우리 아들이 사람을 죽일 리가 없습니다."

그러고는 태연히 베 짜는 일을 계속했다.

얼마 후, 또 한 사람이 뛰어와서 말했다.

"증삼이 사람을 죽였대요."

증자의 어머니는 이번에도 미동도 않고 계속 베를 짰다.

또 얼마의 시간이 지났을 때, 또 다른 어떤 사람이 헐떡이며 들어와서 말했다.

"증삼이 사람을 죽였어요!"

그 말에 증자 어머니는 몸을 떨면서 베틀의 북을 던지고 맨발로 마당을 뛰쳐나갔다. 아들에 대한 강한 신뢰에도 불구하고 세 사람이 그렇다고 말하자 그 어머니조차도 자기 아들을 믿기 힘든 지경이 된 것이다.

증삼살인曾參殺人은 증삼이 사람을 죽였다는 말로, 사실이 아님에도 불구하고 사실이라고 말하는 자가 많으면 진실이 되어버린다는 뜻이다. 세 사람이 입을 모으면 없는 호랑이도 만들어 낸다는 삼인성호三人成虎와 같은 말이다.

296 지난이퇴 知難而退

형세가 불리함을 알면 물러나야한다

知 알 **지** | 難 어려울 **난** | 而 말 이을 **이** | 退 물러날 **퇴**

출전《춘추좌씨전春秋左氏傳》

《춘추좌씨전春秋左氏傳》 선공宣公 12년조에는 '사정이 좋음을 보고 진격하고, 어렵다는 것을 알고는 물러난다는 것은 용병의 바른 원칙이다見可而進, 知難而退, 軍之善政也'라는 대목이 있다.

춘추시대 정鄭나라는 패권覇權을 겨루던 진晉과 초楚 사이에 위치해 있었는데, 정은 먼저 진에 의지했다. 그러자 초나라가 군사를 동원하여 정을 공격했다. 이에 정은 진나라에 구원을 요청했다. 하지만 멀리 있는 물로는 불을 끌 수 없듯이 진의 도움을 받을 수 없었으므로 정은 초나라에 항복할 수밖에 없었다.

진의 군대를 통솔하던 환자桓子는 정을 구원하는 것이 의미가 없다고 여겼고, 당시 초의 국력도 막강했기 때문에 진으로서도 승산이 없었다. 그래서 미련 없이 철군하려 했지만 지휘를 따르지 않던 부하들은 초군과 교전을 벌여 크게 패하고 말았다.

지난이퇴知難而退란 형세가 불리함을 알면 마땅히 물러나야한다는 뜻이다.

297 지란지교 芝蘭之交

지초와 난초의 향기처럼 향기롭고 맑은 사귐

芝 지초 **지** | 蘭 난초 **란** | 之 어조사 **지** | 交 사귈 **교**

출전《명심보감明心寶鑑》〈교우交友〉편

공자가 말했다.

"선한 사람과 함께 있으면 지초와 난초가 있는 방으로 들어가는 것과 같아서 오래되면 향기를 맡지 못하니, 그 향기에 동화되기 때문이다與善人居 如入芝蘭之室 久而不聞其香 卽與之化矣. 선하지 못한 사람과 함께 하면 마치 절인 생선가게에 들어간 것과 같아서 오래되면 그 악취를 맡지 못하니, 이 또한 그 냄새에 동화되기 때문이다. 붉은 주사를 가지고 있으면 붉어지고, 검은 옻을 가지고 있으면 검어지게 되니, 군자는 반드시 함께 있는 자를 삼가야 한다."

여기서 유래한 지란지교芝蘭之交는 공자의 말처럼 벗을 사귈 때는 지초와 난초처럼 향기롭고 맑은 사귐을 가져야 한다는 말이다.

벗과의 변치 않는 우정과 두터운 사귐을 일컫는 말은 많다. 관포지교管鮑之交·교칠지교膠漆之交·금란지계金蘭之契·막역지우莫逆之友·문경지교刎頸之交·백아절현伯牙絕絃:知音·수어지교水魚之交·죽마지우竹馬之友:竹馬故友 등이 모두 두터운 우정을 상징하는 고사성어다.

298

지록위마 指鹿爲馬

사슴을 가리켜 말이라 한다

指 가리킬 **지** | **鹿** 사슴 **록** | **爲** 할 **위** | **馬** 말 **마**

출전《사기史記》〈진시황본기秦始皇本紀〉

진시황이 죽자, 환관인 조고趙高는 거짓 조서를 꾸며 태자 부소扶蘇를 죽이고 어린 호해胡亥를 2세 황제를 삼았다. 호해는 어리석었기 때문에 허수아비 황제로는 제격이었다. 조고는 호해를 이용하여 경쟁자 이사李斯를 비롯한 많은 신하들을 죽이고 스스로 승상 지위에 올라 조정의 실권을 장악했다.

이때 조고趙高는 신하들이 자신을 따르지 않을 것이 두려웠다. 그래서 이들을 시험하기 위해 하루는 호해 황제에게 사슴 한 마리를 바치면서 말했다.

"폐하, 이것은 말입니다."

호해가 웃으며 말했다.

"승상께서 잘못 보셨소. 어찌 사슴더러 말이라 하오丞相誤邪 謂鹿爲馬?"

"아닙니다, 폐하. 이것은 틀림없는 말입니다."

조고가 이렇게 말하고 나서 좌우 신하들을 둘러보니, "그렇다"고 긍정하는 사람들이 많았고, "아니"라고 부정하는 사람도 있었다. 조고는 부정하는 사람들을 기억해 두었다가 나중에 죄를 덧씌워서 죽였다. 그러자 그 후로는 조고의 말에 반대하는 사람이 아무도 없었다.

지록위마指鹿爲馬는 윗사람을 농락하여 마음대로 권세를 휘두른다는 말로 인용되다가, 오늘날은 모순된 것을 끝까지 우겨서 남을 속인다는 뜻으로 쓰인다. 사실을 왜곡한다는 뜻에서 전도흑백顚倒黑白·전도시비顚倒是非와 비슷하고, 반대말은 시비분명是非分明이다.

299

지상병담 紙上兵談

종이 위에 펼치는 용병 이야기

紙 종이 **지** | 上 위 **상** | 兵 군사 **병** | 談 말씀 **담**

출전《사기史記》〈염파인상여열전廉頗藺相如列傳〉

전국시대 조趙나라에 조사趙奢와 염파廉頗 두 명장이 있어 진秦의 침공을 여러 차례 격퇴했다. 이에 진나라 대장 백기白起는 염파의 지략을 이기기 힘들다고 생각하고 조나라에 거짓 정보를 흘렸다. 이에 귀가 얇은 조왕은 염파 대신 조사의 아들 조괄趙括을 대장군으로 임명했다.

조괄은 어려서부터 아버지로부터 병법을 배웠지만 실전 경험은 전혀 없었다. 그래서 그의 부모는 아들이 장군이 되는 것도 반대했지만 왕은 끝내 그를 대장군으로 임명하여 전투에 내보냈다. 진의 백기는 이 기회를 놓치지 않고 조군을 유인하여 공격했고, 이 싸움에서 조괄은 화살을 맞아죽고 수십만 병사들이 항복했다가 모두 생매장 당했다.

지상병담紙上兵談은 종이 위에 펼치는 용병 이야기라는 뜻으로, 실현성이 없는 허황된 이론을 비유한 탁상공론卓上空論과 같은 말이다.

300 지피지기 知彼知己

상대를 알고 나를 알면 백 번 싸워도 위태롭지 않다

知 알 **지** | 彼 저 **피** | 知 알 **지** | 己 몸, 자기 **기**

출전《손자孫子》

전국시대 오吳나라 출신의 전략가 손무孫武가 지은 병법서兵法書《손자孫子》에서 유래했다. 전체 13편 가운데 제3편 〈모공謀攻〉편에는 적을 이기는 방법, 즉 여러 가지 승리의 묘책이 적혀 있다.

여기서 말하는 최선의 승리는 백 번 싸워 백 번 이기는 것百戰百勝이 아니라, 아군의 피해가 전혀 없게 싸우지 않고 승리하는 것이다. 그러기 위해서는 전략을 세워서 적군을 굴복시켜야 하는데 상대편에도 전략이 있음을 간과해서는 안 된다. 따라서 적군과 아군의 약점과 강점을 잘 비교 검토한 다음에 전투에 임할 것을 권하면서 다음과 같이 말하고 있다.

"적군을 알고 아군을 알면 백 번 싸워도 위태롭지 않다知彼知己者, 百戰不殆. 적군을 알지 못하고 아군을 알면 한 번은 이기고 한 번은 진다. 적군을 알지 못하고 아군도 알지 못하면 싸울 때마다 위태롭다."

여기서 유래한 지피지기知彼知己는 흔히 지피지기백전백승知彼知己百戰百勝, 지피지기백전불패知彼知己百戰不敗로 쓰인다. 어떤 경쟁이나 대결에서 자신의 능력을 과대평가하여 기고만장해서는 안 되고, 상대방의 전력에 대한 분석 없이 무턱대고 덤벼서는 안 된다는 말이다.

301 질석성양 叱石成羊

한 번 외침으로 돌을 양으로 만들다

叱 꾸짖을 **질** | **石** 돌 **석** | **成** 이룰 **성** | **羊** 양 **양**

출전《신선전神仙傳》〈열녀전烈女傳〉

옛날 황씨 성을 가진 형제가 있었는데 형은 황초기黃初起이고, 동생은 황초평黃初平이었다.

황초평의 나이 14세가 되던 해의 어느 날, 그날도 산에서 양을 먹이고 있는데 갑자기 한 도사가 나타났다. 도사는 초평을 금화산의 한 동굴로 데리고 갔고, 그를 제자로 삼으면서 신기한 재주를 가르쳐주었다.

한편, 양 치러간 동생이 오랫동안 돌아오지 않자 형 황기초가 사방으로 찾아 나섰다. 그리고 며칠 후 산꼭대기에 올라서야 동생을 발견했다. 초평이 동생에게 물어보았다.

"양들은 모두 어디 있느냐?"

황초평이 손으로 동쪽 산을 가리키며 저 위에 있다고 대답했다. 형이 급히 달려갔지만 그곳에는 양은 없고 하얀 바위 하나만 놓여 있었다.

"양이 어디 있단 말이냐!"

형의 원망하는 소리에 황초평도 곧 동쪽 산으로 갔다. 그리고 하얀 바위를 향해 소리쳤다.

"양들아, 일어나라!"

그러자 하얀 바위가 순식간에 수만 마리의 양떼로 변했다.

질석성양叱石成羊은 한 번의 외침으로 돌을 양으로 만든다는 말로, 신기한 기술이나 믿기 힘든 괴이한 현상을 비유한 것이다.

302 차래지식 嗟來之食

남을 업신여기며 베푸는 음식

嗟 탄식할 **차** | 來 올 **래** | 之 어조사 **지** | 食 먹을 **식**

출전《예기禮記》〈단궁편檀弓篇〉

제齊나라에 기근이 들자 먹을 것이 없었던 수많은 백성들이 짚단처럼 쓰러져 죽었다. 이때 금오라는 큰 부자는 이 기회에 널리 자신의 덕을 알리고자 길가에 음식을 늘어놓고 굶주린 행인들에게 나누어주었다.

이곳에 하루는 굶어서 얼굴에 잔뜩 부황浮黃이 든 사내가 찾아왔다. 그는 다 해진 짚신에 너덜너덜한 옷소매로 얼굴을 가리고 있었고, 지팡이에 의지한 몸은 당장이라도 쓰러질 것만 같았다.

금오가 왼손에 밥과 오른손에 마실 것을 들고 거만한 태도로 그에게 말했다.

"이리 와서 이걸 받아먹어라."

금오는 그 사내가 고마워서 기쁨의 눈물을 흘릴 것이라 생각했다. 그러나 사내는 기뻐하기는커녕, 오히려 굶주림을 잊은 듯 허리를 쭉 펴고 머리를 곧추세웠다. 그리고는 금오를 매섭게 쏘아보면서 자못 경멸어린 어조로 말했다.

"내가 이런 차래지식嗟來之食 따위를 먹으려 하지 않았기 때문에 지금과 같은 꼴이 되었다. 당장 가짜 선심은 때려치우라!"

하고는 그대로 가버렸다. 금오는 순간 큰 충격을 받았고, 황급히 그를 뒤쫓아 가 자신의 무례를 사과하면서 음식을 받아줄 것을 청했다. 그러나 사내는 결코 돌아보지 않았고 몇 걸음 더 걷다가 맥없이 푹 쓰러져 죽고 말았다.

차래지식嗟來之食은 푸대접으로 주는 음식, 남을 업신여기며 내놓는 음식을 말한다.

303 착금현주 捉襟見肘

옷깃을 여미면 팔꿈치가 드러난다

捉 잡을 **착** | 襟 옷깃 **금** | 見 드러날 **현** | 肘 팔꿈치 **주**

출전《장자莊子》〈양왕讓王〉편

공자의 제자 증자曾子가 위衛나라에 살고 있을 때 매우 가난했다. 입고 있는 솜옷은 다 낡아서 겉이 다 헤졌고, 먹지를 못해서 얼굴에는 부황기가 있었으며, 손발에는 못이 박혀 있었다. 곡식이 떨어져 밥을 짓지 못하는 일이 다반사였고, 옷을 지어 입은 지도 10년이 넘었다. 관을 쓰려고 하면 끈이 떨어져 있었고, 옷깃을 여미려고 하면 팔꿈치가 드러났으며, 신 뒤꿈치도 떨어져 있었다正冠而纓絕, 捉襟而肘見, 納履而踵決. 그러나 그가 해진 신을 끌면서《시경詩經》의〈상송商頌〉편을 노래하면 그 소리가 하늘과 땅에 가득차서 마치 금석金石으로 만든 악기에서 흘러나오는 것 같았다. 증자는 비록 가난했지만 천자도 그를 신하로 삼을 수 없었고 제후도 그를 벗으로 삼을 수 없었다.

착금현주捉襟見肘는 초라한 행색이나 제 몸에 맞는 옷도 못 차려입을 정도로 생활이 곤궁한 상태를 일컫는다.

304 채대고축 債臺高築

빚더미에 올라앉다

債 빚 **채** | 臺 대 **대** | 高 높을 **고** | 築 쌓을 **축**

출전《한서漢書》〈제후왕표서諸侯王表序〉

주周나라 마지막 군주 난왕王은 나약하고 무능한 사람이었다. 명목상 군주의 지위에 있었지만 각 제후들은 그의 통치를 전혀 따르지 않았다.

제후국 가운데 진秦의 세력이 날로 커지자 자주 이웃 제후국을 침공했고, 이에 초楚의 효열왕孝烈王은 각국과 연합하여 진에 대항했다. 그가 주나라 난왕에게 함께 진을 협공할 것을 요구했고, 이에 주난왕은 전쟁이 끝나면 이자까지 갚겠다고 설득하여 부호富豪들에게 돈을 빌려 출전出戰했다. 그러나 초와 연燕을 제외한 제후국들이 동조하지 않아서 결국 난왕의 정벌은 수포로 돌아갔다.

그러자 전비를 빌려준 부호들이 궁궐로 몰려와서 난왕에게 빚을 갚으라고 요구했다. 소란스런 소리가 궐 깊은 곳까지 들려왔고, 난왕은 결국 빚쟁이들을 피해 궁궐의 높은 누대에 숨어서 온종일 근심과 두려움으로 지냈다有逃債之臺. 주나라 사람들이 이 누대를 도채대逃債臺 또는 피채대避債臺라고 불렀다.

채대고축債臺高築은 갚을 수 없을 정도로 빚이 많은 상태를 일컫는 말로, 오늘날의 '빚더미에 올라앉다'와 같은 말이다.

305 채미지가 采薇之歌

고사리 캐는 절의지사의 노래

采 캘 채 | 薇 고사리 미 | 之 어조사 지 | 歌 노래 가

출전《사기史記》〈백이숙제열전편伯夷叔齊列傳篇〉

백이와 숙제는 고죽국孤竹國의 왕자였다. 고죽국 왕은 형제 가운데 아우인 숙제에게 자신의 뒤를 잇게 했으나, 숙제는 형인 백이에게 양위하려고 했다. 그러나 형 백이는 부친의 명을 따라야 한다며 고국을 떠났고 숙제도 그 뒤를 따라갔다.

백이와 숙제는 처음에 서백西伯의 창昌이 노인을 잘 봉양한다는 소문을 듣고 찾아가 의지하려고 했다. 그러나 그는 이미 죽어서 문왕文王에 추존되었고, 그 아들 무왕武王이 문왕의 위패를 수레에 싣고 은殷 주왕紂王을 정벌하러 가고 있었다. 백이와 숙제 형제가 그런 무왕의 말고삐를 잡고 간언하면서 말렸다.

"부왕 장례도 치르지 않은 채 전쟁을 일으키는 것을 효孝라 할 수 있는가? 신하된 자로서 군주를 시해하려는 것을 인仁이라고 할 수 있는가?"

그러나 무왕은 끝내 출정했고 얼마 후 은을 평정하여 주周의 천하를 이루었다. 이에 천하가 주 왕실을 종주로 삼았으나 백이와 숙제 형제는 그 백성이 되는 것을 치욕으로 여겼다. 그래서 자신들의 절개를 지키기 위해 주나라의 양식을 먹지 않았으며, 수양산首陽山에 들어가 고사리薇를 꺾어 배를 채웠다. 그들은 굶주려 죽기 전에 다음의 노래를 지었다.

저 서산에 올라 산중의 고사리나 캐자登彼西山兮 采其薇矣.
포악함으로 포악함을 바꾸면서도, 그 잘못을 알지 못한다.
신농神農과 우虞, 하夏의 시대는 가고 우리는 장차 어디로 돌아갈 것인가?

아! 이제는 죽음뿐이다. 쇠잔한 우리의 운명이여!

이들에 대해 공자는 이렇게 평가했다.

"백이와 숙제는 부정과 불의를 미워했지만 사람을 미워하지는 않았다. 또 지난 잘못을 생각하지 않았고 원망도 하지 않았다. 인을 구하여 인을 얻었거늘 무엇을 더 원망하랴?"

306

천고마비 天高馬肥

가을 하늘이 높고 말이 살찐다

天 하늘 **천** | 高 높을 **고** | 馬 말 **마** | 肥 살찔 **비**

출전 〈두심언杜審言의 시〉

천고마비天高馬肥의 원래 말은 '추고새마비秋高塞馬肥'로, 당나라 시인 두심언杜審言의 시에서 나왔다. 두심언은 참군參軍으로 북쪽에 가 있던 자기친구 소미도蘇味道가 하루빨리 돌아오기를 바라면서 다음의 시를 지었다.

구름은 깨끗한데 요사스런 별이 떨어지고
가을 하늘이 높으니 변방의 말이 살찌는구나秋高塞馬肥.
말안장에 의지하여 영웅의 칼을 움직이고
붓을 휘두르니 격문이 날아온다.

두심언은 진晉의 명장이자 학자였던 두예杜預의 자손으로, 대시인 두보杜甫의 조부다. 젊어서부터 문장을 떨쳐 소미도, 이교李嶠, 최융崔融과 함께 '문장사우文章四友'로 불렸다

이 시는 변방의 정경과 함께 당군의 빛나는 승전보를 전하는 내용이다. 추고새마비라는 구절은 당군의 승리를 가을날에 비유한 것으로써, '아주 좋은 가을 날'을 표현하는 말로 쓰였다.

반면에, 이 말은 북방 흉노족의 입장에서는 가장 활동하기 좋은 계절이라는 뜻이 된다. 그들은 해마다 가을에 변경 농경지대를 약탈하여 겨울 동안의 양식을 마련했으므로, 한족 백성들은 하늘이 높고 말이 살찌는 가을이 되면 언제 오랑캐가 쳐들어올지 몰라 전전긍긍했던 것이다.

307 천도시비 天道是非

하늘의 도는 과연 있는가

天 하늘 **천** | 道 길 **도** | 是 옳을 **시** | 非 아닐 **비**

출전《사기史記》〈열전편列傳篇〉

한 무제漢武帝 때, 사마천司馬遷은 흉노와 대적하다가 포로가 된 이릉을 비호했다. 이것이 무제의 비위를 건드려 억울하게 궁형宮刑을 당했다. 사마천은 정당한 일을 정당하게 주장하다 벌을 받은 자신의 처지와 비교하여《사기史記》〈열전편列傳篇〉〈백이숙제열전伯夷叔齊列傳〉에서 천도天道에 대해 다음과 같이 말했다.

"어떤 사람은 '천도는 공평무사하여 언제나 착한 사람의 편을 든다.'고 말한다. 그렇다면 백이·숙제 같은 사람을 착한 사람이라고 할 수 있는가? 그들은 인과 덕을 쌓고 청렴고결하게 살다 굶어죽었다. 그리고 공자는 70제자 중에 오직 안회顔回만이 학문을 좋아하는 사람이라고 추상推賞했다. 그러나 안회는 지독하게 가난하게 살며 술지게미나 쌀겨도 배불리 못 먹고 요절하고 말았다. 하늘은 착한 사람에게 보답한다 했거늘 대체 어찌된 셈인가? 도척은 어떤가? 날마다 죄 없는 사람을 죽이고 사람의 간을 회치는 등 도당을 모아 포악무도하게 천하를 어지럽혔지만 천수를 누렸다. 그는 대체 무슨 덕을 쌓았단 말인가? 근자에도 오직 악행만을 일삼는 자들의 대대손손 부귀가 이어진다. 이와는 반대로 정당한 땅을 골라서 딛고 꼭 해야 할 말만 하며 항상 정도를 걷고 시종 신중하고 정직하게 행동하면서도 오히려 화를 입는 경우가 헤아릴 수 없이 많다. 그러니 나는 여기서 진실로 의심할 수밖에 없다. 과연 천도란 있는 것인가, 없는 것인가?"

308 천리안 千里眼

천리 밖도 훤히 내다본다

千 일천 **천** | 里 마을 **리** | 眼 눈 **안**

출전《위서魏書》

북위北魏 때 양일楊逸은 29세 나이에 광주자사廣州刺史가 되었다. 이 무렵에 흉작에 심한 기근이 들고 아사자가 속출하자 양일은 곳간을 열어 사람들에게 양식을 배급하려고 했다. 그러나 관원들은 멋대로 창고倉庫를 열면 문책이 뒤따를 것이라고 반대했고 양일은 단호히 잘라 말했다.

"백성이 굶어죽는데 군주가 그냥 두고 볼 수 있는가? 벌이라면 내가 기꺼이 받겠다."

그리고는 창고를 열어 백성들에게 곡식을 나눠주고 나서 황제에게 이 사실을 보고했다. 그러자 조정에서는 이를 비난하는 의견도 있었지만, 황제는 마땅한 조치라며 칭찬했다.

양일은 진심으로 백성을 위하면서 혹시라도 백성을 탄압하는 관리가 있으면 엄중 문책했다. 그는 또 관원이나 병사가 출타할 때마다 식량을 가지고 가게 했다. 그래서 백성들이 음식을 대접하려고 하면 사양하면서 이렇게 말했다.

"수령께서 천리안千里眼이라 훤히 내다보십니다. 작은 것도 속일 수가 없지요."

그러나 그 후 양일은 정적들의 미움을 사 안타깝게 요절하고 말았다. 광주 사람들 모두가 슬퍼했고 고을 구석구석까지 그의 명복을 비는 제단이 설치되었다.

309

천의무봉 天衣無縫

선녀의 옷은 바느질 자국이 없다

天 하늘 **천** | 衣 옷 **의** | 無 없을 **무** | 縫 꿰맬 **봉**

출전《태평광기太平廣記》〈곽한郭翰〉전

하늘나라 직녀織女가 인간계 청년 곽한郭翰을 사랑하여 천제天帝의 허락을 얻어 밤이면 밤마다 지상으로 내려왔다. 그런데 칠석七夕이 되자 직녀가 오지 않았고, 4,5일이 지나서야 찾아왔다. 곽한은 직녀가 천상의 배필 견우와 시간을 보내느라 늦는 것이라고 생각했다.

"견우님과의 상봉은 즐거우셨나요?"

곽한이 묻는 말에 직녀가 웃으면서 대답했다.

"천상天上은 여기와는 다릅니다. 천상에서는 마음과 마음이 서로 통하는 것이 정교情交라 이곳의 정교와는 다르지요. 그러니 질투는 그만두십시오."

"그렇지만 오랫동안 발길을 끊으셨지 않습니까?"

"천상의 하룻밤은 이 세상의 5일에 해당해요."

직녀는 그날 곽한을 위해 천상의 요리를 가져왔는데, 모두 이 세상에서는 구경도 할 수 없는 것들이었다. 또 그녀의 옷을 살펴보니 어디에도 솔기라곤 찾아보기 힘들었다. 이를 이상히 여기고 물어보니 직녀가 말했다.

"천상의 옷은 바늘이나 실로 바느질하는 것이 아니랍니다."

이 말에서 선녀의 옷은 원단에 바느질 자국조차 없을 정도로 완벽하다는 의미에서, 어떤 작품이 사사로운 기교 없이 훌륭하게 만들어졌을 때, 또 아름답고 깨끗하게 행동하는 사람을 일컬어 천의무봉天衣無縫이라고 한다.

310 천재일우 千載一遇

천 년에 한 번 있을까 말까한 기회

千 일천 **천** | 載 해 **재** | 一 한 **일** | 遇 만날 **우**

출전《문선文選》

《문선文選》에 수록된 동진東晉의 문장가 원굉袁宏이 지은 〈삼국명신서찬三國名臣序贊〉에 나온 말이다. 이 글은《삼국지三國志》에도 실려 있는 위魏·촉蜀·오吳를 세운 20여 명의 신하들을 예찬하는 내용 가운데 다음과 같은 구절이 있다.

"만 년에 한 번 있는 기회는 이 세상의 공통된 법칙이며, 천 년에 한 번 오는 만남은 현군과 명신의 진귀한 해후다夫萬歲一期, 有生之通途, 千載一遇, 賢智之嘉會. 이와 같은 기회는 누구나 기뻐하지 않고서는 못 견디니, 기회를 잃으면 어찌 개탄하지 않을 수 있겠는가?"

현명한 군주와 뛰어난 신하의 만남은 그만큼 이루어지기 힘든 것임을 비유하여 천재일우千載一遇라고 했다. 좀처럼 만나기 힘든 매우 드문 기회를 뜻하는 말로 천재일시千載一時, 천재일회千載一會가 같은 말이다. 반대말로는 습관처럼 자주 봐서 신기함이 없다는 뜻의 사공견관司空見慣이 있다.

311 천학지어 泉涸之魚

마른 샘의 물고기, 극한의 어려움 속에서 서로 돕는 모습

泉 샘 **천** | 涸 물마를 **학** | 之 어조사 **지** | 魚 물고기 **어**

출전《장자莊子》〈대종사大宗師〉편

가뭄이 심했던 어느 날, 길을 가던 장자莊子는 우연히 물이 말라 바닥을 드러낸 샘을 보았다. 샘에서는 물고기가 등을 드러낸 채 허덕이고 있었다.

장자는 다음 날 다시 샘을 찾았다. 물고기는 배를 드러내고 있었다. 장자는 물이 완전히 마를 내일이면 물고기가 살지 못할 거라고 생각했다. 그런데 그 다음날 물이 완전히 마른 샘에서 물고기들은 거품을 품어 서로를 적시며相濡以沫 버티고 있었다.

천학지어泉涸之魚는 '마른 샘의 물고기'라는 뜻이고, 물고기들이 거품을 품어 서로를 적시며 버틴다는 상유이말은 극한의 어려움 속에서도 서로 돕고 살아가는 모습을 가리킨다.

312 철면피 鐵面皮

열 겹의 철판만큼이나 두꺼운 낯가죽

鐵 쇠 **철** | 面 낯 **면** | 皮 가죽 **피**

출전《북몽쇄언北夢瑣言》

왕광원王光遠은 학식과 재능이 뛰어나 진사進士 시험에도 합격했으나 더 크게 출세하려는 욕망이 강했다. 그래서 권세 있는 사람에게 줄을 대기 위해 이 사람 저 사람에게 아부하기를 계속했다.

한번은 어느 술자리에서 술 취한 고관이 그에게 말했다.

"내 자넬 때려주고 싶은데, 한번 맞아 보겠나?"

눈을 부라리며 어떻게든 아부꺼리만 찾고 있던 왕광원이 기다렸다는 듯이 대답했다.

"대인께서 주시는 매라면 얼마든지 맞고말굽쇼."

그날 사정없이 얻어맞은 왕광원은 조금도 화를 내지 않았다.

집으로 돌아오는 길에 그의 친구가 물어보았다.

"자넨 그런 수모를 당하고도 아무렇지도 않나?"

왕광원이 대답했다.

"높은 사람한테 잘 보여서 손해 볼 게 없잖나?"

이런 왕광원을 가리켜 당시 사람들은 "왕광원의 낯가죽은 열 겹의 철판만큼이나 두껍다."라고 말했다.

철면피鐵面皮란 너무 뻔뻔해서 일말의 부끄러움도 모르는 사람이다.

313 철저성침 鐵杵成針

쇠 절굿공이로 바늘을 만들다

鐵 쇠 **철** | 杵 공이 **저** | 成 이룰 **성** | 針 바늘 **침**

출전《잠확류서潛確類書》

당나라 시인 이백李白은 시선詩仙으로 불리며, 두보杜甫와 함께 중국 최고 시인으로 추앙된다.

이백은 어릴 적에 공부를 싫어하고 놀기만 좋아했다. 그러던 어느 날, 이백은 들에서 백발이 성성한 한 노파가 손에 커다란 쇠 절굿공이를 들고 열심히 돌에다 갈고 있는 모습을 보았다. 이상하게 여긴 이백이 물어보았다.

"할머니, 지금 뭘 하고 계세요?"

노파는 이백을 한번 쳐다보더니 대답했다.

"갈아서 바늘을 만들려고鐵杵成針."

이백은 깜짝 놀랐다.

"아니, 그렇게 굵은 쇠막대를 갈아서 언제 바늘을 만들어요?"

그러자 노파는 이백에게 아주 진지하게 말했다.

"이건 그렇게 어려운 일이 아니란다. 노력을 멈추지만 않으면 틀림없이 이 쇠막대를 갈아서 바늘을 만들 수 있을 게야."

이백이 곰곰히 생각해 보니 노파의 말은 조금도 틀리지 않았다. 어린 이백은 그 노파에게 정중히 예를 표하고 곧바로 집에 돌아와 열심히 학업에 몰두했다. 그래서 훗날에 누구에게나 추앙받는 대시인이 된 것이다.

314

청천백일 靑天白日

훌륭한 인물은 결국 드러난다

靑 푸를 **청** | 天 하늘 **천** | 白 흰 **백** | 日 날 **일**

출전《여최군서與崔群書》

당나라 중기 때 문인 한유韓愈가 최군崔群이라는 벗에게 보낸《여최군서與崔群書》에 나온 말이다. 한유는 이 글에서 양자강 남쪽 선성으로 부임한 젊은 친구에게 어서 돌아와 주기를 호소하고 있다.

"그대는 빼어난 인품으로 어떤 경우에도 즐거워하거나 근심하지 않소. 그러나 강남이라는 곳과 지금 그대가 맡고 있는 관직은 그대에게 어울리지 않소. 그대는 여러 내 친구들 가운데 가장 마음이 순수하고 맑아서 마치 반짝이는 해와 같소. 그대와 나의 우정은 더할 나위 없이 깊소. 그런데 당신을 의심하는 자들은 이렇게 말하고 있소. '훌륭한 사람일지는 모르지만 믿기 힘들다. 군자라도 좋은 감정과 나쁜 감정이 있는 법인데 모든 사람이 마음으로 복종한다니, 그렇게 훌륭한 사람이 과연 있을 수 있는가?' 이에 나는 그들에게 이렇게 말했소. 봉황과 지초芝草가 상서로운 조짐이라는 것은 누구나 다 아는 사실이며, 청천백일靑天白日이 맑고 밝다는 것은 천한 노비들조차도 알고 있다. 이것을 음식에 비유해서 말하자면, 멀리 있는 진미는 즐기는 자도 있고 그렇지 않은 자도 있지만 쌀, 수수, 회膾, 적炙을 싫어하는 사람이 있는가?"

여기서 한유가 청천백일을 언급한 것은 최군의 인품이 그만큼 뛰어나서 그처럼 훌륭한 인물은 누구든지 다 알아본다는 말이다. 즉, 푸른 하늘에 빛나는 태양의 맑고 밝음을 노비까지도 인정하듯이, 훌륭한 인물은 청천백일 하에 드러나 만인이 우러르게 된다고 말하고 있는 것이다.

315 청천벽력 靑天霹靂

푸른 하늘에 날벼락

靑 푸를 **청** | 天 하늘 **천** | 霹 벼락 **벽** | 靂 벼락 **력**

출전《검남시고劍南詩稿》

남송南宋 때 시인 육유陸游는 금金나라가 쳐들어오자 끝까지 대항하여 싸울 것을 주장한 항전주의자였다. 그는 65세 때 향리에 은거하면서 많은 시를 지었는데, 1만여 수首의 시를 남겨 중국 시 사상 최 다작 시인으로 꼽히며 당시풍唐詩風의 서정을 부흥시켰다.

청천벽력靑天霹靂이란 말은 그의《검남시고劍南詩稿》에 나온다. 다음은 오언절구五言絕句의 끝 구절이다.

> 방옹이 병으로 가을을 지내고 홀연히 일어나 취하여 글을 쓰니
> 정히 오래 움츠렸던 용과 같이 푸른 하늘에 벼락을 치네靑天飛霹靂.

방옹은 육유의 호號이고, 이 시의 시간적 배경은 가을이 끝나갈 무렵인 음력 9월이다. 늦가을까지 병마에 허덕인 육유는 어느 날 마침내 병을 이겨낸 것 같은 생각이 들어서 마치 술에 취하듯 흥겹게 붓을 놀리려했지만 여전히 몸이 말을 듣지 않는다는 것이 이 시의 분위기다. 용龍은 시인 자신을 비유하며, 그 기세는 하늘로 올라갈 때 치는 우레와 같다고 했다.

육유는 자신의 뛰어난 필치筆致를 가리켜 '푸른 하늘에 벽력을 날린 듯하다'고 표현했다. 청천벽력은 붓놀림의 웅혼함을 비유한 것이다. 이 말은 오늘날 '청천 하늘에 날벼락'처럼 '뜻밖의 큰 재난이나 변고'를 비유하는 말로 쓰인다.

316 청출어람 靑出於藍

푸른색은 쪽에서 나지만 쪽빛보다 푸르다

靑 푸를 **청** | 出 날 **출** | 於 어조사 **어** | 藍 쪽 **람**

출전《순자》〈권학편勸學篇〉

'학문을 그쳐서는 안 된다學不可以已. 푸른색은 쪽藍에서 취했지만 쪽빛보다 더 푸르고靑取之於藍而靑於藍, 얼음은 물이 이루었지만 물보다 더 차다氷水爲之而寒於水.'

《순자》〈권학편勸學篇〉에 나오는 이 말은 학문이란 끊임없이 계속되는 것이므로 중도에 그쳐서는 안 된다는 말이다. 푸른색이 쪽빛보다 푸르듯이, 얼음이 물보다 차듯이 면학을 계속하다보면 스승을 능가하는 제자도 나타날 수 있다. 제자가 스승보다 뛰어나다는 청출어람靑出於藍이 여기서 유래했고, 출람出藍이란 말도 여기서 비롯되었다. 원래는 청출어람 청어람靑出於藍 靑於藍이라고 해야 쪽빛보다 더 푸르다靑於藍는 뜻이 되지만 보통 줄여서 청출어람이라고 한다.

순자의 이 말을 잘 보여주는 사례가 있다.

북조北朝 북위北魏의 이밀李謐은 어려서 공번孔璠을 스승으로 삼아 학문에 매진했다. 이밀의 발전 속도가 매우 빨라서 몇 년이 지나자 스승의 학문을 능가하게 되었다. 이에 공번은 더 이상 가르칠 것이 없다고 생각하고 도리어 그를 스승으로 삼기를 청했다. 이에 친구들은 그의 용기를 높이 사고 또 훌륭한 제자를 두었다는 뜻에서 청출어람이라고 칭찬했다. 출람지재出藍之材, 출람지예出藍之譽라고도 하며, 우리 속담에도 '나중 난 뿔이 우뚝하다'는 말이 있다.

317 초요과시 招搖過市

이목을 끌기 위해 요란하게 저잣거리를 지나감

招 부를 **초** | **搖** 흔들릴 **요** | **過** 지날 **과** | **市** 저자 **시**

출전《사기史記》〈공자세가孔子世家〉편

공자가 위衛나라 거백옥의 집에 머물 때, 군주 영공靈公의 부인 남자南子가 사람을 보내 뵙기를 청했다. 공자는 처음에는 사양했지만, 그녀가 거듭 사람을 보내 요청하자 하는 수 없이 만나러 갔다. 남자는 휘장을 드리우고 공자를 만났는데 패옥佩玉 부딪치는 소리가 요란했다. 이런 행동은 예에 맞지 않는 것이었다.

공자가 돌아와서 불만을 표하는 제자 자로子路에게 말했다.

"나는 그녀를 만나고 싶지 않았으나, 기왕에 만났으니 예로써 대해 줘야겠다. 내가 잘못이라면 하늘이 나를 버릴 것이다."

위에 머문 지 한 달이 지났을 무렵 영공과 부인 남자가 함께 수레를 타고 행차했는데, 환관을 시위관으로 옆에 태우고 공자는 뒷수레에 태워 따라오게 하면서 요란스레 저잣거리를 지나갔다使孔子爲次乘, 招搖過市之.

이에 공자가 말했다.

"나는 덕德을 좋아하기를 색色을 좋아하는 것과 같이 하는 자를 일찍이 보지 못했다."

공자는 영공이 자신을 그렇게 대하는 것을 치욕으로 여기고 그 즉시 위를 떠나 조曹나라로 갔다.

이 고사에서 유래한 초요과시招搖過市는 허풍을 떨면서 자신을 드러내어 사람들의 주의를 끄는 것을 말한다.

318 촌철살인 寸鐵殺人

짤막한 경구로 사람의 마음을 크게 뒤흔듦

寸 마디 **촌** | 鐵 쇠 **철** | 殺 죽일 **살** | 人 사람 **인**

출전《학림옥로鶴林玉露》

남동南東의 나대경羅大經이 지은《학림옥로鶴林玉露》는 그가 찾아오는 손님들과 주고받은 흥미로운 말들을 기록한 것으로, 천·지·인으로 나누어진 전체 18권의 책이다.

그 중〈지부地部〉제 칠권第七卷 살인수단殺人手段이라는 제목에는 다음과 같이 씌어 있다.

종고선사宗杲禪師가 선禪에 대해서 말했다.

"비유하면 사람이 수레에 무기를 싣고 와서, 이것도 꺼내 써보고 저것도 써보는 것은 올바른 살인수단이 되지 못한다. 나는 오직 촌철이 있을 뿐, 그것으로 당장에라도 사람을 죽일 수 있다."

종고는 북송 때 임제종臨濟宗의 선승으로, 대해선사大慧禪師라 불렸다. 그가 여기서 말한 살인은 사람의 마음속을 점령한 속된 마음을 완전히 몰아내는 것이지 정말로 살생을 한다는 말은 아니다.

319 출기제승 出奇制勝

특출한 전략을 이용하여 승리하다

出 날 **출** | 奇 기이할 **기** | 制 마를 **제** | 勝 이길 **승**

출전《사기史記》〈전단田單열전〉

제齊나라 민왕湣王은 교만하고 향락에 빠져 나랏일을 돌보지 않았다. 이웃한 연燕이 악의樂毅를 대장 삼아 제를 공격했고, 다급해진 민왕은 전단이 지키는 거성莒城과 즉묵卽墨으로 몸을 피했다.

그 후 연나라에 혜왕惠王이 즉위하자, 전단은 첩자를 보내 악의와 혜왕을 이간질했다. 그 결과 연왕은 악의 대신 기겁騎劫을 보냈고, 포악한 기겁의 학대를 받은 연나라 군대는 사기가 크게 떨어졌다. 전단은 이 틈을 노려 반격을 개시했다. 그는 한밤중에 꼬리에 횃불을 단 소떼를 이용하여 연나라 군대를 크게 물리쳤다.

사마천은 손자孫子의 말을 인용하여 전단의 용병술을 다음과 같이 묘사했다.

"전쟁이란 정면으로 대치하여 싸우지만 유격遊擊인 기병奇兵을 활용하여 이기는 것이다. 전쟁을 잘하는 사람은 기병을 쓰는 방법이 무궁무진하다兵以正合, 以奇勝. 善之者, 出奇無窮."

출기제승出奇制勝이란 특출한 전략을 이용하여 승리한다는 말이다.

320 출호이반호이 出乎爾反乎爾

네게서 나온 것은 네게로 되돌아온다

出 날 **출** | 乎 어조사 **호** | 爾 너 **이** | 反 되돌릴 **반** | 乎 어조사 **호** | 爾 너 **이**

출전《맹자孟子》〈양혜왕梁惠王〉

전국시대 추鄒나라가 노魯나라와의 전쟁에서 패했다. 그런데 추 목공鄒穆公은 자신의 잘못을 반성하기는커녕 군사와 백성들이 결사적으로 싸우지 않아서 패했다면서 책임을 모두 그들에게 전가했다.

맹자를 만난 목공은 전쟁 중에 백성들이 보여준 비협조적인 태도에 대해 불평하면서 이렇게 말했다.

"우리 추가 노나라와 싸울 때 장군이 서른세 명이나 죽었는데, 백성들 중에는 죽은 사람이 한 명도 없습니다. 장군이 죽는 것을 구경만 한 자들을 다 처벌하자니 그 수가 너무 많고, 그냥 두자니 상관 죽는 것을 미운 놈 쳐다보듯 할 테니 이를 어쩌면 좋겠습니까?"

맹자가 말했다.

"흉년이나 재난이 든 해에 늙은이와 어린이는 굶어죽고 수천의 젊은이들이 살길을 찾아 흩어졌습니다. 그때 임금의 창고에는 곡식과 재물이 가득했습니다. 그런데도 백성을 구제할 대책을 세우지 않고 보고만 있었습니다. 이것은 윗사람의 직무태만이 아랫사람을 죽게 만든 것입니다."

그리고 증자曾子의 말을 인용하여 다음과 같이 일갈했다.

"일찍이 증자께서 말씀하시길, '경계하고 또 경계하라. 네게서 나간 것은 네게로 돌아온다出乎爾者 反乎爾者也'고 하셨습니다. 백성들은 이제야 자신들이 당했던 것을 되갚게 된 것입니다. 임금께서는 그들을 허물을 추궁하지 마십시오. 임금이 어진 정치를 베풀면 백성들은 저절로 윗사람을 존경할 것이고 그러면 상전을 위해 목숨이라도 바칠 것입니다."

맹자는 증자의 말을 인용하여 자기가 뿌린 씨는 자기가 거두는 것이 세상 이치임을 일깨우면서, 임금이 백성들의 불충을 탓하기 전에 먼저 어진 정치를 베풀어 백성들의 마음을 움직일 것을 충고했다.

출호이반호이出乎爾反乎爾는 자신한테서 나온 것이 자신에게로 되돌아온다는 뜻으로, 앙경화복이 모두 자기 자신으로부터 나온다는 말이다.

321 취모멱자 吹毛覓疵

털을 입으로 불어가며 흠을 찾아냄

吹 불 취 | 毛 털 모 | 覓 찾을 멱 | 疵 흠 자

출전《한비자韓非子》〈대체편大體篇〉

《한비자韓非子》〈대체편大體篇〉에는 다음과 같은 대목이 있다.

'현명한 군주는 지혜로써 마음을 더럽히지 않으며, 사리를 추구함으로써 몸을 더럽히지 않는다. 또한 법술에 의해 국가의 어지러움을 다스리고, 상벌로써 시비를 분별하며, 저울에 의해 물건의 경중輕重을 분명히 하고, 그리하여 하늘의 법칙에 역행하지 않으며, 사람의 본성을 상하게 하지도 않는다. 털을 불어가며 남의 작은 흠을 찾으려 하지 않고吹毛而求小疵, 때를 씻어 알기 힘든 상처를 찾으려하지도 않는다不洗垢而察難知.'

취모멱자吹毛覓疵는 털을 입으로 불어가며 작은 흉터를 찾아낸다는 말로, 취모구하吹毛求瑕 취모구자吹毛求疵라고도 한다. '털어서 먼지 안 날 사람이 없다'는 속담처럼, 없는 흠도 기어이 찾아내려는 야박한 행위를 일컫는다.

322 취이대지 取而代之

남의 지위나 직무를 빼앗아 대신함

取 가질 **취** | 而 말이을 **이** | 代 대신할 **대** | 之 갈 **지**

출전《사기史記》〈항우본기項羽本紀〉편

항우項羽의 집안은 대대로 초楚나라에서 벼슬을 하고 장수를 지냈다. 항우는 어릴 때 학문을 익혔으나 다 마치지 않았고, 검술 또한 다 끝내지 않았다. 이에 대해 숙부인 항량項梁이 불평하자 항우는 이렇게 대꾸했다.

"글은 자기 이름 정도로 쓰는 것으로 족하고, 검술은 한 명을 상대하는 것이어서 배울만한 것이 못됩니다. 저는 만인萬人을 대적하는 방법을 배우고 싶습니다."

그래서 항량이 항우에게 병법을 가르쳤는데, 항우는 크게 좋아하면서도 그 뜻만 대략 알고 나서는 마찬가지로 끝까지 배우려하지 않았다.

나중에 항량은 사람을 죽이고 항우와 함께 오중吳中에 숨어 살았다. 그때 진시황秦始皇은 6국을 통일하고 나서 위업을 과시하기 위해 전국을 순시하고 있었고, 그 행렬이 회계산會稽山을 유람하고 절강浙江으로 건너갔다. 이때 항우는 항량과 함께 황제의 행차를 구경하다가 무심코 이렇게 내뱉었다.

"내가 저 사람의 자리를 빼앗아 대신할 겁니다彼可取而代也."

그 말에 항량이 깜짝 놀라 항우의 입을 막으며 꾸짖었다.

"허튼 소리 말거라. 삼족이 멸하게 된다."

항량은 그러면서도 속으로는 항우가 범상치 않음을 깨달았다.

여기서 유래한 취이대지取而代之는 남의 지위나 직무를 빼앗아 자신이 대신하거나, 이를 일반화하여 어떤 특정 사물로 다른 사물을 대체하는 것을 말한다.

323 치인설몽 痴人說夢

바보에게 꿈 이야기를 해주다

癡 어리석을 **치** | **人** 사람 **인** | **說** 말씀 **설** | **夢** 꿈 **몽**

출전《냉재야화冷齋夜話》

남송南宋 때 석혜홍釋惠洪이 지은《냉재야화冷齋夜話》에는 다음과 같은 우화가 실려 있다.

당나라 때 서역西域의 고승 승가僧伽가 양자강과 회하 유역에 있는 지금의 안휘성安徽省 근처를 여행하고 있을 때의 일이다. 승가의 행동을 보고 어떤 사람이 이상히 여겨 "당신의 성이 무엇인가何姓?"라고 묻기에 승가는 "성은 하씨다姓何."라고 대답했다. 그가 또다시 "어느 나라 사람인가何國人?"라고 묻기에 "하국 사람이다何國人."라고 대답했다.

나중에 승가가 죽고 나서 당나라의 이옹李邕이 그를 위해 비문을 썼는데, 승가가 장난삼아 한 대답인 줄을 모르고 그의 전기에 '대사의 성은 하씨요, 하나라 사람이다'라고 썼다. 그는 승가가 농담으로 한 말을 진실로 받아들이는 어리석음을 범한 것이다. 이를 두고 석혜홍은 이옹의 어리석음에 대해《냉재야화》에서 이렇게 썼다.

"이것은 이른 바 어리석은 사람에게 꿈을 이야기한 것이다此正所謂對癡人說夢耳. 이옹은 결국 꿈을 참인 줄 믿고 말았으니 참으로 어리석은 사람이 아닐 수 없다."

치인설몽痴人說夢은 어리석은 사람을 상대로 꿈을 이야기해도 잘 통하지 않음을 말하며, 바보한테는 어떤 말도 소용없다는 뜻이다. 오늘날은 본뜻과는 달리 '바보가 종작없이 지껄인다.'는 뜻으로 쓰인다.

324

칠보성시 七步成詩

일곱 걸음에 시를 완성하다

七 일곱 칠 | 步 걸음 보 | 成 이룰 성 | 詩 시 시

출전《세설신어世說新語》〈문학文學편〉

《세설신어世說新語》〈문학文學편〉에는 위魏 문제文帝 조비曹丕와 그 동생 동아왕東阿王 조식曹植 간에 있었던 고사가 실려 있다.

문제는 아우인 동아왕에게 일곱 걸음을 떼는 사이에 시를 지으라고 하면서七步作詩, 그러지 못할 경우 국법으로 다스리겠노라 엄포했다. 이에 동아왕은 대답을 마치자마자 시 한 수를 지었다.

콩을 삶아 콩국을 끓이고 콩물을 짜서 즙을 만드네.
콩깍지는 솥 아래서 불에 타고 콩은 솥 안에서 눈물 짓네.
본시 같은 뿌리에서 생겨났건만 서로 지저댐이 어찌 이리도 급할까!

조식의 시는 형제간에 서로 다투는 것이 얼마나 잔인한 짓인지를 암시하는 내용이었다. 문제는 아우 조식의 이 시를 듣고 몹시 부끄러워했다.

조조曹操와 그의 장남인 조비, 셋째 아들 조식은 중국 문학에서 삼조三曹라 칭할 정도로 유명한 문장가들이었다. 그중에서도 특히 조식의 시재詩才가 탁월해서 조비는 천자天子가 되고나서도 조식을 질투하다가 그가 반역을 꾀하고 있다는 첩보를 받고 아우를 죽일 수도 용서할 수도 없어서 이런 시를 짓게 한 것이다.

칠보성시는 문재文才가 민첩함을 말하며, 칠보재七步才란 글재주가 탁월한 사람을 일컫는다.

325 침어낙안 沈魚落雁

물고기가 부끄러워 숨고 기러기가 넋을 잃고 바라보는 미인

沈 잠길 **침** | 魚 고기 **어** | 落 떨어질 **락** | 雁 기러기 **안**

출전《장자莊子》의 〈제물론齊物論〉

진 헌공晉獻公의 총희 여희麗姬가 어찌나 아름답던지 그 아름다움에 압도되어 '물고기는 물속 깊이 숨어버리고, 기러기는 넋을 잃고 바라보다가 대열에서 떨어졌다沈魚落雁'고 하며, 또 '환한 달은 구름 뒤로 모습을 감추고 꽃은 부끄러워 시들었다閉月羞花'라고 했다. 모두 여희의 미모를 극찬한 말이다.

《장자莊子》의 〈제물론齊物論〉에는 왕예王倪의 다음과 같은 말이 나온다.

"백성들은 소와 돼지고기를 먹고, 큰사슴과 사슴은 풀을 먹고, 지네는 뱀을 달게 여기고, 새나 까마귀는 쥐를 즐겨 먹는다. 이 네 가지는 모두 올바른 맛을 알고 있다. 원숭이는 편저라는 추한 원숭이를 암컷으로 좇고, 큰사슴은 사슴과 함께 교미하며, 미꾸라지는 물고기와 어울려 논다. 모장과 여희는 사람들이 아름답게 여긴다. 그들을 보면 물고기는 깊이 들어가고, 새는 그들을 보면 높이 날며, 큰사슴과 사슴은 그녀들을 보면 도망칠 것이다. 이 네 가지 중 누가 천하의 올바른 색色을 알겠는가? 내가 보건대 인의仁義의 끝과 옳고 그른 것의 한계가 뒤섞여 혼란스럽다. 내 어찌 능히 그 구별을 알랴!"

여기서 모장과 여희의 이야기가 나오고, '물고기는 그들을 보면 깊이 들어가고, 새는 그들을 보면 높이 난다'는 구절에서 침어낙안沈魚落雁이라는 말이 나왔다.

그런데 앞서는 침어낙안을 아름다운 여인의 고운 얼굴을 최대한 형용하는 말로 썼지만, 왕예의 말은 미인을 칭송하는 말이 아니다. 사람에게는 미인으로 보인다 해도 물고기와 새한테는 단지 두려운 존재일 뿐이라는 뜻으로 쓰였다.

326 탄관상경 彈冠相慶

벼슬을 서로 축하함

彈 탄알 **탄** | **冠** 갓 **관** | **相** 서로 **상** | **慶** 경사 **경**

출전《한서漢書》〈왕길전王吉傳〉

서한西漢 때 산동 출신 왕길王吉은 어려서부터 배우기를 좋아하고 품행이 단정했다. 그는 곧 장안長安으로 가서 선제宣帝 밑에서 주치고병主治庫兵이라는 관리가 되었다. 그러면서도 여전히 학업에 몰두해 밤늦도록 책을 읽었고, 그 아내는 매일 밤참으로 대추를 내놓곤 했다.

그런데 며칠 후, 왕길은 우연히 부인이 옆집 대추를 따고 있는 모습을 보았다. 옆집의 대추나무 가지가 자기 집안으로 뻗어 있었는데, 아내가 몰래 그 대추를 딴 것이다. 왕길은 몹시 화를 내며 그녀를 내쫓아버렸다. 이웃사람들이 말도 안 된다며 부인을 다시 데려오라고 했지만, 왕길은 옆집에서 대추를 모두 수확한 다음에야 데려오겠다고 했다. 사람들은 왕길의 이런 처신을 두고 칭송을 아끼지 않았고, 이 일은 노래로 만들어지기까지 했다.

"동쪽 집에 대추가 있으니 왕양王陽의 부인이 떠나고, 동쪽 집 대추가 수확되니 떠난 부인이 돌아왔다네."

왕길의 매서운 지조가 이와 같았다. 선제가 이 일을 알고 그를 간의대부諫議大夫로 임명했지만, 왕길은 그의 견해가 진부하다는 이유로 관직을 그만 두었다. 그에게는 공우라는 친한 고향 친구가 있었는데, 그 또한 왕길이 면직된 후 뒤따라 면직되었다.

후에 왕길은 한 소제昭帝와 원제元帝에게 몇 차례 글을 올려서, 황제들의 향락행위와 조정의 일에 대해 간언했다. 이 일로 그는 더욱 칭송과 존경을 받게 되었고 다시 큰 벼슬을 하게 되었다. 그러자 이 소식을 들은 공우는 자기한테도 승진의 기회가 왔다고 생각하고 모자의 먼지를 툭툭 털면서 벼슬에 나아갈 준비를 했다. 그러자 사람들은 그들을 이렇게 풍자했다.

"왕길이 벼슬을 하게 되니, 공우가 관의 먼지를 털면서 부임할 채비를 하네世稱'陽在位, 貢公彈冠'."

이것은 그들 두 친구의 정견이 같고 취사선택이 서로 같음을 의미한다.

탄관상경彈冠相慶은 벼슬하게 된 것을 서로 축하한다는 말이다.

327 탐뢰무예 貪賂無藝

뇌물을 탐함에 끝이 없음

貪 탐할 **탐** | 賂 뇌물 **뢰** | 無 없을 **무** | 藝 다할 **예**

출전《국어國語》〈진어晉語〉

춘추시대 진晉나라에 한기韓起라는 사람이 부친의 대를 이어 벼슬을 살았지만, 딱히 재산이 없어 다른 사람과 잘 교류하지 못했다. 그래서 숙향叔向이라는 현인이 그를 방문했을 때 한기는 이렇게 말했다.

"명색이 임금 아래에 있는 경卿인데도 재물이 많지 않습니다."

그러자 숙향은 그에게 대뜸 축하한다고 덕담을 건네면서 다음 고사를 들려주었다.

"옛날 난무자欒武子라는 사람이 경대부를 지낼 때, 겨우 1백 명의 하인에 2백 경頃의 땅만을 소유했으며 집안에는 조상들을 제사지낼 변변한 그릇조차 없었습니다. 그는 다만 선왕先王들의 법령과 덕행으로 일을 처리하여 백성들로부터 많은 존경을 받았습니다. 그런데 부친의 자리를 물려받은 그의 아들은 욕심이 끝이 없어서 많은 뇌물을 긁어모았습니다貪賂無藝. 그의 행동은 처벌받아 마땅했지만 그 아버지의 덕행으로 다행히 화를 면할 수 있었지요. 경께서는 난무자처럼 재산이 없으시니 덕정德政을 펼쳐 화를 면할 수 있고, 더욱이 탕진할 아들조차 없으니 제가 축하드린다고 한 것입니다."

탐뢰무예貪賂無藝는 탐욕무예貪欲無藝라고도 하며, 뇌물을 탐함에 있어 끝이 없음을 뜻한다.

328 태산압란 泰山壓卵

태산이 작은 달걀을 누르듯이

泰 클 **태** | 山 메 **산** | 壓 누를 **압** | 卵 알 **란**

출전《진서晉書》〈손혜전孫惠傳〉

진나라에 손혜라는 사람이 있었는데, 조부와 부친이 모두 삼국시대 오吳나라 관리를 지냈다. 당시의 진나라는 각 지역 황족들의 다툼으로 몹시 혼란할 때였다.

손혜는 제왕齊王 경의 책사로 있으면서 조왕趙王 윤倫을 토벌하는 일 등에 공을 세웠다. 그러나 제왕이 차츰 교만하고 분수에 맞지 않게 행동하는 데 실망한 나머지 병을 핑계로 떠났다. 그 후 은거하던 중에 동해왕東海王 월越이 하비에서 군사를 일으키자 남악일사南嶽逸士 진비秦秘라는 가명으로 편지를 써서 그를 칭송했다.

그대의 깃발이 한번 휘날리면 오악五岳이 무너지고, 그대의 입김 한번이면 강물이 거꾸로 흐르나니, 그대의 이러한 힘으로 역사의 흐름을 밀고 나아가 반역의 무리들을 토벌하고 정의를 바로 잡으소서. 이는 실로 맹수가 여우를 삼키고, 태산이 계란을 깔아뭉개고, 작은 불씨가 바람을 타고 너른 들을 태우는 것처럼泰山壓卵, 因風燎原 쉬운 일입니다.

이 글로 동해왕은 곧 손혜를 불러 기실참군記室參軍으로 삼았다.

태산압란泰山壓卵은 태산처럼 큰 산이 아주 조그만 달걀을 누르는 것과 마찬가지로 큰 세력으로 작은 세력을 누르는 일이 매우 용이함, 또는 약자에 대한 강자의 압도적인 우세 등을 비유하는 고사성어다. 배산압란排山壓卵이라고도 한다.

329 투필종융 投筆從戎

붓을 던지고 군에 입대함

投 던질 **투** | 筆 붓 **필** | 從 좇을 **종** | 戎 병장기 **융**

출전《후한서後漢書》〈반초전〉

반초는《한서漢書》를 편찬한 반고班固의 동생이다. 반초는 품은 뜻이 커서 사소한 일에는 개의치 않았으나 속으로 효심 깊고 근신한 인물이었다. 늘 근면하면서 힘든 노동을 하는 것도 부끄러워하지 않았다. 그는 또 언변이 뛰어났고 여러 서적을 두루 섭렵했다. 형 반고가 교서랑校書郎에 임명되어 어머니와 함께 낙양으로 이사했지만, 여전히 집안이 가난해서 반초가 관청에서 문서 베껴주는 일을 해서 모친을 봉양했다.

그런 반초가 어느 날 관청에서 문서를 베껴 쓰다가 문득 붓을 던져버리고 탄식했다.

"대장부로서 지략이 없다면 차라리 부개자傅介子와 장건張騫을 본받아 이역異域에서 공을 세워 봉후封侯의 자리를 구해야지 어찌 붓과 벼루 사이에서 청춘을 낭비한단 말인가?"

부개자와 장건은 서역西域에 출사하여 공을 세운 사람들이었다. 주위의 동료들이 그를 비웃자 반초는 "소인배가 어찌 장사壯士의 뜻을 알리오!"하고 일갈하고 그 일을 때려치웠다.

그 후 낙양을 떠나 서역으로 간 반초는 31년 동안이나 그곳에 머물면서 흉노 지배하에 있던 작은 국가들을 정복하는 등 한나라의 세력을 넓히는 데 큰공을 세웠다.

여기서 유래한 투필종융投筆從戎은 문인이나 학자가 학문을 포기하고 종군하는 것을 말하며, 기필종융棄筆從戎이라고도 한다.

330 파죽지세 破竹之勢

대나무를 쪼갤 때의 맹렬한 기세

破 깨뜨릴 **파** | 竹 대 **죽** | 之 의 **지** | 勢 기세 **세**

출전《진서晉書》〈두예전杜預傳〉

진晉나라 두예杜預가 무제武帝로부터 출병 명령을 받아 20만 대군을 이끌고 오吳나라를 쳐서 천하통일을 앞두고 있을 때의 일이다.

출병 이듬해인 음력 2월, 무창武昌을 점령한 두예는 휘하 장군들과 함께 오에 일격을 가할 마지막 작전회의를 열었다. 이때 한 장수가 말했다.

"강물이 범람할 시기가 닥쳐오고, 또 언제 전염병이 번질지 모르니 일단 후퇴했다가 겨울에 다시 공격하는 것이 어떨지요?"

그러나 두예는 단호한 어조로 말했다.

"지금 우리 군사들의 사기는 하늘을 찌를 듯이 드높다. 이것은 마치 대나무를 쪼갤 때의 맹렬한 기세破竹之勢와 같다. 대나무는 일단 쪼개지기만 하면 그 다음부턴 칼을 대기만 해도 저절로 쪼개지는 법이거늘 어찌 이 절호의 기회를 놓칠 수 있단 말인가."

두예는 곧바로 군사를 정비해서 오의 수도 건업建業으로 들이쳤고 말 그대로 파죽지세로 몰아쳐 단숨에 함락시켰다. 오왕 손호孫皓가 손을 뒤로 묶은 채 수레에 관을 싣고 항복해왔고, 진나라는 마침내 삼국을 통일하게 되었다.

파죽지세破竹之勢는 오늘날 일이 거침없이 잘 풀릴 때 사용되며 세여파죽勢如破竹, 영도이해迎刀而解와 같은 말이다.

331 필부지용 匹夫之勇

사려분별 없이 날뛰는 경솔한 용기

匹 필 **필** | 夫 지아비 **부** | 之 갈 **지** | 勇 날랠 **용**

출전《맹자孟子》〈양혜왕하梁惠王下〉편

맹자는 왕도정치를 실현하기 위해 각국을 돌며 유세遊說하기로 하고 먼저 양梁나라로 갔다. 그를 맞은 양 혜왕惠王은 이웃나라와 어떤 관계를 맺는 것이 좋은가 물었고, 맹자가 대답했다.

"대국은 소국을 받드는 겸허한 태도로 사귀지 않으면 안 됩니다. 이것은 인자仁者라야 실천할 수 있는 어려운 일이지만, 일찍이 은殷 탕왕蕩王과 주周 문왕文王이 이것을 행했습니다. 소小가 대大를 받는다는 것은 하늘의 이치라 할 수 있습니다. 무왕武王의 할아버지 대왕이 이것을 행했기 때문에 주周나라가 훗날 대국을 이룰 수 있었고, 월越나라 구천句踐도 숙적 오吳나라를 물리칠 수 있었습니다. 하늘을 즐기는 자는 천하를 보존할 수 있고, 하늘을 두려워하는 자는 나라를 보존할 수 있습니다."

말을 듣고 난 혜왕은 매우 훌륭한 도리라고 탄복했다. 하지만 한번 곰곰이 생각해 보니 양나라는 주변 어느 나라에 대해서나 받들기만 해야 할 형편이 아닌가?

혜왕이 말했다.

"나에게는 한 가지 단점이 있는데, 그것은 내가 용기를 좋아한다는 것이요."

이에 맹자는 혜왕에게 다음과 같이 충고했다.

"왕께서는 부디 작은 용기를 갖지 마십시오. 칼을 매만지고 눈을 부라리며 네가 감히 나를 당해내겠느냐? 하는 따위는 필부의 용으로此匹夫之勇 겨우 한 사람만을 대적할 따름입니다. 더 큰 용기를 지니십시오."

필부지용이란 사려분별 없이 혈기만 믿고 날뛰는 소인배들의 경솔한 용기를 말한다.

332 패입패출 悖入悖出

부정한 재물은 다시 빠져 나간다

悖 어그러질 **패** | **入** 들 **입** | **出** 날 **출**

출전《대학大學》

공자가 덕과 재물의 관계에 대해 언급한 대목이 있다.

"군자는 먼저 덕에 주의해야 한다. 덕이 있으면 그것에 따라 사람이 생기고, 사람이 있으면 그것에 따라 땅이 생기고, 땅이 있으면 그것에 따라 재물이 생긴다. 재물이 있으면 그것에 따라 용도가 생긴다. 덕이 근본이 되고 고 재물은 말단적인 것이다. 근본을 밖으로 돌리고 말단적인 것을 안으로 들이면 백성들이 서로 다투게 되고 서로 빼앗는 짓을 하게 된다. 그래서 말이 남에게 거슬리게 나가면 똑같이 자신에게 거슬리게 들어오고, 재물이 거슬리게 들어오면 똑같이 거슬리게 나가는 법이다貨悖而入者, 亦悖而出."

패悖는 도리나 사리를 벗어난다는 뜻이니, 패입패출悖入悖出이란 땀 흘리지 않고 부정한 방법으로 취득한 재물은 쌓이지 않고 다시 빠져나간다는 말이다. 부정하게 얻은 재물은 부정하게 나간다. 불의不義의 재물을 탐하다간 패가망신하는 법이다.

333

편장막급 鞭長莫及

채찍의 길이가 미치지 못함

鞭 채찍 **편** | 長 길 **장** | 莫 아닐 **막** | 及 미칠 **급**

출전《좌씨전》의〈선공宣公 15년〉조

춘추시대 초楚나라는 여러 제후국 가운데 강대국에 속했다. 초 장왕莊王이 신주申舟를 제齊에 사신으로 보냈는데, 제로 가려면 송宋나라 땅을 거쳐야만 했다. 이 무렵 사신이 다른 나라 땅을 지나려면 미리 알리고 양해를 구하는 것이 관례였지만, 장왕은 자국의 힘만 믿고 이 절차를 무시했다. 그러자 송나라는 이것이 자신들을 모욕하는 행위라 여기고 영토에 무단으로 진입한 신주를 붙잡아 죽여 버렸다.

이 소식을 접한 초장왕은 격노하여 곧 군대를 일으켜 송나라를 공격했으나 송의 저항이 완강하여 전쟁이 길어지게 되었다. 그러자 아무래도 군사력이 약한 송은 악영제樂嬰齊를 진晉에 보내 구원을 요청했다. 이에 진 경공景公이 구원을 보낼 뜻을 내비치자 대부 백종伯宗이 반대했다.

"옛말에 말채찍이 길기는 해도 말의 배에까지는 미치지 못한다고 했습니다古人有言曰, 雖鞭之長, 不及馬腹. 지금은 하늘이 초나라를 돕고 있으니 싸워서는 안 됩니다. 비록 우리 진이 강하다고는 해도 하늘을 거스를 수는 없지 않겠습니까."

결국 진나라는 대부 해양解揚을 송에 보내 말로만 위로했을 뿐, 구원병을 보내지는 않았다.

편장막급鞭長莫及은 돕고 싶지만 능력이 미치지 못하거나, 역량이 있더라도 모든 면을 주도면밀하게 고려할 때 대처하기 힘든 경우를 비유한 말이다.

334 평지풍파 平地風波

평평한 땅에 바람과 물결이 일다

平 평평할 **평** | 地 땅 **지** | 風 바람 **풍** | 波 물결 **파**

출전《악부시집樂府詩集》

당나라 중기 때 시인 유우석劉禹錫은 농민의 생활을 노래한《악부시집樂府詩集》〈죽지사竹枝詞〉에서 다음과 같이 노래했다.

구당은 시끄러이 열두 여울인데瞿塘嘈嘈十二灘,
사람들은 말한다네, 길이 예부터 어렵다고人言道路古來難.
길게 한하는 사람들의 마음은 물과 같지 않아서長恨人心不如水,
예사로이 평지에 파란을 일으킨다等閑平地起波瀾.

이 시는 그가 기주자사夔州刺史로 부임할 당시 백성들의 노래를 듣고 흥에 겨워 즉석에서 지은 시로, 여기서 구당瞿塘이란 양자강 상류에 위치한 삼협三峽 가운데 하나로, 예부터 물살이 험하기로 유명하다. 그런데 양자강의 이 빠른 여울보다도 더 한이 서린 사람의 마음은 평지에서도 파란을 일으켜 세상을 어지럽힌다. 즉, 물은 가파른 험지에서만 요동치지만, 사람들은 평지에서도 함부로 풍파를 일으켜 인생행로를 힘들게 한다고 노래한 것이다.

평지풍파平地風波의 원래 말은 평지기파란平地起波瀾으로 평평한 땅에 바람과 물결이 일어난다, 순조로운 일을 일부러 어렵게 만들거나 평온할 때 뜻밖의 분쟁이 일어남을 비유한 말이다.

335 폐침망식 廢寢忘食

잠을 못자고 끼니를 거를 정도로 몰두함

廢 폐할 **폐** | 寢 잠잘 **침** | 忘 잊을 **망** | 食 밥 **식**

출전《송사기사본말宋史記事本末》〈왕안석변법王安石變法〉

북송北宋 때 정치가이자 문인인 왕안석王安石은 신종神宗 때 두 차례나 재상을 역임했다. 당시 일부 귀족들이 많은 토지를 차지하고도 납세納稅를 거부하여 정부의 재정이 악화되자 왕안석이 변법變法을 실행했다. 그러나 완고한 무리들의 저항에 부딪혀서 두 차례나 재상 자리에서 물러나야 했다.

왕안석은 학문을 좋아해서 제자백가서를 즐겨 읽고, 여러 이론들을 진지하게 연구함으로써 형공신학荊公新學을 정립하여 변법의 이론으로 삼았다. 그는 강동에서 관직생활을 하면서 유명한 학자 주돈이周敦頤를 만났다. 그는 그와 함께 여러 사상 문제를 토론하며 밤을 지세우곤 했다. 그는 집에 돌아온 후에도 그 문제들을 몇 번이고 되짚어 생각하다가, 잠자는 일도 밥 먹는 일도 모두 잊어버리곤 했다安石退而精思, 至忘寢食.

폐침망식廢寢忘食이란 잠을 못자고 끼니를 거를 정도로 바쁘거나 학업에 몰두한다는 말이다.

336 포락지형 炮烙之刑

굽고 지지는 형벌, 가혹한 통치자가 백성을 괴롭힘

炮 통째로 구울 **포** | 烙 지질 **락** | 之 의 **지** | 刑 형벌 **형**

출전《사기史記》〈은본기殷本紀〉

고대 중국 하夏·상商·주周 3왕조 가운데 상나라 마지막 왕 주왕 때의 일이다. 주왕은 속국인 유소씨有蘇氏의 나라로부터 달기妲己라는 여자를 공물로 받았다. 그런데 그녀는 희대의 요녀이자 독부였다. 주왕은 원래 지용智勇을 겸비한 현군이었으나 그녀에게 마음을 빼앗긴 뒤로는 폭군음주暴君淫主로 치달았다. 그의 모든 행동은 달기의 환심을 사기 위한 것으로써 궁궐을 새로 짓고 주지육림酒池肉林 속에서 향락의 나날을 보냈다. 무거운 세금으로 백성들의 원성이 높아졌고 반기를 드는 제후들도 늘어만 갔다.

그러자 주왕은 새로운 형법을 제정해서 자신을 비방하거나 배신하는 사람들, 특히 실정에 대해 간언하는 충신들을 붙잡아다 모두 포락지형炮烙之刑에 처했다. 이 형벌은 구리 기둥에 기름을 발라 숯불 위에 걸쳐 놓고, 죄인으로 하여금 그 위를 맨발로 걸어가게 해서 발이 미끄러져 불속에 떨어지면 그대로 타죽게 하는 잔혹한 형벌이었다. 주왕과 달기는 사람이 산 채로 불에 타죽는 그 모습을 보고 박장대소하는 지옥도를 연출했다.

337 포류지자 蒲柳之姿

갯버들 같이 허약한 몸

蒲 갯버들 포 | 柳 버들 류 | 之 -의 지 | 姿 맵시 자

출전《세설신어世說新語》〈언어편言語篇〉

동진東晋 사람 고열顧悅은 인품이 훌륭하고 신의를 중히 여겼는데, 은호殷浩가 건무장군建武將軍으로 양주자사가 되었을 때 그를 차관으로 삼았다. 은호는 매사를 고열에게 맡겨 처리했고 고열은 신임에 감동하여 더욱 정무에 힘썼다. 그러자 너무 오랫동안 과로한 탓에 건강을 해쳐서 30대에 벌써 등이 굽고 머리에는 서리가 하얗게 내렸다.

하루는 간문제簡文帝인 사마욱司馬昱이 자기와 동년배이면서도 머리가 하얗게 센 고열을 보고 물었다.

"경은 어찌 벌써 머리가 희어졌는가?"

그러자 고열은 한껏 자세를 낮추면서 대답했다.

"갯버들은 가을이 오면 먼저 잎이 떨어지고, 소나무와 잣나무는 서리를 맞고 더욱 무성해지는 것과 같지요蒲柳之姿 望秋而落 松栢之質 凌霜猶茂."

그는 자신을 포류지자蒲柳之姿로, 간문제는 송백지질松栢之質로 비유하면서 왕의 건강한 모습에 신하인 자신이 먼저 시든다는 군신간의 예의까지 갖춘 멋진 대답을 한 것이다.

포류蒲柳란 물가에서 자라는 버들을 가리키며 수양水楊, 포양蒲楊이라고도 한다. 버들잎이 일찍 떨어지듯 일찍 늙거나 선천적으로 몸이 약한 사람을 비유한 말이다.

고열은 몸이 허약해서 허리가 굽고 머리가 일찍 희었지만 마음만은 송백같이 강직해서 부정을 탐하거나 권세에 아부하는 일은 없었다.

338 풍림화산 風林火山

바람처럼 빠르게, 숲처럼 고요하게, 불길처럼 맹렬하게, 산처럼 묵직하게

風 바람 풍 | 林 수풀 림 | 火 불 화 | 山 뫼 산

출전《손자》〈군쟁軍爭〉편

《손자》〈군쟁軍爭〉편은 전쟁에서 상대의 기선을 제압하고 승리하는 방법에 대해 논하고 있는데, 다음과 같은 내용이 있다.

병법은 적을 속이고, 이익에 따라 움직이며, 군사를 나누기도 하고 합치기도 함으로써 변화를 꾀한다. 그러므로 군사를 움직일 때는 질풍처럼 날래게 하고, 나아가지 않을 때는 숲처럼 고요하며, 적을 치고 빼앗을 때는 불길처럼 맹렬하게, 적의 공격에 맞서 방어할 때는 산처럼 묵직하게 움직이지 말아야 한다故其疾如風, 其徐如林, 侵掠如火, 不動如山. 은폐할 때는 별이 검은 구름에 가려져 보이지 않듯이 하고, 일단 군사를 움직일 때는 벼락 치듯이 신속하게 해야 한다. 우회해서 공격할 것인지 곧바로 직격할 것인지를 먼저 아는 자가 승리할 것이니, 이것이 군사를 거느리고 싸우는 방법이다.

풍림화산風林火山은 상황에 따라 군사를 적절하게 운용해야 승리할 수 있다는 말이다.

339 풍마우불상급 風馬牛不相及

바람난 말과 소도 떨어져 있으면 서로 미치지 못함

風 바람 풍 | 馬 말 마 | 牛 소 우 | 不 아닐 불 | 相 서로 상 | 及 미칠 급

출전《사기史記》〈제환공기齊桓公紀〉

제 환공齊桓公의 부인중에 채희蔡姬는 소국인 채蔡나라에서 바친 공녀였다.

하루는 환공이 채희와 함께 뱃놀이를 나갔는데, 그녀가 자란 곳은 물이 많은 고장이었기에 물이 두렵지 않았던 그녀는 환공을 놀려주려고 배를 심하게 흔들면서 재미있어 했다. 하지만 이 일로 화가 난 환공은 그녀를 채나라로 돌려보냈다. 그런데 채에서는 환국한 채희를 곧 다른 사람에게 개가시켰고, 환공은 이 일을 빌미로 채나라를 공격했다. 그리고 얼마 후 손쉽게 채나라 공략에 성공한 환공은 그 여세를 몰아 초楚나라 국경 인근의 소릉召陵까지 나아갔다. 그러자 이에 놀란 초나라 성왕成王은 급히 사신을 파견해 환공의 본심을 알아보려고 했다.

"임금은 북해에 있고 과인은 남해에 있으니, 바람난 말이나 소라할지라도 서로 미치지 못하오君處北海 寡人處南海 唯是風馬牛不相及也. 임금께서 내 땅으로 건너오리라고는 생각지도 못했소. 그런데 이게 무슨 까닭이오?"

이에 대해 관중管仲이 환공을 대신하여 말했다.

"우리는 초나라가 공물을 제때 바치지 않은 일과, 주 소왕周昭王이 한수에서 익사한 경위를 알아보고자 나온 것이다."

이에 초나라 성왕이 다시 굴완屈完을 특사로 보내 소릉에서 화평조약을 맺음으로써 양국의 충돌을 피할 수 있었고, 환공은 이로써 명실상부한 패자覇者의 반열에 오르게 되었다.

풍마우불상급風馬牛不相及은 오늘날 '전혀 상관이 없다'는 뜻으로 쓰인다.

340 하로동선 夏爐冬扇

여름의 화로와 겨울의 부채

夏 여름 **하** | 爐 화로 **로** | 冬 겨울 **동** | 扇 부채 **선**

출전《논형論衡》〈봉우편逢遇篇〉

왕충王充의《논형論衡》〈봉우편逢遇篇〉에 나오는 말이다.

"이로울 것 없는 재능을 바치고 도움이 되지 않는 의견을 내는 것은 여름에 화로를 바치고 겨울에 부채를 드리는 것과 같다作無益之能 納無補之說 獨如以夏進爐以冬奏扇 亦徒耳."

왕충은 후한後漢의 학자이자 사상가로, 독특한 자유주의적 철학으로 선비사상과 속된 신앙, 유교적 권위 등을 비판했다. 그는《논형》에서 학문이 높고 재능이 있음에도 연이 닿지 않아 불우한 처지에 있는 사람을 하로동선 취급하여 비난해서는 안 된다고 말했다.

군주와 신하가 서로 연이 닿지 않으면 진언을 해도 억울하게 죄를 뒤집어쓰기도 하고, 반대로 군주의 부덕을 눈감음으로써 복을 받는 수 있는 것이다. 비록 여름의 화로라고 해도 그것으로 젖은 것을 말릴 수 있고, 겨울의 부채라 해도 그것으로 불씨를 되살릴 수 있다. 물건은 사용하기에 따라 유용하기 마련이고 무용지물은 없다는 것이다. 즉, 군주의 마음속은 신하가 헤아릴 수 없는 것이기에 학문과 재능의 유무보다 군주의 취향에 따라 신하의 운명이 결정된다고 보았다.

하로동선夏爐冬扇은 동선하로冬扇夏爐라고도 하며, 오늘날은 철에 맞지 않는 물건이나 격에 어울리지 않는 물건을 비유하는 말로 쓰인다.

341 학철부어 涸轍鮒魚

수레바퀴 자국에 괸 물속의 붕어

涸 물마를 **학** | 轍 바퀴자국 **철** | 鮒 붕어 **부** | 魚 고기 **어**

출전《장자莊子》〈외물편外物篇〉

장자가 고을 부자 감하후監河侯에게 곡식을 꾸러갔는데 그는 이렇게 말했다.

"장차 내 봉읍封邑에서 사금을 받을 일이 있는데, 그걸 받아서 삼백 금쯤 꾸어주겠소."

장자가 화를 내며 말했다.

"어제 내가 이곳에 오는데 도중에 누가 부르는 것이었소. 돌아보니 수레바퀴 자국에 고인 물속에 붕어가 한 마리 있더이다. 내가 그 놈에게 물어보았지. '붕어야, 왜 그러느냐?' 그러자 그 붕어가 말하기를, '저는 동해의 파신波臣입니다. 어디서 한 말이나 한 되쯤 되는 물을 가져다가 절 살려 주실 수 없겠습니까?' 하였소. 그래서 내가 말하기를, '좋다. 내가 지금 남쪽 오吳나라와 월越나라로 가서 서강西江의 물을 터서 너를 맞아가게 하겠다. 그러면 되겠는가?' 물었소. 그러자 붕어가 화를 내며 정색을 하며 말하기를, '저는 당장 머물 물이 필요합니다. 단지 한 말이나 한 되쯤 되는 물만 있으면 살 수 있습니다. 그런데 당신은 그렇게 거창한 말씀만 하시니, 일찌감치 건어물乾魚物 가게로 가서 절 찾으십시오!' 하였소."

장자는 수레바퀴 자국에 고인 물속의 붕어와의 대화를 빌어서 뜬구름 잡는 이야기 말고 당장 궁핍한 환경을 개선할 것을 주장하고 있다. 학철부어는 극도의 곤경에 처한 상황을 비유한 말로 학철지부涸轍之鮒, 철부지급轍鮒之急, 고어학철枯魚涸轍이라고도 한다.

342 한단지보 邯鄲之步

한단의 걸음걸이, 분수를 모르고 남을 흉내냄

邯 땅 이름 **한** | 鄲 조나라 서울 **단** | 之 의 **지** | 步 걸을 **보**

출전《장자莊子》〈추수편秋水篇〉

공손룡公孫龍은 조趙나라의 사상가로 자신의 학문과 변론이 당대 최고라고 자부하고 있었다. 그러던 차에 장자莊子에 관한 이야기를 듣게 되었다. 그는 자신의 변론과 지혜를 장자와 견줘보려고 위魏 공자 위모魏牟에게 장자의 도道에 대해 알고 싶다고 말했다.

이에 장자의 선배였던 위모는 공손룡의 의중을 꿰뚫고는 긴 한숨을 내쉬고 하늘을 올려다보면서 "우물 안 개구리는 바깥세상을 모르고, 가느다란 대롱구멍으로 하늘을 보고 송곳을 땅에 꽂아 그 깊이를 재는 꼴"이라며 비웃었다. 그리고는 다음의 이야기를 들려주었다.

"자네는 저 수릉壽陵의 젊은이가 조趙나라 한단邯鄲에 가서 그곳의 걸음걸이를 배웠다는 이야기를 듣지 못했는가? 그는 한단의 걸음걸이를 제대로 배우기도 전에 본래의 걸음걸이마저 잊어버려서 엎드려 기어서 돌아갔다는 이야길세. 자네도 지금 장자에 이끌려서 여기서 머뭇거리다간 그것을 배우지도 못할뿐더러 자네의 본분마저 잃어버리고 말 걸세."

이 말을 들은 공손룡은 벌린 입도 다물지 못한 채 돌아가 버렸다.

한단지보邯鄲之步는 자기 본분을 잊고 함부로 남의 흉내를 내는 지각없는 사람들을 비판한 말로, 한단학보邯鄲學步와 같은 말이다.

343 할석분좌 割席分坐

돗자리를 잘라서 자리를 나누다

割 벨 **할** | 席 자리 **석** | 分 나눌 **분** | 坐 앉을 **좌**

출전《세설신어世說新語》〈덕행德行〉편

삼국시대 위魏나라에 관녕管寧과 화흠華歆이라는 사람이 있었다. 두 사람은 어려서부터 함께 공부한 친구였지만 성격은 크게 달랐다. 관영은 학문에 힘쓰면서 세속적인 욕심에는 관심이 없었지만 화흠은 언행이 가볍고 부귀영화를 흠모했다.

한번은 두 사람이 함께 채소밭에서 김을 매는데 땅 속에서 금 조각이 나왔다. 관영은 아무 일 없는 듯 호미질을 계속했지만 화흠은 그 금 조각을 들고 나가 다 써버렸다.

또 어느 날은 둘이 나란히 한 돗자리에 앉아 책을 읽고 있는데, 때마침 의관을 잘 차려입은 높은 관리가 수레를 타고 지나갔다. 관녕은 쳐다보지도 않고 독서에 몰두했지만 화흠은 곧 밖으로 나가 그 관리의 행차를 구경하고 돌아왔다. 그리고 관영에게 그 행차에 대해 이러쿵저러쿵 떠벌리며 부러운 기색을 감추지 않았다. 그러자 관녕은 화흠의 그런 태도를 두고 몹시 화를 냈다. 급기야 그는 칼을 꺼내더니 함께 깔고 있던 돗자리를 반으로 잘라 따로 앉으며, "자넨 이제 내 친구가 아닐세."라고 말했다寧割席分坐曰:子非吾友也.

나중에 화흠은 오吳나라 손책孫策의 휘하에 있다가 위魏의 조조曹操에게 귀순해 한나라를 찬탈하는 일을 도왔다. 하지만 관영은 위에서 내린 벼슬을 끝내 사양하고 나아가지 않았다.

할석분좌割席分坐는 친구 간에 서로 뜻이 달라 절교하는 것을 일컫는 말로, 할석단교割席斷交, 할석절교割席絕交라고도 한다.

344 함사사영 含沙射影

모래를 머금어 그림자를 쏘다

含 머금을 **함** | 沙 모래 **사** | 射 쏠 **사** | 影 그림자 **영**

출전《설문해자說文解字》·《수신기搜神記》

함사사영含沙射影은 '모래를 머금어 그림자를 쏜다'는 뜻으로, 몰래 남을 공격하거나 비방하여 해치는 일을 비유한 고사성어다. 역或이라는 전설상의 동물 이야기에서 유래했다.

동한東漢 때 허신許愼이 편찬한 설문해자說文解字에는 '역或의 모양은 자라같이 생겼는데 다리가 셋이고 입김을 쏘아 사람을 해친다'고 되어 있다.

진晉나라 때 간보干寶가 쓴《수신기搜神記》에 따르면, 역은 강물에 사는데 입에 모래를 머금고 있다가 사람에게 내뿜는다能含沙射人. 사람이 그 모래에 맞으면 근육이 마비되고 두통과 함께 열이 나는데 심하면 죽음에 이르기도 한다. 사람들이 역을 잡아 살펴보니 몸에서 모래와 돌이 나왔다고 한다.

함사사영은 암암리에 남을 공격하거나 비방하는 일을 비유하는 고사성어로, 떳떳치 못한 수단으로 남을 해치는 것을 경계한 말이다.

345 함흥차사 咸興差使

함흥에 간 사람이 소식이 없음

咸 다 **함** | 興 일어날 **흥** | 差 보낼 **차** | 使 사신 **사**

출전《축수편逐睡篇》

조선을 개창한 태조 이성계는 1398년 두 차례에 걸친 왕자의 난亂에 화가 나 왕위를 정종에게 물려주고 함흥으로 가버렸다.

형제들을 죽이고 왕위를 차지한 이방원은 선왕으로부터 왕위 계승의 정당성을 인정받길 원했다. 그래서 부친을 다시 한양으로 모셔오려고 함흥으로 여러 번 사신을 보냈지만 이성계는 그 사신들을 죽이거나 붙잡아 가두어 돌려보내지 않았다. 이로부터 한번 가면 깜깜무소식인 사람을 일컬어 함흥차사咸興差使라고 했다.

그러나 실제 역사 기록에는 함흥으로 보낸 차사 중에 희생된 사람은 박순朴淳과 송유松琉 두 사람뿐이고, 이들도 이성계가 죽인 것이 아니라 조사의가 이끄는 반란군에 죽임을 당했다고 한다.

함흥차사는 함흥에 가면 돌아오지 않은 사신, 즉 심부름을 간 사람이 소식이 끊기거나 좀처럼 회답이 돌아오지 않음을 비유하는 말이다. 비슷한 말로 일무소식一無消息, 종무소식終無消息이 있다.

346

합포주환 合浦珠還

합포에 진주가 돌아오다

合 합할 **합** | 浦 개 **포** | 珠 구슬 **주** | 還 돌아올 **환**

출전《후한서後漢書》〈순리열전循吏列傳〉

광서廣西지방의 합포合浦는 벼농사는 잘 안 되었지만 바다에서 진주가 많이 채취되었는데, 크고 둥근 데다 그 빛깔이 영롱해서 사람들은 합포주合浦珠라 부르며 귀하게 여겼다. 그래서 한漢나라 때 합포의 백성들은 모두 진주조개를 채취하여 생활했으나, 합포에 부임한 탐관오리가 이 진주를 수탈하느라 주민들을 괴롭히는 일을 서슴지 않았다. 주민들은 진주를 캐봐야 빼앗길 것이 뻔했기에 캐지 않게 되었고 그래서 채취량은 점점 줄어들었다. 양식을 바꿀 진주가 없자 주민들은 굶주림에 허덕였고 굶어 죽는 이도 적지 않았다. 진주조개는 자취를 감추고 상인들의 내왕도 뚝 끊겨버렸다. 사람들은 "진주조개가 합포에 살기 싫어서 모두 월남 땅으로 달아났다."고 한탄했다.

이런 상황에서 맹상孟嘗이 합포의 태수로 부임했다. 맹상은 이전 탐관들이 자행했던 병폐를 개혁하고, 백성들이 고통 받는 원인을 찾아내어 개선하는데 힘썼다. 그러자 채 일 년도 안 되어 가버렸던 진주가 다시 돌아와曾未踰歲, 去珠復還 백성들이 다시 생업에 종사하고 진주가 유통되어 생활이 윤택해졌다.

합포주환合浦珠還은 물건이 원래 주인에게 돌아오거나 떠난 사람이 다시 돌아오는 경우, 잃어버린 진귀한 물건을 다시 찾은 경우 등을 비유하는 고사성어로 사용된다.

347 해의추식 解衣推食

옷을 벗어 주고 밥을 나눠주다

解 풀 해 | 衣 옷 의 | 推 밀 추 | 食 먹을 식

출전《사기史記》〈회음후열전淮陰侯列傳〉

한신韓信은 처음에 항우項羽 수하에 있었으나 중용되지 않자 한漢나라 유방劉邦에게 귀순했다. 유방은 한신을 대장군으로 중용했다.

한신이 유방의 명령으로 제齊를 공격하자, 제는 초나라에 원병을 요청했다. 이에 항우는 부하 용저龍且에게 20만 대군을 이끌고 제나라를 돕게 했다. 그러나 한신은 이를 크게 무찌르고 그 공으로 제왕齊王에 봉해졌다.

한신의 위력에 두려움을 느낀 항우는 무섭武涉이라는 세객說客을 보내 한신으로 하여금 한에서 독립하여 초·한·제의 세 나라로 천하를 삼분하자고 제안했다. 이에 한신은 다음과 같이 말하면서 단칼에 거절했다.

"내가 항왕을 섬길 때는 낭중郎中에 불과하여 창을 들고 문지기 노릇을 했소. 나는 나를 받아주지 않았기에 초를 버리고 한에 귀순한 것이오. 한왕은 내게 장군의 인수印綬를 내리고 수만의 병력을 맡겼으며, 자기 옷을 벗어 입혀주고 자기 밥을 나눠주었으며解衣衣我 推食食我, 내 계책을 받아주었으므로 오늘날의 내가 있는 것이오. 무릇 남이 나를 깊이 신뢰하는데 내가 그를 배신하는 것은 옳지 못한 일이니 설령 죽더라도 뜻을 바꿀 수는 없소."

이 고사에서 유래한 해의추식解衣推食은 자기가 입고 있던 옷을 벗어 주고 자기 밥을 나눠줄 정도로 각별하게 대함을 비유한 말이다. 추식해의推食解衣라고도 한다.

348

행림춘만 杏林春滿

살구나무숲에 봄볕이 가득하다

杏 살구나무 **행** | 林 수풀 **림** | 春 봄 **춘** | 滿 찰 **만**

출전《신선전神仙傳》〈동봉董奉편〉

삼국시대, 오吳나라에 동봉董奉이라는 명의名醫가 있었는데 그의 집은 늘 찾아오는 환자들로 붐볐다. 그런데 동봉은 다른 의원과는 달리 환자들로부터 치료비 대신에 완치된 후에 몇 그루의 살구나무를 심게 했다. 이를테면 중병을 앓는 사람은 다섯 그루, 경증인 사람은 한 그루를 심게 한 것이다. 그러자 몇 년 후에는 그의 집 주변이 수십만 그루의 살구나무로 가득 찼고, 사람들은 그 살구나무숲을 동선행림董仙杏林이라 불렀다.

살구가 익을 때면 사람들이 살구를 사러왔는데, 동봉은 살구를 쌀 한 됫박과 바꾸었다. 때로는 슬쩍 반 그릇의 쌀을 내놓고 한 그릇의 살구를 따가는 이들도 있었다. 하지만 이럴 때면 어디선가 호랑이 한 마리가 나타나서 이들을 쫓아냈기 때문에, 나중에는 누구도 양심을 속이려 하지 않았다. 동봉은 이렇게 해서 모은 쌀로 인근의 가난한 사람들을 돌보았고, 어느 날 홀연히 신선이 되어 승천했다.

행림춘만杏林春滿은 의술이 고명高明함을 상징하는 말이다.

349 행불유경 行不由徑

지름길을 취하지 않고 큰길로 나아간다

行 다닐 **행** | 不 아닐 **불** | 由 말미암을 **유** | 徑 지름길 **경**

출전《논어論語》〈옹야편雍也篇〉

공자의 제자 가운데 자유子遊는 공문십철孔門十哲에 속하며, 자하子夏와 함께 문학에 뛰어난 재능을 보였다.

그가 노魯나라에서 무성武城의 재상으로 임명되었을 때의 일이다. 공자는 아끼는 제자가 벼슬을 하게 되자 일하는 모습도 보고 축하도 할 겸해서 무성으로 찾아갔다. 그리고 자유에게 물어보았다.

"일을 잘하려면 좋은 협력자가 필요하다. 네게도 훌륭한 인물이 필요할 텐데 쓸 만한 인물이 있느냐?"

이에 자유가 대답했다.

"예, 스승님. 안심하십시오. 성은 담대澹臺, 이름은 멸명滅明이라는 사람이 있습니다. 이 사람이야말로 훌륭한 인재로 늘 천하의 대도를 갈 뿐 결코 지름길이나 뒤안길을 가지 않습니다行不由徑. 정말 존경할 만한 인물입니다."

그 말을 들은 공자는 자기 일처럼 기뻐하면서, 훌륭한 인재를 소중히 대하라며 제자를 격려했다.

행불유경은 군자는 큰길을 택해서 간다는 군자대로행君子大路行과 상통하는 말이다.

350

행재낙화 幸災樂禍

남의 불행을 다행으로 여기고 즐거워함

幸 다행 **행** | 災 재앙 **재** | 樂 즐거울 **락** | 禍 재앙 **화**

출전《좌씨전左氏傳》

진晉나라 혜공惠公은 큰 흉년이 들자 진秦나라로부터 식량을 사들여 고비를 넘겼다. 그리고 이듬해에는 거꾸로 진秦에 흉년이 들어 진晉으로부터 식량을 사들이려고 했으나 진은 지난해의 은혜를 잊은 듯 응하지 않았다. 이에 대부大夫 경정은 혜공에게 식량을 내주어야 한다면서 이렇게 충고했다.

"은혜를 저버리면 외로운 처지가 될 것이고, 남의 재앙을 다행으로 여기는 것은 어질지 못한 일입니다背施無親, 幸災不仁."

그러나 혜공은 그 충고를 귀담아 듣지 않았다. 얼마 후, 분노한 진秦은 결국 군사를 일으켜 진晉을 공격했고 혜공은 포로의 신세가 되고 말았다.

이 이야기는《좌씨전左氏傳》〈희공僖公 14년〉조에 실려 있으며, 여기서 행재幸災가 유래했다.

주周나라 장왕莊王의 애첩이 아들을 낳으니 자퇴라 했다. 얼마 후 장왕이 죽고 희왕을 거쳐 혜왕惠王이 즉위했다. 그리고 얼마 후에는 다시 대신들이 반란을 일으켜 혜왕을 축출하고 자퇴를 꼭두각시 왕으로 내세웠다. 음탕하고 아둔한 자퇴는 매일 밤 대신들과 음주가무에 허우적거렸다.

이 소식을 듣고 정鄭나라 려왕이 괵숙에게 말했다.

"때를 가리지 않고 슬픔과 즐거움을 나타내면 반드시 재앙이 뒤따른다고 들었다. 지금 자퇴가 가무를 즐기느라 피곤한 줄 모르는 것은 재앙을 즐기는 짓이다哀樂失時, 殃咎必至. 今王子頹歌舞不倦, 樂禍也."

이 고사는《좌씨전》〈장공莊公20년〉조에 실려 있고, 여기서 낙화樂禍가 유래했다. 행재낙화幸災樂禍는 경정의 고사에서 유래한 행재와 자퇴의 고사에서 유래된 낙화가 합쳐진 말이다. 남의 불행을 함께 슬퍼하기는커녕 오히려 즐거워하는 그릇된 행위를 비판하는 고사성어로, 낙화행재樂禍幸災라고도 한다.

351

호가호위 狐假虎威

여우 뒤에 호랑이가 있다

狐 여우 호 | 假 빌릴 가 | 虎 범 호 | 威 위엄 위

출전《전국책戰國策》〈초책楚策〉

초楚나라에 소해휼昭奚恤이라는 재상이 있었는데 북방의 나라들은 이 소해휼을 몹시 경계했다. 그가 초나라의 실권을 장악하고 있었기 때문이다. 그런데 초나라 선왕宣王은 북방의 강대국들이 왜 소해휼을 두려워하는지가 의아했다. 그래서 신하 강을江乙을 불러 그 까닭을 물으니 강을은 여우와 호랑이의 고사를 들려주었다.

"호랑이가 여우 한 마리를 붙잡았습니다. 그러자 잡아먹히게 된 여우가 말했습니다. '잠깐! 난 이번에 천제로부터 백수의 왕으로 임명되었네. 만약 날 잡아먹으면 천제의 명을 어긴 것이 되니 천벌을 받을 것이네. 내 말이 거짓이라 생각되거든 한번 날 따라와 보게. 어떤 놈이든 날 보면 두려워서 벌벌 떨 테니까.' 여우의 말을 듣고 호랑이가 따라가 보니 과연 만나는 짐승마다 모두 달아나는 것이었습니다. 사실 짐승들은 여우 뒤에 있는 호랑이를 보고 달아난 것이지만, 호랑이는 이를 깨닫지 못했지요. 북방의 제후국들이 소해휼을 두려워하는 것은 이와 같습니다. 소해휼을 겁내는 것이 아니라 그 배후에 있는 초나라의 군세를 두려워하는 것입니다."

호가호위狐假虎威는 여우가 호랑이의 위세를 빌려 호기豪氣를 부린다는 말로, 실력도 없으면서 다른 사람의 권세나 배경을 빌어 위세를 부린다는 뜻이다.

352 호구여생 虎口餘生

죽을 고비를 넘기고 살아 돌아옴

虎 호랑이 **호** | 口 입 **구** | 餘 남을 **여** | 生 날 **생**

출전《송사宋史》〈효의열전孝義列傳〉

호주湖州 무강武康 사람 주태朱泰는 가난해서 나무를 해다 팔아 노모를 봉양했다. 그리고 수시로 수십 리 떨어진 곳까지 가서 맛있는 음식을 사다가 어머니께 드렸다. 그날도 주태는 해가 뜨기도 전에 산으로 들어가서 날이 밝기를 기다리고 쉬고 있었다. 그런데 어디선가 호랑이 한 마리가 나타나 덥썩 주태를 물고 갔다. 주태는 잠시 정신이 아득했지만, 호랑이가 얼마쯤 갔을 때 가까스로 정신을 차렸다. 그는 호랑이에게 이렇게 소리쳤다.

"못된 놈, 네가 날 잡아먹으면 내 어머니는 누굴 의지하란 말이냐?"

그러자 호랑이가 갑자기 그를 땅에 내려놓고 뒤 한번 돌아보지 않은 채 가버렸는데, 그 모습이 마치 사람에게 쫓기는 것 같았다.

부상을 당한 주태는 엉금엉금 기어서 간신히 집에 돌아왔는데, 사연을 듣고 그의 효심에 감동한 마을 사람들은 저마다 돈과 비단을 내어주었다. 그 후 사람들은 호랑이한테 물려갔다가 살아났다는 뜻에서 주태를 '주호잔朱虎殘'이라 불렀다.

호구여생虎口餘生은 호구잔생虎口殘生이라고도 하는데, 호랑이한테 물려갔다가 살아온 경우와 마찬가지로, 죽을 고비를 넘기고 살아남은 것을 비유하는 말이다.

353 호랑지국 虎狼之國

호랑이와 이리의 나라, 포악한 강대국

虎 호랑이 **호** | 狼 이리 **랑** | 之 어조사 **지** | 國 나라 **국**

출전《사기史記》〈굴원열전〉

전국시대는 진을 비롯한 제齊·초楚·연燕 등 7국이 패권을 놓고 서로 대립했는데, 그 중 진나라는 최강국으로써 나머지 6국을 위협했다. 초楚나라는 여러 차례 진에 기만당하고 패했다. 이에 당시 초 회왕懷王의 대신大臣으로 있던 굴원屈原은 제齊와 연합하여 진에 대항하자고 주장했다. 그러나 회왕은 이 말을 듣지 않고 오히려 진나라 장의張儀의 꼬임에 넘어갔다. 화가 난 회왕은 곧 진을 공격했지만 오히려 크게 패하고 말았다. 이듬해 장의가 다시 초를 방문하여 신하와 총비寵妃를 매수하고 초왕을 설득하여 진과 형제의 관계를 맺었다.

얼마 후, 진 소왕昭王은 거짓으로 초나라에 통혼通婚을 청하면서 회왕에게 만나자고 제안했다. 회왕이 이를 곧이 듣고 진으로 가려할 때 굴원이 만류하고 나섰다.

"진은 호랑이와 이리 같은 나라여서 믿을 수 없으니 가지 않는 것이 좋겠습니다秦虎狼之國, 不可信, 不如毋行."

그러나 회왕은 이를 무시하고 진나라로 갔다가 억류당해 그곳에서 생을 마감했다.

같은 시기에 소진蘇秦은 6국을 순회하며 다 같이 힘을 합쳐 진에 대항해야 한다는 합종책合從策을 주장했다. 초나라에 간 그는 "진은 호랑이나 이리와 같은 사나운 나라로서 천하를 집어삼키려는 야심을 품고 있으므로 천하의 원수입니다夫秦虎狼之國也, 有呑天下之心, 秦天下之仇讐也." 하면서 위왕威王을 설득했다.

호랑지국虎狼之國은 호랑이와 이리의 나라라는 뜻으로, 무력으로 다른 나라를 괴롭히는 포학한 강대국을 비유하는 말이다.

354

호의불결 狐疑不決

여우는 의심이 많아 결단을 내리지 못함

狐 여우 **호** | 疑 의심할 **의** | 不 아닐 **불** | 決 결단할 **결**

출전《술정기述征記》

황하黃河의 두 나루터인 맹진盟津과 하진河津은 겨울에 강이 얼면 몇 장丈 두께로 얼음이 꽁꽁 얼어서 무거운 수레도 안전하게 지나갈 수 있었다. 그러나 얼음이 처음 얼기 시작할 때는 선불리 건너기가 두려웠다. 사람들은 이때 여우를 먼저 건너가게 했다. 여우는 귀가 밝아서 얼음 밑에서 물소리가 나면 가다말고 되돌아왔기 때문이다. 여우가 무사히 강을 다 건너가면 사람들이 비로소 안심하고 수레를 출발시켰다.

초楚나라의 굴원屈原은 〈이소離騷〉에서, '머뭇거리며 여우처럼 의심하는 내 마음이여, 스스로 가고 싶어도 갈 수가 없네心猶豫而狐疑兮, 欲自適而不可'라고 읊었다. 호의狐疑란 여우가 본래 귀가 밝고 의심이 많은 동물인 데서 비롯된 말이다.

《후한서後漢書》〈유표전劉表傳〉에도 비슷한 문장이 나온다.

'조조曹操와 대치한 원소袁紹가 유표에게 도움을 청하자, 유표는 여우처럼 의심하여 결단을 내리지 못하고 한숭韓嵩을 조조에게 보내 허실을 살피도록 했다表狐疑不斷, 乃遣嵩詣操, 觀望虛實.'

호의불결狐疑不決은 의심이 많아서 일을 결행하지 못하는 것을 비유한 말로, 호의미결狐疑未決이라고도 한다.

355

호접지몽 胡蝶之夢

나비가 된 꿈, 물아일체의 경지

胡 오랑캐 **호** ı 蝶 나비 **접** ı 之 의 **지** ı 夢 꿈 **몽**

출전《장자莊子》〈제물론편齊物論篇〉

장자가 어느 날 꿈을 꾸었다.

그는 나비가 되어 꽃들 사이를 즐겁게 날아다녔다. 그러다가 문득 깨어보니, 자기는 분명 장주가 되어 있었다. 이는 대체 장주인 자신이 꿈속에서 나비가 된 것인지, 아니면 나비가 꿈에 장주가 된 것인지를 분간할 수 없었다. 장주와 나비는 분명 별개의 것이건만 그 구별이 애매한 것은 무엇 때문일까? 이것은 사물이 변화하기 때문이다. 꿈이 현실인지 현실이 꿈인지, 도대체 그 사이에 어떤 구별이 있는 것인가? 장주와 나비 사이에는 피상적인 구별인 차이는 존재해도 절대적인 변화는 있을 수 없다. 장주가 곧 나비이고 나비가 곧 장주라는 경지, 이것이 바로 말하고자 하는 세계다.

물아의 구별이 없는 만물일체의 절대경지에서 보면 장주도 나비도 꿈도 현실도 구별이 없다. 다만 보이는 것은 만물의 변용에 불과할 뿐이다. 이처럼 피아의 구별을 잊는 것, 물아일체의 경지를 비유해 호접지몽胡蝶之夢이라 한다. 줄여서 호접몽胡蝶夢이라고도 하며, 오늘날에는 인생의 덧없음을 비유한 말로 흔히 쓰인다.

356

호질기의 護疾忌醫

병을 숨기고 의원 보이기를 꺼림

護 보호할 **호** | **疾** 병 **질** | **忌** 꺼릴 **기** | **醫** 의원 **의**

출전《한비자韓非子》〈유로喩老〉편·《사기史記》〈편작창공열전扁鵲倉公列傳〉

춘추시대, 명의 편작扁鵲이 채나라 환공桓公을 살펴보고 나서 말했다.

"주군께서는 피부 질환이 심각합니다. 지금 치료하지 않으면 점점 심해질 것입니다."

그러나 환공은 괜찮다면서 치료받기를 거절했다.

열흘 후, 다시 환공을 살펴본 편작은 병이 살 속까지 파고들어 서둘러 치료하지 않으면 위험하다고 경고했다. 하지만 환공은 여전히 귓등으로 흘려 넘겼다. 다시 열흘 후, 편작은 환공의 병이 이미 내장에까지 이르러 당장 칼을 대지 않으면 목숨이 위태롭다고 경고했다. 그러나 환공은 여전히 무시하며 화를 냈다. 다시 열흘 후에는 환공의 병이 이미 골수까지 미쳐서 치료할 방법이 없었고, 닷새 후에는 마침내 환공이 죽고 말았다.

호질기의護疾忌醫는 잘못이 있음에도 다른 사람의 충고를 받아들이지 않는 것을 비유한 말이다.

북송北宋 때 유생 주돈이周敦頤는 《통서通書》에서 "요즘 사람들은 잘못이 있어도 다른 사람이 바로잡아 주는 것을 기뻐하지 않는다. 이는 병을 숨기면서 의원에게 보이지 않아 몸을 망치면서도 깨닫지 못하는 것과 같다今人有過, 不喜人規, 如護疾而忌醫, 寧滅其身而無悟也"라고 당시의 세태를 비판했다.

357

화룡점정 畵龍點睛

용을 그리고 마지막에 눈동자를 찍다

畵 그림 **화** | **龍** 용 **룡** | **點** 점찍을 **점** | **睛** 눈동자 **정**

출전《수형기水衡記》

양梁나라 장승요張僧繇가 남경南京에 있는 안락사安樂寺 벽에 용 두 마리를 그렸는데 눈동자를 그리지 않았다. 사람들이 이상히 여기고 그 까닭을 묻자 그는 이렇게 말했다.

"눈동자를 그리면 용이 날아가 버리기 때문이오."

사람들은 그 말을 믿지 않았고, 장승요가 붓을 들어 용 한 마리에 눈동자를 찍어 넣었다. 그러자 갑자기 요란한 천둥번개가 치더니 그림 속의 용이 벽을 차고 하늘로 승천해버렸다. 눈동자를 그리지 않은 용 한 마리는 그대로 남아 있었다.

화룡점정畵龍點睛은 용을 그린 다음 마지막으로 눈동자를 찍어 넣는다는 말로, 가장 중요한 부분을 마쳐서 일을 마무리함 뜻한다. 보통은 어떤 일이 두루 잘 됐는데 어딘가 부족한 점이 있을 때 '화룡에 점정이 빠졌다'고 표현한다.

358 화이부실 華而不實

꽃은 화려해도 열매를 맺지 못함

華 빛날 **화** | 而 말 이을 **이** | 不 아닐 **부** | 實 열매 **실**

출전《춘추좌씨전春秋左氏傳》〈문공文公 5년조〉

진晉 대부大夫 양처보陽處父가 위衛에 사신으로 갔다가 돌아오는 길에 노魯나라 영읍甯邑을 지나게 되었다. 이때 양처보는 한 객점에 머물게 되었는데, 그곳 객점 주인이 양처보의 인물됨에 반해서 아내에게 급히 작별을 고하고 그와 함께 길을 떠났다. 그런데 그 주인이 얼마 후 다시 집으로 되돌아왔다. 까닭을 묻는 아내에게 그는 이렇게 말했다.

"양처보는 성격이 지나치게 강경하고 편집적인 인물이더군. 게다가 겉만 번지르르하고 실속이 없으며, 남을 불쾌하게 만들어서 원망을 많이 사더군且華而不實, 怨之所聚也. 그를 따라갔다간 이익을 얻기도 전에 재앙이 뒤따를까 두려워서 되돌아온 것이오."

아니나 다를까? 양처보는 그로부터 일 년 후 조성자趙成子 등과 함께 살해되었다.

한漢나라 왕충王充이 지은《논형論衡》에는 '무릇 사람은 문文 : 형식과 질質 : 실질로 이루어지는데, 겉모습은 화려하지만 실질적이지 못한 것이 있고, 실질적이지만 화려하지는 못한 것이 있다夫人有文質乃成, 物有華而不實, 有實而不華者.'라는 구절이 있다. 겉모습보다는 내실이 중요하다고 말한 것이다.

화이부실華而不實은 화려하지만 열매를 맺지 못하는 식물처럼 겉모습만 번지르르하고 실속이 없는 경우를 비유한 고사성어다. 우리 속담 가운데 '빛 좋은 개살구'라는 표현과 같은 의미다.

359 화호유구 畵虎類狗

호랑이를 그리려다 개를 그리다

畵 그릴 **화** | **虎** 범 **호** | **類** 같을 **류** | **狗** 개 **구**

출전《후한서後漢書》〈마원전馬援傳〉

동한東漢 때 복파장군伏波將軍 마원은 마엄馬嚴과 마돈馬敦 두 조카의 경박함을 훈계하기 위해 〈계형자엄돈서誡兄子嚴敦書〉라는 편지를 썼다.

나는 다른 사람의 단점을 비난하거나 국가 대사를 함부로 발설하는 것을 가장 싫어한다. 나는 사람됨이 후덕하고 신중하며 청렴했던 산도현山都縣 현령 용백고龍伯高와 의협심 강한 월기사마越騎司馬 두계량杜季良을 존경하지만, 너희가 그들을 본받기를 원하지는 않는다. 용백고처럼 되지는 못하더라도 조정의 신임을 받는 관리는 될 수 있다. 하지만 만약 너희가 두계량을 본받는다면, 그런 사람이 되지 못하고 오히려 천하에 경박한 사람이 될까 두렵다. 그것은 마치 호랑이를 그리려다 도리어 개를 그리는 것과 같기 때문이다畵虎不成反類狗者也.

화호유구畵虎類狗란 호랑이를 그리려다 개를 그린다는 말로, 서툰 솜씨로 큰일을 하려다가 도리어 일을 그르침을 비유한 말이다. 자신의 능력에 어울리지 않게 너무 큰 욕심을 부리다가 결국 우스운 결과만 초래한다는 뜻이다. 화룡유구畵龍類狗도 같은 말이다.

360 환골탈태 換骨奪胎

옛 사람의 법칙을 따르되 새로움을 창조하다

換 바꿀 **환** | **骨** 뼈 **골** | **奪** 빼앗을 **탈** | **胎** 아이밸 **태**

출전《냉재야화冷齋夜話》

남송南宋 때 승려 혜홍惠洪은《냉재야화冷齋夜話》에서 소동파蘇東坡와 황정견黃庭堅을 최고의 시인으로 꼽으면서 황정견의 말을 다음과 같이 인용했다.

"그 뜻은 바꾸지 않으면서 그 말만 새로 만드는 것을 환골법이라 하고, 그 뜻에 깊이 파고 들어서 그대로 형용하는 것을 탈태법이라 한다不易其意而造其語, 謂之換骨法, 窺入其意而形容之, 謂之奪胎法."

환골탈태換骨奪胎는 원래 신령스런 영약인 금단金丹을 먹어서 보통사람의 뼈와 태아를 바꿔 신선이 된다는 도가道家의 전설에서 비롯된 말이다.

황정견은 시문을 짓는 데 있어 옛 사람의 법칙을 본받으면서도 새로운 것을 창작해 내는 것을 '환골탈태법'이라고 했다. 이는 황정견을 필두로 한 송대 시가詩歌 유파인 강서시파江西詩派의 중요시론이 되었다.

환골탈태란 선대 문인들의 시상이나 시구의 의미를 차용하여 자신의 언어로 새롭게 창조하는 것을 말하며, 사람의 용모나 됨됨이가 이전과 다른 새로운 모습이 되었을 때도 사용된다.

361 효시 嚆矢

사물의 발단이나 어떤 일의 시초

嚆 울릴 효 | 矢 화살 시

출전《장자莊子》〈재유在宥〉편

《장자莊子》〈재유在宥〉편에 다음과 같은 구절이 있다.

"지금 세상에는 처형돼 죽은 자들이 한 베개를 베고 누워있고, 칼 쓰고 차꼬를 찬 자들이 비좁은 곳에서 서로 밀치며, 처형돼 죽은 자들이 한 데 나동그라져 있다. 세상이 이러니 유가儒家나 묵가墨家가 기세를 부리게 된 것이다. 아! 반성할 줄 모르고 부끄러움도 모르는 꼴들이 참으로 가련하구나. 나는 소위 성인이나 지혜라는 것이 칼과 차꼬를 죄는 쐐기로 쓰이는 것은 아닌지, 인의가 수갑과 차꼬를 단단히 죄는 형구가 되는 것은 아닌지 확신할 수 없구나. 증삼과 사추가 걸왕과 도척의 효시가 된 것은 아닌지 어찌 알겠는가焉知曾史之不爲桀蹠嚆矢也! 차라리 성인을 없애고 지혜를 버리면 천하가 태평하지 않겠는가."

증삼과 사추는 효성과 강직함의 상징이고 걸왕은 하夏나라의 폭군, 도척盜跖은 큰 도적이다. 이는 인간 본연을 그대로 보지 않고 인의라는 잣대로 현자와 어리석은 자를 가르고 거짓과 진실을 다투면서 세상이 더욱 혼란스러워졌다는 것이 장자의 지적이다.

효시嚆矢는 전장戰場에서 허공에 쏘아 올려 공격의 시작을 알리는 용도로 쓴 화살로 명적鳴鏑, 향전響箭이라고도 한다. 보통은 원래의 뜻과 달리 사물의 발단이나 어떤 일의 시초를 뜻하는 말로 쓰인다.

362

후기지수 後起之秀

후배들 중에서 빼어난 인물

後 뒤 후 | 起 일어날 기 | 之 의 지 | 秀 빼어날 수

출전《세설신어世說新語》〈상예賞譽〉편

동진東晋 사람 왕침王沈은 어려서부터 괴짜로 유명했다. 도량과 식견을 갖춘 그는 젊어서 관직에 등용됐고, 그의 외삼촌 범영范寧도 당시 저명한 학자로 교류하는 이가 많았다.

하루는 왕침이 범영의 집에 갔더니 장현張玄이라는 사람이 와 있었다. 범영은 장현과 왕침이 서로 교류하기를 원했다. 그러나 그때 이미 명망이 있던 장현은 자리에서 일어나지도 않았고, 왕침도 그렇게 거드름 피는 장현을 상대하고 싶지도 않았고 심기가 불편했다.

'날더러 먼저 고개를 숙이라는 거지? 흥, 그럴 수는 없지!'

두 사람이 서로 통성명을 하려 하지 않자 범영은 곤란한 처지가 되었다.

나중에 범영이 왕침을 질책했다.

"그래도 장현이 너보다 선배인데 최소한 예의는 갖췄어야지!"

왕침이 말했다.

"선배면 거드름 피우면서 남을 깔봐도 됩니까? 분명히 그가 실례를 범한 것입니다. 두고 보십시오. 그가 진심으로 저를 알고 싶다면 먼저 찾아올 테니까요."

범영은 그 말에 일리가 있다고 생각해서 더는 비난하지 않았고 오히려 조카를 칭찬하며 말했다.

"너야말로 인물이로구나. 내 후배 중에 참으로 난 놈이야後起之秀!"

이 말에 왕침도 지지 않았다.

"삼촌 같은 분이 안계셨으면 어떻게 이런 조카가 있었겠어요!"

아니나 다를까. 얼마 후 장현이 왕침의 집으로 찾아왔고, 왕침도 반겨 맞아 두 사람은 곧 좋은 친구가 되었다. 왕침은 얼마 후 형주자사荊州刺史로 임명되었고, 자신의 능력을 맘껏 발휘하여 백성들로부터 칭송을 받았다.

후기지수後起之秀란 후배들 가운데 빼어난 인물을 일컫는 말이고, 성장 가능성이 큰 젊은이를 가리키기도 한다.

363

후생가외 後生可畏

뒤에 태어난 사람이 두렵다

後 뒤 후 | 生 날 생 | 可 옳을 가 | 畏 두려워할 외

출전《논어論語》〈자한편子罕篇〉

공자가 말했다.

"나는 뒤에 태어난 사람이 가히 두렵다後生可畏. 어찌 오는 사람들이 이제와 같지 않음을 알 수 있으랴. 나이 40이 되고 50이 되어도 명성이 들리지 않으면, 이 또한 두려워할 것이 못될 뿐이다."

여기서 '외畏'는 좋은 의미에서 존경하고 주목할 만한 것을 말한다. 즉, 나중에 태어난 후배들에게 무한한 기대를 걸고 있다. 이것은 그들이 어디까지 뻗어나갈지 알 수 없는 기대가 섞인 두려움이다. 그들이 현재의 나보다 더 뛰어난 학문적 성과를 올릴 수 있기 때문이다.

먼저 태어나서 나중에 태어난 사람보다 지식과 덕망이 있는 사람이 선생先生이고, 뒤에 태어난 사람 즉 후배에 해당하는 이가 후생後生이다. 공자는 이 후생이 장차 무한한 가능성을 가지고 있으므로 가히 두려운 존재라고 한 것이다. 그러나 공자는 나이가 사오십이 되도록 이름이 나지 않으면 두려워할 것이 못된다고 말함으로써 젊었을 때 학문에 힘쓸 것을 충고하고 있다. 공자는 이 말을 통해 젊은이는 학문에 정진해야 하고 선배 되는 사람은 학문을 하는 태도가 겸손해야함을 일깨우고 있는 것이다.

공자가 후생가외後生可畏라고 한 것은 그의 여러 제자 중에서도 특히 재주와 덕이 있고 학문이 뛰어난 안회顏回를 두고 한 말로, '나중에 난 뿔이 우뚝하다.'는 후생각고後生角高와도 일맥상통한다.

364 홀륜탄조 囫圇呑棗

대추를 씹지 않고 통째로 삼키다

囫 덩어리질 홀 | 圇 덩어리질 륜 | 呑 삼킬 탄 | 棗 대추 조

출전《주자어류朱子語類》

《주자어류朱子語類》〈논어論語16편〉에는 '도리란 조리가 분명한 것이지 뭉뚱그린 것이 아니다不是一物'라는 말이 있다.

옛날에 과거시험에 번번이 낙방한 서생이 있었다. 하루는 그가 연회를 열고 손님들을 초청하여 자신이 계속해서 낙방하는 원인에 대한 조언을 구했다.

서생은 손님들과 술과 밥을 배불리 먹고, 후식으로 과일까지 내놓고는 자신도 대추를 여러 개 먹었다. 그때 손님 가운데 의술에 정통한 사람이 충고했다.

"대추는 비장에는 좋지만 치아에는 해로우니 많이 먹는 것은 좋지 않소."

그 말에 서생은 한참을 생각하더니, "그럼 대추를 씹지 않고 통째로 삼켜버리면 치아를 보호할 수 있을 뿐더러 비장에도 좋겠네요."하고는 대추를 집어 통째로 삼켰다.

그러자 의원인 사람은 그에게 평소 연습한 문장을 보여 달라고 했다. 그리고 가져온 몇 편의 글을 훑어보고 나서 이렇게 말했다.

"시는 운율이 맞지 않고 문장도 조리에 맞지 않으며, 전고典故를 잘못 사용한 곳도 있고 원뜻을 잘못 이해한 부분도 있소. 공부를 대추를 통째로 삼키 듯 했으니 낙방을 거듭한 것도 이상한 일이 아닐 것이오."

또《벽암록碧巖錄》에도 조주화상趙州和尙의 선문답에 대해 '지혜로운 자는 곱씹어 삼킬 것이요, 지혜롭지 못한 자는 대추를 통째로 삼키듯 할 것이다若是知有底人, 細嚼來嚥, 若是不知有底人, 一似渾崙吞個棗'라는 말이 있다.

홀륜탄조囫圇呑棗는 사물을 흐리멍덩하게 이해하거나, 학문을 함에도 깊이 이해하지 않고 대충 넘어가거나, 남의 견해를 분석과 검토를 거치지 않고 그대로 받아들이는 경우를 일컫는 말이다.

365 흉유성죽 胸有成竹

대를 그리기 전에 마음속에 이미 대나무가 완성됨

胸 가슴 **흉** | 有 있을 **유** | 成 이룰 **성** | 竹 대 **죽**

출전《소식蘇軾》

흉유성죽胸有成竹은 북송北宋 때의 시인 소동파蘇東坡와 조보지晁補之의 시에 나온 말로, 득성죽우흉중得成竹于胸中·흉중유성죽胸中有成竹·유성죽흉有成竹胸이라고도 한다. 소동파는 문장뿐만 아니라 서화書畵에도 능했다. 그에게는 문동文同이라는 벗이 있었는데 그 역시 문장과 서화에 뛰어났다.

소동파는 정치적으로는 불운했지만 그가 그린 대나무와 그 기법인 옥국법玉局法은 유명하고, 일찍이 화죽기花竹記라는 책에서 "대나무를 그리려면 먼저 마음속에 대나무를 완성해야 한다故畵竹, 必先成竹于胸中."고 했다.

문동은 대나무를 잘 그리기 위해서 많은 대나무를 심어 두고 매일 관찰하며 대나무의 특징과 모습들을 기억해두었다. 그래서 조보지晁補之라는 문인은 "문동이 대나무를 그릴 때, 완전한 대나무가 이미 그의 가슴속에 있었다與可畵竹時, 成竹已在胸."라고 극찬했다. 여기서 여가與可는 문동의 자字다.

흉유성죽은 어떤 일에 착수하기 전에 이미 마음속에 충분한 복안이 서 있음을 말한다.